Grundrechtsschutz in Europa und der Beitritt
der Europäischen Gemeinschaften
zur Europäischen Menschenrechtskonvention

AF814382

Europäische Hochschulschriften
Publications Universitaires Européennes
European University Studies

Reihe II
Rechtswissenschaft

Série II Series II
Droit
Law

Bd./Vol. 3282

PETER LANG
Frankfurt am Main · Berlin · Bern · Bruxelles · New York · Oxford · Wien

Kyra Strasser

Grundrechtsschutz in Europa und der Beitritt der Europäischen Gemeinschaften zur Europäischen Menschenrechtskonvention

PETER LANG
Europäischer Verlag der Wissenschaften

Die Deutsche Bibliothek - CIP-Einheitsaufnahme

Strasser, Kyra:

Grundrechtsschutz in Europa und der Beitritt der Europäischen Gemeinschaften zur Europäischen Menschenrechtskonvention / Kyra Strasser. - Frankfurt am Main ; Berlin ; Bern ; Bruxelles ; New York ; Oxford ; Wien : Lang, 2001
(Europäische Hochschulschriften : Reihe 2, Rechtswissenschaft ; Bd. 3282)
Zugl.: Köln, Univ., Diss., 2001
ISBN 3-631-38104-2

D 38
ISSN 0531-7312
ISBN 3-631-38104-2

© Peter Lang GmbH
Europäischer Verlag der Wissenschaften
Frankfurt am Main 2001
Alle Rechte vorbehalten.

Das Werk einschließlich aller seiner Teile ist urheberrechtlich geschützt. Jede Verwertung außerhalb der engen Grenzen des Urheberrechtsgesetzes ist ohne Zustimmung des Verlages unzulässig und strafbar. Das gilt insbesondere für Vervielfältigungen, Übersetzungen, Mikroverfilmungen und die Einspeicherung und Verarbeitung in elektronischen Systemen.

www.peterlang.de

Vorwort

Die vorliegende Arbeit hat im Wintersemester 2000/01 der Rechtswissenschaftlichen Fakultät der Universität zu Köln als Dissertation vorgelegen. Sie wurde im Sommer 2000 abgeschlossen. Die später erschienene Literatur und Rechtsprechung konnten folglich nur vereinzelt eingearbeitet werden.

Die Anregung, mich mit dem Thema des Beitritts der Europäischen Gemeinschaften zur Europäischen Menschenrechtskonvention zu beschäftigen, habe ich von Herrn Prof. Dr. Udo Fink und Herrn Prof. Dr. Christian Hillgruber erhalten. Dafür möchte ich an dieser Stelle meinen Dank aussprechen.

Mein besonderer Dank gilt meinem Doktorvater, Herrn Prof. Dr. Hartmut Schiedermair, der mir wertvolle Impulse und Ratschläge gegeben hat, die zum Gelingen der Arbeit beigetragen haben.

Herzlich danken möchte ich auch Herrn Prof. Dr. Stefan Muckel für die Erstellung des Zweitgutachtens.

Köln, im Juli 2001 *Kyra Strasser*

Inhaltsverzeichnis

Literaturverzeichnis

Anweiler, Jochen:
Die Auslegungsmethoden des Gerichtshofs der Europäischen Gemeinschaften, Frankfurt u.a. 1997.

Arnold, Rainer:
Der Abschluß gemischter Verträge durch die Europäischen Gemeinschaften, AVR 1980/81, S.419 ff.

Bahlmann, Kai:
Der Grundrechtsschutz in der Europäischen Gemeinschaft - Wege der Verwirklichung-, EuR 1982, S.1 ff.

Behrens, Fritz:
Rechtsgrundlagen der Umweltpolitik der EG, Beiträge zur Umweltgestaltung, Heft A 55; Berlin 1976

Bernhardt, Rudolf:
Die Europäische Gemeinschaft als neuer Rechtsträger im Geflecht der traditionellen zwischenstaatlichen Rechtsbeziehungen, EuR 1983, S.199 ff.

Bernhardt, Rudolf:
Probleme eines Beitritts der EG zur EMRK, in: O.Due/ M.Lutter/ J.Schwarze (Hrsg.), Festschrift für Ulrich Everling, 1995, S.103 ff.

Beutler, Bengt:
Die Erklärung des Europäischen Parlaments über Grundrechte und Grundfreiheiten vom 12.April 1989, EuGRZ 1989, S.185 ff.

Bindschedler, Rudolf L.:
Internationale Organisationen (Grundfragen) in: K.Strupp/ H.-J.Schlochauer (Hrsg.), Wörterbuch des Völkerrechts, 2.Band, 2.Aufl. Berlin 1961, S.70 ff.

Bleckmann, Albert:
Die Bindung der Europäischen Gemeinschaft an die Europäische Menschenrechtskonvention, Köln u.a. 1986.

Bogdandy, Arnim von:
Die Europäische Union als supranationale Föderation, Integration 22 (1999), S.95 ff.

Bogdandy, Armin v. /Nettesheim, Martin:
Die Verschmelzung der Europäischen Gemeinschaften in der Europäischen Union, NJW 1995, S.2324 ff;

Bothe, Michael:
Die Stellung der Europäischen Gemeinschaft im Völkerrecht, ZaöRV 37 (1977), S.122 ff.

Breitenmoser, Stephan:
Die Europäische Union zwischen Völkerrecht und Staatsrecht, ZaöRV 55 (1995), S.951 ff.

Capotorti, Francesco:
A propos de l'adhésion eventuelle des Communautés à la Convention europćene des droits de l'homme in: R.Bieber/A.Bleckmann/F.Capotorti u.a.(Hrsg.), Gedächtnisschrift Christoph Sasse, Band II, Baden-Baden 1981, S.703 ff.

Cottrell, Alvin J. /Dougherty, James E.:
The Atlantic Alliance, London, Dunmow 1964

Dorn, Dietrich-W.:
Art.235 EWGV -Prinzipien der Auslegung, Kehl u.a. 1986,

Dörr, Oliver:
Zur Rechtsnatur der Europäischen Union, EuR 1995, 334 ff.

Dörr, Oliver:
Noch einmal: Die Europäische Union und die Europäischen Gemeinschaften, NJW 1995, S.3162 ff.

Dörr, Oliver:
Die Entwicklung der ungeschrieben Außenkompetenzen der EG, EuZW 1996, S.39 ff.

Ehlermann, Claus Dieter/Nöel, Emile:
Der Beitritt der EG zur EMRK Schwierigkeiten Rechtfertigung in: R.Bieber/A.Bleckmann/F.Capotorti u.a. (Hrsg.), Das Europa der zweiten Generation, Gedächtnisschrift für Christoph Sasse, Kehl 1981, S.685 ff.

Epping, Volker:
Internationale Organisationen in: K. Ipsen (Hrsg.), Völkerrecht, 3.Aufl., München 1990.

Erler, Georg:
Das Grundgesetz und die öffentliche Gewalt internationaler Staatengemeinschaften, VVdStRL 1960, Heft 18, S.7 ff.

Everling, Ulrich:
Die allgemeine Ermächtigung der Europäischen Gemeinschaft zur Zielverwirklichung nach Art.235 EWG-Vertrag, EuR Sonderheft 1976, S.2 ff.

Everling, Ulrich:
Überlegungen zur Struktur der Europäischen Union und zum neuen Europa-Artikel des Grundgesetzes, DVBl. 1993, S.936 ff.

Feger, Dieter:
Die Normsetzung auf dem Gebiet der Grundrechte in den Europäischen Gemeinschaften -Der Europäische Gerichtshof (EuGH) als Rechtsetzungsorgan, DÖV 1987, S.322 ff.

Fink, Udo:
Der Einsatz der Implementation Force (IFOR) in Bosnien-Herzegowina in: B.Ziemske/T.Langheid/H.Wilms/G.Haverkate (Hrsg.), Festschrift für Martin Kriele, München, 1997, S.1461 ff.

Fink, Udo:
Die Auswirkung der Fernsehrichtlinie der Europäischen Gemeinschaften auf die Rundfunkfreiheit nach Art.5 Abs.1 GG in: Veröffentlichungen der Hanns Martin Schleyer-Stiftung, Bd.40, 1994, S.188 ff.

Frowein, Jochen Abr.:
Die Europäische Union mit WEU als Sicherheitssystem in: O.Due/M.Lutter/J.Schwarze (Hrsg.), Festschrift für Ulrich Everling, Band I, Baden-Baden 1995, S.315 ff.

Gaja, Giorgio:
Annotation to Opinion 2/94, CMLRev. 1996, S.973 ff.

Geiger, Rudolf:
Vertragsschlußkompetenzen der Europäischen Gemeinschaft und auswärtige Gewalt der Mitgliedstaaten, Zur neueren Rechtsprechung des Europäischen Gerichtshofs, JZ 1995, S.973 ff.

Geiger, Rudolf:
Außenbeziehungen der Europäischen Wirtschaftsgemeinschaft und auswärtige Gewalt der Mitgliedstaaten, ZaöRV 37 (1977), S.640 ff.

Gericke, Hans-Peter:
Allgemeine Rechtsetzungsbefugnisse nach Art.235 EWG-Vertrag, Hamburger Abhandlungen aus dem Seminar für öffentliches Recht, Heft 60, 1970.

Giegerich, Thomas:
Luxemburg, Karlsruhe, Straßburg- Dreistufiger Grundrechtsschutz in Europa?, ZaöRV 50 (1990), S.836 ff.

Gilsdorf, Peter:
Die Außenkompetenz der EG im Wandel, EuR 1996, S.145 ff.

Glaesner, Hans-Joachim:
Eine unendliche Geschichte in: O.Due/M.Lutter/J.Schwarze (Hrsg.), Festschrift für Ulrich Everling, Baden-Baden 1995, S.327 ff.

Götz, Volkmar:
Das Maastricht-Urteil des Bundesverfassungsgerichts, JZ 1993, S.1081 ff.

Grabitz, Eberhard/v.Bogdandy, Armin/Nettesheim, Martin:
Europäisches Außenwirtschaftsrecht, München 1994.

Grabitz, Eberhard:
Kommentierung zu Art.235 EGV in: E.Grabitz/M.Hilf (Hrsg.), Kommentar zur Europäischen Union, Loseblatt, München Stand Mai 1998.

Grehan, Duncan:
Irland, in: E.Grabitz (Hrsg.), Grundrechte in Europa und USA, Band I, Kehl u.a. 1986, S.259 ff.

Hallstein, Walter:
Die Europäische Gemeinschaft, 4.Aufl., Düsseldorf, Wien 1973

Heintschel v. Heinegg, Wolff:
Abwandlung des Vertrages durch die Vertragsparteien in: K.Ipsen, Völkerrecht, 3.Aufl., München 1990.

Henkel v. Donnersmarck, Guidotto Graf:
Planimmanente Krisensteuerung in der Europäischen Wirtschaftsgemeinschaft -Funktion und Bedeutung des Art.235 EWGV-, Planungsstudien 8, 1971.

Heintzen, Markus:
Hierarchisierungsprozesse innerhalb des Primärrechts der Europäischen Gemeinschaft, EuR 1994, S, 35 ff.

Hilf, Meinhard/Pache, Eckhard:
Der Vertrag von Amsterdam, NJW 1998, S.705 ff.

Hilf, Meinhard:
Europäische Union und Europäische Menschenrechtskonvention in: U.Beyerlin u.a. (Hrsg.), Recht zwischen Umbruch und Bewahrung, Festschrift für Rudolf Bernhardt, Berlin u.a. 1995, S.1193 ff.

Hilf, Meinhard:
Kommentierung zu Art.F EUV in: E.Grabitz/M.Hilf, Kommentar zur Europäischen Union, Loseblatt, München Stand Mai 1998.

Hilf, Meinhard:
Ein Grundrechtskatalog in der Perspektive einer europäischen Verfassung in: J.Iliopoulos-Strangas (Hrsg.) Grundrechtsschutz im europäischen Raum: Der Beitritt der Europäischen Gemeinschaften zur Europäischen Menschenrechtskonvention, 1993, S.320 ff.

Hilf, Meinhard:
Kommentierung zu Art.A EUV, in: E.Grabitz/M.Hilf (Hrsg.), Kommentar zur Europäischen Union, Loseblatt, München Stand: Mai 1998.

Hillgruber, Christian:
Das Verhältnis der Europäischen Gemeinschaften und der Europäischen Union zu ihren Mitgliedstaaten -staats- und völkerrechtlich betrachtet, AVR 1996, 347 ff.

Hillgruber, Christian:
Richterliche Rechtsfortbildung als Verfassungsproblem, JZ 1996, S.118 ff.

Hillgruber, Christian:
Grenzen der Rechtsfortbildung durch den EuGH -Hat Europarecht Methode? in: T. v.Danwitz u.a. (Hrsg.), Auf dem Weg zu einer Europäischen Staatlichkeit, Stuttgart u.a. 1993, S.31 ff.

Hillgruber, Christian:
Die Rechtsnatur der Europäischen Union nach dem Vertrag von Amsterdam in: W. Kluth (Hrsg.), Europäische Union nach dem Amsterdamer Vertrag, Baden-Baden 2000, S.15 ff.

Hoffmann, Gunter M.:
Ein Grundrechtskatalog für die EG, Diss. Mainz 1992.

Huber, Peter Michael:
Der Staatenverbund der Europäischen Union, in: J.Ipsen/H.-W. Rengeling/J.M. Mössner/A. Weber (Hrsg.),Verfassungsrecht im Wandel, Festschrift zum 180-jährigen Bestehen der Carl Heymanns Verlag KG, 1995, S.349 ff.

Iglesias, Gil Carlos Rodriguez:
Zur Stellung der Europäischen Menschenrechtskonvention im europäischen Gemeinschaftsrecht in: U.Beyerlin u.a.(Hrsg.), Recht zwischen Umbruch und Bewahrung, Festschrift für Rudolf Bernhardt, Berlin u.a. 1995, S.1269 ff.

Iliopoulos-Strangas, Julia:
Der Beitritt der Europäischen Gemeinschaft zur Europäischen Menschenrechtskonvention aus der Sicht der Mitgliedstaaten in: ders. (Hrsg.), Grundrechtsschutz im Europäischen Raum, Der Beitritt der Europäischen Gemeinschaft zur Europäischen Menschenrechtskonvention Baden-Baden 1993, S.343 ff.

Ipsen, Hans Peter:
Europäisches Gemeinschaftsrecht, Tübingen 1972.

Ipsen, Hans Peter:
Zehn Glossen zum Maastricht-Urteil, EuR 1994, S.1 ff.

Isak, Hubert:
Überlegungen zu einigen Rechts- und Strukturfragen der Europäischen Union, ÖZöRV 1995, Band 49, S.315 ff.

Jacqué, Jean Paul:
The Convention and The European Communities, in: R.St.J. Macdonald et al. (eds.), The European System for the Protection of Human Rights, Dordrecht u.a. 1993, S.889 ff.

Kaiser, Joseph H.:
Grenzen der EG-Zuständigkeit, EUR 1980, S.97 ff.

Karl, Wolfram:
Vertrag und spätere Praxis in Völkerrecht, Berlin, Heidelberg, New York, Tokyo 1983.

Kirchhof, Paul:
Deutsches Verfassungsrecht und Europäisches Gemeinschaftsrecht, EuR - Beiheft 1- 1991, S.11 ff.

Kirchhof, Paul:
Europäische Integration und nationales Verfassungsrecht, ZfA 1992, S.459 ff.

Kirchhof, Paul:
Das Maastricht-Urteil des Bundesverfassungsgerichts in: P.Kirchhof/P.Hommelhoff (Hrsg.), Der Staatenverbund der Europäischen Union, Heidelberg 1994, S.11 ff.

Klein, Eckart:
Kommentierung zu Art.235 EGV in: K.Hailbronner/S.Magiera/C.-P.Müller-Graff, Handkommentar zum Vertrag über die Europäische Union (EUV/EGV), Loseblatt, Köln u.a. Stand 1997.

Klein, Eckart:
Der Verfassungsstaat als Glied einer europäischen Gemeinschaft, VVDStRL, Bd.50, 1990, S.56 ff.

Klein, Eckart/Haratsch, Andreas:
Neuere Entwicklungen des Rechts der Europäischen Gemeinschaften -1.Teil-, DÖV 1993, S.785 ff.

Kluth, Winfried:
Die demokratische Legitimation der Europäischen Union, Berlin 1995

Köck, Heribert:
Die "implied powers" der Europäischen Gemeinschaft als Anwendungsfall der "implied powers" der internationalen Organisationen überhaupt in: K.-H.Böckstiegel u.a. (Hrsg.), Völkerrecht, Recht der Internationalen Organisationen, Wirtschaftsrecht, Festschrift für Ignaz Seidl-Hohenveldern, Köln u.a. 1988, S.279 ff.

Koenig, Christian/Pechstein, Matthias:
Die Europäische Union. Der Vertrag von Maastricht, Tübingen 1995.

Koenig, Christian/Pechstein, Matthias:
Die Europäische Union. Der Vertrag von Maastricht und Amsterdam, 2.Aufl. Tübingen 1998

Kokott, Juliane:
Der Grundrechtsschutz im europäischen Gemeinschaftsrecht, AöR 121 (1996), S.599 ff.

Kokott, Juliane:
Deutschland im Rahmen der Europäischen Union -zum Vertrag von Maastricht, AöR 119 (1994), S.207 ff.

Krenzler, Horst G./Schneider, Henning C.:
Die Gemeinsame Außen- und Sicherheitspolitik der Europäischen Union, EuR 1994, S.144 ff.

Lauwaars, R.H.:
Art.235 als Grundlage für die flankierenden Politiken im Rahmen der Wirtschafts- und Währungsunion, EuR 1976, S.100 ff.

Lecheler, Helmut:
Die Pflege der auswärtigen Beziehungen in der Europäischen Union, AVR 1994, S.1 ff.

Lecheler, Helmut:
Der Europäische Gerichtshof und die allgemeinen Rechtsgrundsätze, Berlin 1971.

Lecheler, Helmut:
Der Rechtscharakter der "Europäischen Union", in: J.Ipsen/ H.-W.Rengeling/J.M.Mössner/A.Weber (Hrsg.), Verfassungsrecht im Wandel, Festschrift zum 180-jährigen Bestehen der Carl Heymanns Verlag KG, 1995, S.383 ff.

Lerche, Christian:
Ein Sieg für Europa? -Anmerkung zum Urteil des Conseil d'Etat vom 20.Oktober 1989, Fall Nicolo, ZaöRV 50 (1990), S.599 ff.

Ludet, Daniel/Stotz, Rüdiger:
Die neue Rechtsprechung des Conseil d'Etat zum Vorrang völkerrechtlicher Verträge, EuGRZ 1990, S.93 ff.

Mancini, Federico/di Bucci, Vittorio
Die Entwicklung der Grundrechte als Teil des Gemeinschaftsrechts in: J.Iliopoulos-Strangas (Hrsg.), Grundrechtsschutz im europäischen Raum, Der Beitritt der Europäischen Gemeinschaft zur Europäischen Menschenrechtskonvention, Baden-Baden 1993, S.208 ff.

Meessen, Karl Matthias:
Zur Theorie allgemeiner Rechtsgrundsätze des internationalen Rechts: Der Nachweis allgemeiner Rechtsgrundsätze des Europäischen Gemeinschaftsrechts, JIR 17.Band (1975), S.283 ff.

Meibom, Hanspeter v.:
Lückenfüllung bei den Europäischen Gemeinschaftsverträgen - Zur Anwendung des Art.235 des EWG-Vertrages-, NJW 1968, S.2165 ff.

Meng, Werner:
Das Recht der Internationalen Organisationen- eine Entwicklungsstufe des Völkerrechts, Baden-Baden 1979.

Meng, Werner:
Kommentierung zu Art.N EUV in: Groeben/Thiesing/Ehlermann (Hrsg.), Kommentar zum EU/EG-Vertrag, Band 5, 5.Aufl., Baden-Baden 1999

Mosler, Hermann:
Die Erweiterung des Kreises der Völkerrechtssubjekte, ZaöRV 22 (1962), S.1 ff.

Müller-Michaels, Olaf:
Grundrechtlicher Eigentumsschutz in der Europäischen Union, Berlin 1997.

Nicolaysen, Gert:
Zur Theorie von den Implied Powers in den Europäischen Gemeinschaften, EuR 1966, S,129 ff.;

Oppermann, Thomas:
Europarecht, München 1991.

Pache, Eckhard:
Kommentierung zu Art.L EUV in: E.Grabitz / M.Hilf, Kommentar zur Europäischen Union, Loseblatt, München Stand Mai 1998.

Parry, Clive:
The Consolidated Treaty Series Vol.114 (1855-1856), London 1969, pp. 409 ff.

Pechstein, Matthias:
Das Kohärenzgebot als entscheidende Integrationsdimension der Europäischen Union, EuR 1995, S.247 ff.

Pernice, Ingolf:
Kommentierung zu Art.164 EGV in: E.Grabitz / M.Hilf (Hrsg.), Kommentar zur Europäischen Union, Loseblatt, München Stand Mai 1998.

Pescatore, Pierre:
La Cour de justice et la Convention européene des droit de l'homme in: F.Matcher/H.Petzold (Hrsg.), Protecting Human Rights: The European Dimension, Studies in Honour of Gérard J.Wiarda, Köln 1988, S.441 ff.

Petersmann, Ernst U.:
Auswärtige Gewalt, Völkerrechtspraxis und Völkerrechtsbindungen der Europäischen Wirtschaftsgemeinschaft, ZaöRV 35 (1975), S.213 ff.

Ress, Georg:
Die Europäische Union und die neue juristische Qualität der Beziehungen zu den Europäischen Gemeinschaften, JuS 1992, 985 ff.

Ress, Georg:
Ist die Europäische Union eine juristische Person?, EuR -Beiheft 2- 1995, S.27 ff.

Ress, Georg:
Menschenrechte, europäisches Gemeinschaftsrecht und nationales Verfassungsrecht in: H.Haller u.a. (Hrsg.), Staat und Recht, Festschrift für Günther Winkler, Wien, New York 1997, S.897 ff.

Ress, Georg/Ukrow, Jörg:
Neue Aspekte des Grundrechtsschutzes in der Europäischen Gemeinschaft -Anmerkung zum Hoechst-Urteil des EuGH-, EuZW 1990, S.499 ff.

Röttinger, Moritz:
Kommentierung zu Art.235 EGV in: C.O.Lenz (Hrsg.), Kommentar zu dem Vertrag zur Gründung der Europäischen Gemeinschaften, Köln 1994.

Rupp, Hans Heinrich:
Zur bundesverfassungsgerichtlichen Kontrolle des Gemeinschaftsrechts am Maßstab der Grundrechte, NJW 1974, S.2153 ff.

Sachs, Michael:
Normenkontrollverfahren bei primären Gemeinschaftsrecht?, NJW 1982, S.465 ff.

Schiedermair, Hartmut:
Das Phänomen der Macht und die Idee des Rechts bei Gottfried Wilhelm Leibnitz, Studia Leibnitiana-Supplementa, Bd.VII, Wiesbaden 1970.

Schiedermair, Hartmut:
Der gesetzliche Richter im Rechtsstaat, in: E.Wadle (Hrsg.). Recht und Gesetz im Dialog, Schriftenreihe Annales Universitatis Saraviensis, Saarbrücker Vorträge, Köln, Berlin u.a. 1982, Bd. 104, S.15 ff.

Schmalenbach, Kirsten:
Kommentierung zu Art.177 EGV in: Chr.Calliess/M.Ruffert (Hrsg.), Kommentar zu EU-Vertrag und EG-Vertrag, Darmstadt 1999

Schmalenbach, Kirsten:
Kommentierung zu Art.300 EGV in: Chr.Calliess/M.Ruffert (Hrsg.), Kommentar zu EU-Vertrag und EG-Vertrag, Darmstadt 1999

Scholz, Rupert:
Europäisches Gemeinschaftsrecht und nationaler Verfassungsrechtsschutz in: K.H. Friauf/R.Scholz (Hrsg.), Europarecht und Grundgesetz, Berlin 1990.

Schroeder, Werner:
Die Rechtsnatur der Europäischen Union und verwandte Probleme in: W.Hummer/M.Schweitzer (Hrsg.), Österreich und das Recht der Europäischen Union, Wien 1996, S.17 ff.

Schwartz, Ivo E.:
EG-Rechtsetzungsbefugnisse, insbesonderenach Artikel 235 - ausschließlich oder konkurrierend?, EuR Sonderheft 1976, S.27 ff.

Schwartz, Ivo E.:
Kommentierung zu Art.235 EGV in: H.v.d.Groeben/ J.Thiesing/ C.-D.Ehlermann,Kommentar zum EU/EG-Vertrag, 5.Aufl. 1997.

Schwarze, Jürgen:
Schutz der Grundrechte in der Europäischen Gemeinschaft - Grundlagen zum heutigen Entwicklungsstand-, EuGRZ 1986, S.293 ff.

Schweitzer, Michael/Hummer, Waldemar:
Europarecht, Das Recht der Europäischen Union, das Recht der Europäischen Gemeinschaften (EGKS, EG, EAG), 5.Aufl., Neuwied 1996.

Schweitzer, Michael:
Staatsrecht III, 6.Aufl., Heidelberg 1997.

Seidel, Martin:
Zur Verfassung der Europäischen Gemeinschaft nach Maastricht, EuR 1992, 125 ff.

Seidl-Hohenveldern, Ignaz/Loibl, Gerhard:
Das Recht der Internationalen Organisationen einschließlich der Supranationalen Gemeinschaften, 6.Aufl., Köln, Berlin, Bonn, München 1996.

Selmer, Peter:
Die Gewährleistung der unabdingbaren Grundrechtsstandards durch den EuGH: Zum "Kooperationsverhältnis" zwischen BVerfG und EuGH am Beispiel des Rechtsschutzes gegen die Bananenmarkt Verordnung, Baden-Baden 1998.

Seyersted, Finn:
Treaty-Making Capacity of Intergouvernemental Organizations, ÖZÖR 1983/84, S.261 ff.

Sørensen, Max:
Eigene Rechtsordnungen in: W.G.Krewe (Hrsg.), Europäische Gerichtsbarkeit und nationale Verfassungsgerichtsbarkeit, Festschrift zum 70.Geburtstag von Hans Kutscher, Baden-Baden 1981

Starck, Christian:
Ein Grundrechtskatalog für die Europäischen Gemeinschaften, EuGRZ 1981, S.545 ff.

Stein, Klaus D.:
Der gemischte Vertrag im Recht der Außenbeziehungen der Europäischen Wirtschaftsgemeinschaft, Schriften zum Völkerrecht, Bd.84 Berlin 1986.

Streinz, Rudolf:
Rechtsgrundlagen, Aufbau und Handlungsformen der Europäischen Union in: W.Hummer (Hrsg.), Die Europäische Union und Österreich, Wien 1994, S.29 ff.

Streinz, Rudolf:
Die Europäische Union nach dem Vertrag von Maastricht, ZRVgl 1995, 1 ff.

Streinz, Rudolf:
Europarecht, 4.Aufl., Heidelberg 1999.

Streinz, Rudolf:
Bundesverfassungsgerichtlicher Grundrechtsschutz und Europäisches Gemeinschaftsrecht, Baden-Baden 1989.

Thieme, Werner:
Das Grundgesetz und die öffentliche Gewalt internationaler Staatengemeinschaften, VVdStRL 1960, Heft 18, S.50 ff.

Tietje, Christian:
Europäischer Grundrechtsschutz nach dem Maastricht-Urteil, "Solange III"?, -BVerfG, NJW 1993,3047, JuS 1994, S.197 ff.

Tomuschat, Christian:
Die Europäische Union unter der Aufsicht des Bundesverfassungsgerichts, EuGRZ 1993, S.489 ff.

Tomuschat, Christian:
Die Rechtsetzungsbefugnisse der EWG in Generalermächtigungen, insbesondere in Art.235 EWGV, EuR Sonderheft 1976, S.45 ff.

Tomuschat, Christian:
Völkerrechtliche Grundlagen der Drittlandsbeziehungen der EG in: M.Hilf/C.Tomuschat (Hrsg.), EG und Drittlandsbeziehungen nach 1992, Baden-Baden 1991, S.139 ff.

Ulsamer, G.:
in T.Maunz/B.Schmidt-Bleibtreu/F.Klein/G.Ulsamer, Bundesverfassungsgerichtsgesetz, Kommentar, 2.Aufl., Loseblatt, 1987.

Vedder, Christoph:
Kommentierung zu Art.228 EGV in: E.Grabitz/M.Hilf (Hrsg.), Kommentar zur Europäischen Union, Loseblatt München Stand Mai 1998.

Vedder, Christoph:
Kommentierung zu Art.234 in: E.Grabitz/M.Hilf (Hrsg.), Kommentar zur Europäischen Union, Loseblatt, München Stand Mai 1998.

Vedder, Christoph:
Die "verfassungsrechtliche Dimension" -die bisher unbekannte Grenze für Gemeinschaftshandeln? -Anmerkung zum Gutachten 2/94, EMRK, des EuGH, EuR 1996, S.309 ff.

Voss, Rüdiger:
Die Bindung der Europäischen Gemeinschaft an vorgemeinschaftliche Verträge ihrer Mitgliedstaaten, SZIER 1996, S.161 ff.

Wachsmann, Patrick:
L'avis 2/94 de la Cour de justice, in RTD eur.32, 1996, S.467 ff.

Wall, Edward H.:
European Communities Act 1972, London 1973.

Wagner, Heinz:
Grundbegriffe des Beschlußrechts der Europäischen Gemeinschaften, Köln, Berlin u.a. 1965

Wohlfart, Jürgen:
Kommentierung zu Art.177 EGV in: E.Grabitz/M.Hilf, Kommentar zur Europäischen Union, Loseblatt, München Stand Mai 1998.

Zuleeg, Manfred:
Der Verfassungsgrundsatz Der Demokratie und die Europäischen Gemeinschaften, Der Staat, Bd.17, 1978, S.27 ff.

A. Einleitung

Die Diskussion um einen Beitritt der Europäischen Union bzw. der Europäischen Gemeinschaften zur Europäischen Menschenrechtskonvention ist bis heute nicht verstummt. Dies gilt um so mehr, als durch den Vertrag von Maastricht und durch den Amsterdamer Vertrag weitere staatliche Aufgaben auf den Gebieten Kultur, Umweltschutz, Freizügigkeit und Währungspolitik auf die Europäische Gemeinschaft übertragen worden sind. Mit der ständigen Erweiterung der Kompetenzbereiche der Europäischen Union und der Europäischen Gemeinschaften geht auch immer ein Teil nationalen Grundrechtsschutzes verloren. Denn nationales Verfassungsrecht kann nicht mehr als Grundlage zur Prüfung der Rechtmäßigkeit von Gemeinschaftsrecht als autonom geltender Rechtsordnung dienen.

Hintergrund dieses Themas ist, daß auf europäischer Gemeinschaftsebene ein geschriebener Grundrechtskatalog nicht existiert. Der Grundrechtsschutz in der Gemeinschaftsordnung gründet sich bisher nur auf die Rechtsprechung des EuGH. Nach Auffassung des EuGH gelten die Grundrechte als Allgemeine Rechtsgrundsätze des Europäischen Gemeinschaftsrechts. Bei der Bestimmung des Inhalts dieser Allgemeinen Rechtsgrundsätze orientiert sich der EuGH an den gemeinsamen Verfassungsüberlieferungen der Mitgliedstaaten. Die Europäische Menschenrechtskonvention markiert dabei, da alle Mitgliedstaaten der Europäischen Gemeinschaften zugleich Vertragsparteien der Konvention sind, einen allen Mitgliedstaaten gemeinsamen Grundrechtsstandard.[1] Bei der Anwendung der EMRK ist der Europäische Gerichtshof jedoch niemals davon ausgegangen, daß diese die Europäischen Gemeinschaften als unmittelbar geltendes Recht bindet. Vielmehr dient die EMRK dem EuGH nur als Erkenntnisquelle für die aus dem Recht der Mitgliedstaaten zu gewinnenden Allgemeinen Rechtsgrundsätze. Will man die EMRK unmittelbar zur Anwendung bringen und auf diesem Wege einen geschriebenen Grundrechtskatalog in das Gemeinschaftsrecht implementieren, so ist dies nur durch einen förmlichen Beitritt zur EMRK möglich. Durch den Beitritt der Europäischen Union oder der Europäischen Gemeinschaften zur EMRK, soll Grundrechtsschutz

---

[1]Urteil v. 13.12.1979 (Rs. 44/79 -Hauer), Slg. 1979, 3727 (3745); Urteil v. 10.7.1984 (Rs.63/83-Regina), Slg. 1984, 2689 (2718); Urteil v. 15.5.1986 (Rs.222/84 -Johnston), Slg. 1986, 1663 (1682).

gewährleistet bzw. der bisher richterrechtlich gewährte Grundrechtsschutz, soweit er sich auf die EMRK bezieht, vertraglich festgeschrieben werden.

Auch nach dem Gutachten[2] des Europäischen Gerichtshofs vom 28.März 1996 hat sich die Frage des Beitritts der EG zur EMRK nicht erledigt. Grundlage des Gutachtens ist der Gutachtenantrag des Rates zu der Frage, ob der Beitritt der Europäischen Gemeinschaft zur Konvention zum Schutz der Menschenrechte und Grundfreiheiten vom 4.November 1950[3] mit dem Vertrag zur Gründung der Europäischen Gemeinschaft vereinbar ist.[4] Eine ausdrückliche Befugnis zur Wahrung der Menschenrechte existiert im Gemeinschaftsrecht nicht. Die Europäischen Gemeinschaften können aber nur innerhalb der Grenzen der ihnen im Gemeinschaftsrecht zugewiesenen Befugnisse tätig werden. Das Bundesverfassungsgericht hat in seinem Maastricht-Urteil nochmals ausdrücklich betont, daß für den Umfang der Kompetenzen der Gemeinschaftsorgane das Prinzip der begrenzten Einzelermächtigung gilt.[5] Als Rechtsgrundlage für den Beitritt wurde mangels einer ausdrücklichen Ermächtigung daher vom EuGH Art.308 [Art.235 a.F.] EGV ins Feld geführt, da sich die Gemeinschaft nach dieser Vorschrift zusätzliche Kompetenzen verschaffen kann, falls dies zu Erreichung ihrer Ziele notwendig ist. Der EuGH hat aber in seinem Gutachten festgestellt, daß nach dem jetzigen Stand des Gemeinschaftsrechts, d.h. auf der Grundlage von Art.308 [Art.235 a.F.] EGV ein Beitritt nicht möglich ist. Das Gutachten des EuGH schließt jedoch einen Beitritt nach einer entsprechenden Änderung der Gemeinschaftsverträge nicht kategorisch aus. Deshalb sind die Stimmen in der Politik von Bedeutung, die sich auch nach dem Votum des EuGH für einen Beitritt zur EMRK aussprechen. So hat der ehemalige Bundesaußenminister Kinkel in der Frankfurter Allgemeine Zeitung vom 21.September 1996 einen Beitritt für wünschenswert gehalten. Sein damaliger Amtskollege, Bundesjustizminister Schmidt-Jortzig hat sich auf dem Kongreß der In-

---

[2] Der EuGH kam in dem Gutachten 2/94 vom 28.März 1996, EuGRZ 1996, S.197 ff. (Ziff. 34, 36) zu dem Ergebnis, daß die Gemeinschaft beim gegenwärtigen Stand des Gemeinschaftsrechts nicht über die Zuständigkeit verfügt, der Konvention beizutreten. Ein solcher Beitritt habe eine wesentliche Änderung des gegenwärtigen Gemeinschaftssystems des Schutzes der Menschenrechte zur Folge, da er die Einbindung der Gemeinschaft in ein völkerrechtliches, andersartiges institutionelles System [...] mit sich bringe.

[3] Gesetz vom 7.8.1952, BGBl. 1952 II, 686

[4] Dem Gutachtenantrag war das Memorandum der EG-Kommission, Bulletin EG (1979), Beilage 2/79 vorangegangen.

ternationalen Föderation für Europarecht ebenfalls für den Beitritt zur Europäischen Menschenrechtskonvention ausgesprochen.[6]

Sollten die rechtlichen Möglichkeiten zum Beitritt geschaffen werden, schließt sich die Frage an, welche Rechtsfolgen sich aus einem Beitritt ergeben. Dies gilt insbesondere für die Rechtsstellung des Europäischen Gerichtshofs, der für die Auslegung von Gemeinschaftsrecht eine ausschließliche Zuständigkeit in Anspruch nimmt. Würden die Europäischen Gemeinschaften der EMRK beitreten, dann könnte der Europäischen Gerichtshof für Menschenrechte für die Frage der Vereinbarkeit von Gemeinschaftsrecht mit der EMRK unter Umständen auch zum Kontrolleur des EuGH werden. Dann gäbe es neben oder vielleicht sogar über dem EuGH eine weitere Instanz, die für die Beurteilung von Gemeinschaftsrecht zuständig wäre.

Anliegen der vorliegenden Untersuchung ist es, den momentanen Stand des Grundrechtsschutzes im Gemeinschaftsrecht, den Einfluß der Mitgliedstaaten darauf und die Möglichkeiten einer Verbesserung des gemeinschaftlichen Grundrechtsschutzes aufzuzeigen.

Im ersten Teil der Arbeit soll damit begonnen werden, die Bedeutung der Grundrechte in der EG und der EU herauszuarbeiten. Daran schließt sich die Darstellung an, inwieweit die Mitgliedstaaten für die Einhaltung ihrer jeweiligen Grundrechtsgarantien im Verhältnis zum EG-Recht Sorge tragen können. Diese Darstellung soll sich an der Rechtsprechung des Bundesverfassungsgerichts orientieren. Im Anschluß daran wird in einem Überblick der bestehende Grundrechtsschutz auch im Hinblick auf die Stellung der EMRK in der EG untersucht. Als nächstes wird geprüft, ob durch den Beitritt der EG zur EMRK ein Mehr an Grundrechtsschutz gewonnen werden kann.

Der Hauptteil der Untersuchung gilt dann der Frage, ob ein solcher Beitritt möglich ist. Im Rahmen dessen werden Inhalt und Auswirkung des dazu ergangenen Gutachtens des EuGH beleuchtet und kritisch gewürdigt. Hier wird deutlich, daß wegen des bindenden Charakters des Gutachtens ein Beitritt auf der Grundlage von Art.308

---

[5] BVerfGE 89, 155 (189)

[6] Frankfurter Allgemeine Zeitung, Politik, 11.Oktober 1996

[Art.235 a.F.] EGV rechtlich nicht möglich ist. Deshalb soll wesentlicher Gegenstand des dritten Teils der Arbeit die Untersuchung sein, ob über den Umweg eines Beitritt der EU zur EMRK eine Bindung der EG-Organe erfolgen kann, oder ob als letzter Ausweg nur die Vertragsrevision bleibt.

B. Grundrechtsschutz in der Europäischen Union/Europäischen Gemeinschaft

I. Bedeutung der Grundrechte in der Union und in den Europäischen Gemeinschaften

Die Frage ausreichenden Grundrechtsschutzes auf EU/EG-Ebene stellt sich erst dann, wenn festgestellt ist, daß auf Gemeinschaftsebene überhaupt Grundrechtsschutz relevant werden kann. Hier muß beachtet werden, daß Menschenrechte zumindest nach dem Verständnis westlicher Verfassungsstaaten Abwehrrechte des Bürgers gegen hoheitliche Eingriffe darstellen. Menschenrechtsschutz ist grundsätzlich erst dann von Bedeutung, wenn ein Hoheitsträger Rechtsakte erläßt, die unmittelbar das Verhältnis zum Bürger berühren. Deshalb stellt sich das Problem eines effektiven Menschenrechtsschutzes bei der Wahrnehmung der Aufgaben der Europäischen Union bzw. der Europäischen Gemeinschaften nur, wenn diese die Fähigkeit besitzen, Rechtshandlungen vorzunehmen, die sich unmittelbar auf die Rechtsstellung des Bürgers auswirken können. Im nachfolgenden soll deshalb, zunächst auf die Europäische Union bezogen, untersucht werden, ob bzw. inwieweit eine Kompetenz zur Setzung unmittelbar in den Mitgliedstaaten geltenden Rechts besteht.

1. Kompetenz der EU unmittelbar geltendes Recht in den Mitgliedstaaten zu setzen

Zunächst ist festzuhalten, daß die Europäische Union eine Fortentwicklung der Europäischen Politischen Zusammenarbeit (EPZ) darstellt. Die EPZ wurde durch die Einheitlich Europäische Akte (EEA) vom 18.2.1986[7] eingeführt. Sie sieht ein Verfahren der regelmäßigen Konsultation und Beratung im Bereich der Außenpolitik vor. Auf der Grundlage der EEA sollten die EG und die EPZ gemäß Art.1 EEA zu konkreten Fortschritten auf dem Weg zu einer Europäischen Union beitragen. Durch den Vertrag von Maastricht wurden die Bereiche Gemeinsame Außen- und Sicherheitspolitik (GASP) und die Zusammenarbeit in den Bereichen Justiz und Inneres (ZBJI) auf eine neue vertragliche Grundlage und in einen neuen institutionellen Rahmen gestellt. Durch das

Inkrafttreten des Amsterdamer Vertrages sind hinsichtlich der Struktur der Europäischen Union keine Veränderungen eingetreten. Änderungen ergeben sich aber u.a. im Hinblick auf die Institutionen, die Instrumente und das Entscheidungsverfahren.[8] Der Vertrag von Maastricht sah verschiedene Handlungsformen des Rates vor. Es sind zu nennen: Gemeinsame Standpunkte gemäß Art.15 EUV (vgl. Art.J 2 Abs.2 a.F., Art.K 3 Abs.2 lit. a a.F. EUV) und Gemeinsame Aktionen gemäß Art.14 EUV (Art.J 3 a.F. EUV) bzw. Gemeinsame Maßnahmen (Art.K 3 Abs.2 lit. b a.F. EUV); desweiteren Maßnahmen zur Durchführung von Übereinkommen (Art.K 3 Abs.2 lit c UAbs. 2 EUV). Im Bereich der ZBJI wurden durch den Amsterdamer Vertrag die Gemeinsamen Maßnahmen durch Rahmenbeschlüsse und Beschlüsse (Art. 34 Abs.2 lit.b und c EUV) für die polizeiliche und justizielle Zusammenarbeit in Strafsachen (PJZS) ersetzt.

2. Die Geltung der Maßnahmen der Europäischen Union im Verhältnis zu den Mitgliedstaaten

Ob diese Maßnahmen auch Rechte und Pflichten gegenüber Individuen begründen können, ist von zwei Voraussetzungen abhängig. Zunächst setzt dies voraus, daß die von der Union beschlossenen Aktionen im Verhältnis zu den Mitgliedstaaten rechtlich bindend sind.

Die Gemeinsamen Aktionen sind, wie sich ausdrücklich aus Art.14 Abs. 3 [Art. J 3 Nr.4 a.F.] EUV ergibt, für die Mitgliedstaaten bindend. Dort heißt es: "Die Gemeinsamen Aktionen sind für die Mitgliedstaaten bei ihren Stellungnahmen und Vorgehen bindend". Ob diese Bindungswirkung auch für die anderen Handlungsformen gilt, war zum Zeitpunkt der Geltung des Maastrichter Vertrages umstritten.[9] Man mußte jedoch annehmen, daß zumindest auch die gemeinsamen Maßnahmen gemäß Art.K 3 Abs.2 lit.b a.F. EUV für die Mitgliedstaaten rechtlich verbindlich sein sollten. Obgleich eine diese

---

[7]In Kraft seit 1.7.1987, vgl. BGBl.II, S.1102; ABl. 1987 Nr. L 169/29
[8] Vgl. näher R.Streinz, Europarecht, Rdnr. 32 a ff.
[9]vgl. näher C.Hillgruber, Das Verhältnis der Europ. Gemeinschaften und der Europ. Union zu ihren Mitgliedstaaten, AVR 1996, S.347 ff. (352, Fn.21) der davon ausgeht, daß es sich um eine "schuldrechtliche" Verplichtung handele, die einzelstaatliche Außen- und Sicherheitspoltik im Einklang mit den gemeinsamen Standpunkten durchzuführen. A.A. R.Streinz, Rechtsgrundlagen, Aufbau und Handlungsformen der Europ. Union in: W.Hummer (Hrsg.), Die Europäische Union und Österreich, S.29 ff. (40 ff.), der die Auffassung vertritt, die gemeinsamen Standpunkte seien lediglich politisch verbindlich. Bindungswirkung komme ihnen nur dann zu, wenn Art.228 a EGV dies anordne.

Rechtsfolge anordnende Vorschrift fehlte, eine mit Art.J 3 Nr.4 a.F. identische Norm existierte für den Bereich Justiz und Inneres nicht, sprach der Umstand, daß gemeinsame Maßnahmen wie die gemeinsamen Aktionen (Art.J 3 Ziff.1 i.V.m. Ziff.2 S.1 a.F. EUV) zur Durchführung bestimmt waren, für eine entsprechende Bindungswirkung.[10]

Im Amsterdamer Vertrag wird die Bindungswirkung der Rahmenbeschlüsse und Beschlüsse (Art.34 Abs.2 lit.b und c.) in Art.34 Abs.2 lit.b Satz 2 und in Art.34 Abs.2 lit.c Satz 2 EUV nun ausdrücklich festgeschrieben.

3. Die Geltung der Maßnahmen der Europäischen Union im Recht der Mitgliedstaaten

Die Bindung der Mitgliedstaaten sagt aber noch nichts darüber aus, ob die Maßnahmen der Europäischen Union unmittelbar im nationalen Recht gelten, d.h. ob sie unmittelbare Rechtswirkungen gegenüber den Bürgern der Mitgliedstaaten erzeugen. Der Unionsvertrag gilt als völkerrechtlicher Vertrag zunächst nur zwischen den Vertragsstaaten. Unter einem Vertrag zwischen Staaten versteht man gemäß Art.2 lit. a) WÜV eine in Schriftform geschlossene und vom Völkerrecht bestimmte internationale Übereinkunft zwischen Staaten, gleichviel ob sie in einer oder in mehreren zusammengehörigen Urkunden enthalten ist und welche besondere Bezeichnung sie hat. Damit der Unionsvertrag auch im innerstaatlichen Recht, d.h. gegenüber dem Bürger als innerstaatliches Recht Anwendung findet, bedarf es auf jeden Fall eines innerstaatlichen Rechtsaktes, der diese Geltung anordnet. Dies ergibt sich daraus, daß nach der vorherrschenden dualistischen Vorstellung das Völkerrecht und das nationale Recht voneinander verschiedene Rechtsordnungen mit je eigenem Geltungsgrund darstellen.[11]

Die Art der Anwendung des als Völkervertragsrecht zu qualifizierenden Maastrichter-Vertrages in den Mitgliedstaaten ist deshalb abhängig von deren innerstaatlichen Rechtsordnungen. Dies geschieht durch einen Rechtsanwendungsbefehl, der je nach der Verfassungsordnung des Mitgliedstaats die Geltung kraft der Verfassung selbst oder

[10]vgl.dazu näher Koenig/Pechstein, Die Europäische Union, Kap.4 Rdnr. 32; R.Streinz, Rechtsgrundlagen, Aufbau und Handlungsformen der Europ. Union in: W.Hummer (Hrsg.), Die Europäische Union und Österreich, S.29 ff. (42).

[11]vgl. für die Bundesrepublik Art.59 Abs.2 GG; zu den Theorien zum innerstaatlichen Vollzug von Völkerrecht siehe: M.Schweitzer, Staatsrecht III, Rdnr.418 ff.

kraft eines zur innerstaatlichen Umsetzung ergehenden Transformationsgesetzes anordnet. Das Gleiche gilt auch für die von der Union vorgenommen Handlungen. Sind diese für die Mitgliedstaaten bindend und bedürfen sie der Umsetzung ins innerstaatliche Recht, so erlangen sie in den Mitgliedstaaten nur Wirkung, wenn sie die Mitgliedstaaten in ihre nationalen Rechtsordnungen inkorporieren.

4. Unmittelbare Geltung der Maßnahmen der Europäische Union gegenüber den Bürgern der Mitgliedstaaten?

In der Regel wird eine Betroffenheit der Bürger dann aber alleine durch den innerstaatlichen Rechtsanwendungsbefehl herbeigeführt. Die völkervertraglichen Regelungen erschöpfen sich in der Bindung der Mitgliedstaaten, die als Vertragsparteien alleine Adressat der Rechte und Pflichten aus dem Vertrag sind. Etwas anderes gilt nur dann, wenn der Vertrag selbst die unmittelbare Verbindlichkeit seiner Regelungen im Recht der Mitgliedstaaten anordnet. Im Recht der Internationalen Organisationen stellt sich die Befugnis zur Schaffung von unmittelbar in den Mitgliedstaaten geltendem Recht als atypisch dar. Allerdings ist dem Völkerrecht eine solche Rechtsetzungsgewalt nicht unbekannt, so kannte beispielsweise auch die Europäische Donaukommission[12] ein selbständiges Verordnungsrecht.

Eine solche Rechtsetzungsbefugnis mit unmittelbarer Durchgriffswirkung auf die Staatsbürger der Mitgliedstaaten, d.h. ohne die Notwendigkeit eines vermittelnden staatlichen Hoheitsaktes, ist charakteristisches Merkmal einer Supranationalen Organisation als Sonderform einer Internationalen Organisation. Diese stellt eine auf weitgehende Integration der Mitgliedstaaten abzielende Form einer Internationalen Organisation dar, die durch die einheitliche und unmittelbare Geltung ihres Rechts in besonders intensiven Art und Weise die Schaffung einheitlicher Lebensverhältnisse in ihrem Geltungsbereich anstrebt.

Legt man diese Maßstäbe an die Europäische Union an, so ist festzustellen, daß sie den Integrationsgrad einer Supranationalen Organisation wie ihn die Europäischen Gemein-

---

[12]Die Europäische Donaukommission wurde durch Art.XVI f. des Pariser Friedens vom 30.März 1856 geschaffen, abgedruckt in C.Parry, The Consolidated Treaty Series Vol.114 (1855-1856), 1969, pp. 409 ff.; Siehe auch Seidl-Hohenveldern/Löbl, Das Recht der Internationalen Organisationen, Rdnr.0114, 0208.

schaften besitzen, nicht oder noch nicht erreicht hat. Der Unionsvertrag sieht kein Instrumentarium vor, daß zum Erlaß von Rechtsakten ermächtigt, die unmittelbar in den Mitgliedstaaten gelten sollen. Der Europäischen Union sind keine Rechtssetzungsbefugnisse mit unmittelbarer Durchgriffswirkung auf die Staatsangehörigen der Mitgliedstaaten verliehen worden.[13] Deshalb können die gemeinsamen Aktionen (Art.14 [Art. J 3 Nr.1 a.F.] EUV) bzw. gemeinsame Maßnahmen (Art. K 3 Abs.2 lit. b EUV), d.h. nach dem Amsterdamer Vertrag Rahmenbeschlüsse und Beschlüsse (Art. 34 Abs.2 lit.b und c EUV) keine Rechtssätze sein, die abstrakt generelle Rechte und Pflichten von Individuen begründen.[14] Im Hinblick auf die Rahmenbeschlüsse und Beschlüsse stellt dies Art.34 Abs.2 lit.b und c EUV seit dem Amsterdamer Vertrag ausdrücklich fest. Die von der Europäischen Union erzeugten Akte können nur eine völkerrechtliche Bindungswirkung gegenüber den Mitgliedstaaten entfalten.[15]

Etwas anderes könnte sich allenfalls für Wirtschaftssanktionen, als gemeinsame Aktion im Rahmen der GASP (vgl. Art.13 Abs.2, Art.23 Abs.2 [Art. J 8 Abs.2, Art. J 3 Ziff.2 a.F.] EUV) ergeben. Ihre Durchsetzung, d.h. das "Wie", obliegt der Europäischen Gemeinschaft und fällt somit in ihren Bereich. Dabei beschließt gemäß Art.301 (Art.228 a a.F.) EGV der EG-Ministerrat mit qualifizierter Mehrheit. Der Rat kann sich hierbei der im EG-Vertrag vorgesehenen Rechtsetzungsinstrumentarien bedienen. So kommt z.B. als gemeinschaftsrechtliche Sofortmaßnahme i.S.d. Art.301 (Art.228 a a.F.) EGV der Erlaß einer EG-Verordnung in Betracht, die gemäß Art.249 Abs.2 (Art.189 Abs.2 a.F.) EGV unmittelbar in jedem Mitgliedstaat wirkt und damit auch Rechte und Pflichten für die Staatsangehörigen begründet. Die EG kann dabei nicht von sich aus tätig werden, sie ist an die Unionsbeschlüsse, die das "Ob" von Sanktionen regeln, gebunden.[16]

Die Europäische Union ihrerseits kann aber das Durchführungsverfahren nach Art.301 (Art.228 a a.F.) EGV nicht durch eigene Maßnahmen mit gleicher Wirkung ersetzen

---

[13]vgl. Art.28 Abs.1 und Art.41 Abs.1 EUV (J 11 Abs.1 a.F. und Art.K 8 Abs.1 a.F.), der nicht auf Art.249 EGV (Art.189 a.F) verweist und damit für die Bestimmungen unter Titel V und VI des EUV keine Anwendung findet.

[14]vgl. dazu R.Streinz, Rechtsgrundlagen, Aufbau und Handlungsbefugnisse der Europ. Union in: W.Hummer (Hrsg.), Die Europäische Union und Österreich, S.29 ff. (40).

[15]Insoweit stellt sich auch nicht die Frage nach den besonderen Vorrangregeln zwischen Gemeinschaftsrecht und innerstaatlichem Recht, vgl. R.Streinz, Europarecht, Rdnr.179 ff.

[16]vgl. dazu M.Pechstein, Das Kohärenzgebot als entscheidende Integrationsdimension der Europäischen Union, in EuR 1995, S.247 ff. (255 f.)

bzw. vorwegnehmen.[17] Das ergibt sich daraus, daß die Europäische Union im Vergleich zur EG gerade nicht über Mittel verfügt, solche Beschlüsse durch unmittelbar in den Mitgliedstaaten geltendes Recht effektiv umzusetzen. Außerdem wäre für den Erlaß sekundären Gemeinschaftsrechts Art.301 (Art.228 a a.F.) EGV lex specialis, da er ein besonderes Verfahren der Rechtsetzung vorschreibt. Die Union kann sich diese Mittel auch nicht über die Hintertür einer Kompetenz zur Initiierung einer Rechtsetzung der EG mit Durchgriffswirkung verschaffen.[18] Wäre dies möglich, so entstünde eine Rechtsschutzlücke, denn für betroffene Individuen bestünde in diesem Fall keine Möglichkeit, solche Akte der Europäische Union dem Europäischen Gerichtshof zu unterbreiten. Denn gemäß Art. 46 (Art.L a.F.) EUV besitzt der Europäische Gerichtshof für die Bereiche des Titels V und damit auch für gemeinsame Aktionen keine Zuständigkeit.

Eine solche Kompetenz ergibt sich auch nicht aus Art.6 Abs.4 [Art.F Abs.3 a.F.] EUV, der bestimmt, daß sich die Union mit Mitteln ausstattet, die zum Erreichen ihrer Ziele und zur Durchführung ihrer Politiken erforderlich sind. Art.6 Abs.4 [Art. F Abs.3 a.F.] EUV stellt, wie auch das Bundesverfassungsgericht in der Maastricht-Entscheidung festgestellt hat, keine Kompetenznorm dar.[19] Da der Europäische Union keine besonderen Kompetenzen zum Durchgriff in das Recht der Mitgliedsstaaten eingeräumt worden sind, wäre eine Blankettermächtigung in Art.6 Abs.4 [Art. F Abs.3 a.F.] EUV systemwidrig und „widerspräche dem durchgängig geäußerten Willen der Vertragsparteien, das Prinzip der begrenzten Einzelermächtigung vertraglich festzuschreiben".[20]

Was den Bereich der Zusammenarbeit in Justiz und Inneres anbelangt, ergibt sich nichts anders. Zwar kann der Rat nach Art. K 9 a.F. einstimmig beschließen, daß Art.100 c EGV auf Maßnahmen in den in Art. K 1 Nr.1 bis 6 a.F. EUV anwendbar ist. Damit können Unionspolitiken nachträglich durch vereinfachte Vertragsänderung vergemeinschaftet werden. Dies geschieht jedoch erst, wenn die Mitgliedstaaten zustimmen, wie

---

[17]vgl. dazu Koenig/Pechstein, Die Europäische Union, Kap.4 Rdnr.11 f.
[18]so auch BVerfGE 89, 155 (176 f.); Koenig/Pechstein, Die Europäische Union, Kap.4 Rdnr.9;
[19]BVerfGE 89, 155 (194 ff.), vgl. auch R.Streinz, Rechtsgrundlagen, Aufbau und Handlungsformen der Europ. Union in: W.Hummer (Hrsg.), Die Europäische Union und Österreich, S.29 ff. (45 f.); H.P.Ipsen, Zehn Glossen zum Masstricht-Urteil, EuR 1994, S.1 ff. (4).
[20] BVerfGE 89, 155 (195)

das bei einem völkerrechtlichen Vertrag immer der Fall sein muß. Damit übertragen die Mitgliedstaaten die bisherigen Unionspolitiken auf die EG.

Auch der Wortlaut des Art. K 2 Abs.1 a.F. EUV, die Angelegenheiten der Justiz- und Innenpolitik unter Beachtung der Europäischen Menschenrechtskonvention und der Genfer Flüchtlingskonvention zu behandeln, ist kein Indiz dafür, daß der Union die Kompetenz zum Erlaß unmittelbar anwendbarer Rechtssätze zukommen soll. Damit soll lediglich dafür Sorge getragen werden, daß die mögliche Umsetzung durch die Mitgliedstaaten "reibungslos", genauer gesagt in Übereinstimmung mit ihren sonstigen völkerrechtlichen Verpflichtungen erfolgen kann.[21]

Abschließend zu diesem Punkt ist zu sagen, daß die Europäische Union keine Akte sekundären Rechts setzen kann, die unmittelbare Auswirkung auf das Verhältnis zu den Staatsangehörigen der Mitgliedstaaten haben. Die Wirkung solcher Handlungen kann immer nur eine national vermittelte sein. Selbst wenn die gemeinsamen Maßnahmen bzw. Aktionen die Mitgliedstaaten zu grundrechtserheblichen Eingriffen völkerrechtlich verpflichten würden, so könnten diese vor den nationalen Gerichten vollständig überprüft werden. Insoweit sei an die Feststellungen des Bundesverfassungsgerichts in seiner Maastricht-Entscheidung erinnert. Dort heißt es, daß der Grundrechtsschutz nicht durch supranationales Recht, das Vorrang beanspruchen könnte, überlagert wird.[22] Zwar bezieht sich diese Aussage auf das Recht der EG, doch muß mit dem Argument des Erst-Recht-Schlusses dies auch für die Maßnahmen der Union gelten. Vorallem auch deshalb, weil alle Entscheidungen, die auf der Ebene der Europäischen Union getroffen werden, Einstimmigkeit voraussetzen bzw. auf einen einstimmig getroffenen Ratsbeschluß zurückgehen müssen (Art. 23 Abs.1 und Abs.2 [Art. J 3 Ziff.2, Art. J 8 Abs.2 a.F.], Art.34 Abs.2 und Abs.3 [Art. K 3 Abs.2 lit b, Art. K 4 Abs.3] EUV). Damit können die Vertreter der Mitgliedstaaten den verfassungsrechtlich gewährten Menschenrechtsschutz zur Maßgabe ihres Abstimmungsverhaltens in der EU machen.

Im folgenden soll nun herausgestellt werden, welche Rolle die Grundrechte dagegen in den Europäischen Gemeinschaften spielen.

---

[21]so auch BVerGE 89, 155 (177)
[22]vgl. BVerfGE 89, s.155 ff. (177 f.)

5. Kompetenz der EG zur unmittelbaren Rechtsetzung

Im Unterschied zur Europäischen Union können auf der Ebene des Rechts der Europäischen Gemeinschaften die Organe Rechtssätze erlassen, die unmittelbar gegenüber den Staatsangehörigen Wirkung entfalten, ohne daß es eines weiteren Reproduktionsaktes im innerstaatlichen Rechtsbereich bedürfte.[23] Dies gilt auf jeden Fall für die in den Art.249 Abs.2 [Art. 189 Abs.2 a.F.] EGV, Art. 14 Abs.2 EGKSV und Art. 161 Abs.2 EAGV geregelten Verordnungen.[24] Sie sind in allen ihren Teilen verbindlich und gelten nicht nur **für** die Mitgliedstaaten, sondern unmittelbar **in** jedem Mitgliedstaat. Einer Transformation der Verordnungen in innerstaatliches Recht bedarf es nicht.

Dabei gilt dieses Sekundärrecht der Gemeinschaften aber nicht aus sich heraus in den Mitgliedstaaten. In der Bundesrepublik Deutschland etwa wird dieses Sekundärrecht entweder nach der Transformationstheorie durch eine ihre Geltung antizipiert vermittelnde Transformationsnorm[25] oder im Sinne der Vollzugslehre kraft Anwendungsbefehls bewirkt.[26] Denn dieser Mitgliedstaat hat hier die Rechtsetzungsbefugnis mit unmittelbarer Durchgriffswirkung, wie sie in Art.249 Abs.2 (Art.189 Abs.2 a.F.) EGV beschrieben ist, in der Form eines Bundesgesetzes gemäß Art.24 Abs.1, Art.59 Abs.2 GG anerkannt und umgesetzt.[27]

Da es sich beim Gemeinschaftsrecht und dem nationalen Recht um zwei selbständige, nebeneinander bestehende Rechtsordnungen handelt, im Falle des Gemeinschafts-

---

[22]vgl. BVerfGE 89, s.155 ff. (177 f.)
[23]vgl. dazu obige Ausführungen zu IV. 3. und 4..
[24]im EGKSV werden sie Entscheidungen genannt. Zur Abgrenzung von individuell geltenden Entscheidungen, vgl. Art 15 Abs.2 EGKSV, spricht man dort von "allgemeinen Entscheidungen"; dazu vgl. M.Schweitzer, Staatsrecht III, Rdnr.339.
[25]so z.B. H.H.Rupp, Zur bundesverfassungsgerichtlichen Kontrolle des Gemeinschaftsrechts am Maßstab der Grundrechte, NJW 1974, S.2153 ff.
[26]so R.Streinz, Bundesverfassungsgerichtlicher Grundrechtsschutz und Europäisches Gemeinschaftsrecht, 1989, S.108 ff.; W.Meng, Das Recht der Internationalen Organisationen - eine Entwicklungsstufe des Völkerrechts, S.140 f.; diese Ansicht scheint auch das BVerfG in seinem Solange II-Beschluß (BVerfGE 73, S.339 ff. (375)) zu bestätigen, indem es von dem "Rechtsanwendungsbefehl des Zustimmungsgesetzes zum EWG-Vertrag, der sich auf Art.189 Abs.2 EWGV (Art.249 Abs.2 EGV n.F.) erstreckt", spricht.
[27]Einer Entscheidung zwischen der Transformationstheorie und der Vollzugslehre bedarf es an dieser Stelle noch nicht, da beide Theorien im Hinblick auf den Geltungsgrund zum selben Ergebnis kommen.

rechts spricht der EuGH von aus einer autonomen Rechtsquelle fließendem Recht[28], kann das Gemeinschaftsrecht seinen Geltungsgrund nicht aus dem nationalen Recht der Mitgliedstaaten herleiten bzw. ableiten. Damit das Gemeinschaftsrecht den Anspruch erfüllen kann, in den nationalen Rechtsordnungen der Mitgliedstaaten zu wirken, müssen die Rechtsordnungen der Mitgliedstaaten diese Wirkung akzeptieren. Dies erfolgt in Deutschland durch die Zustimmungsgesetze zu den Gründungsverträgen. Der Anspruch des Gemeinschaftsrechts in den Mitgliedstaaten zu gelten, besteht also nicht aus sich selbst heraus, d.h. er läßt sich nicht aus den Gründungsverträgen selbst herleiten.[29]

Die Besonderheit besteht für das Gemeinschaftsrecht darin, daß diese Transformation abstrakt für eine nicht vorhersehbare Vielzahl von Regelungen vorgenommen wird.[30] Dies führt dazu, daß ein konkreter Akt des sekundären Gemeinschaftsrechts, der erst eine konkrete Grundrechtsbetroffenheit auslösen kann, nicht mehr gesondert umgesetzt werden muß. Dies wiederum hat zur Folge, daß bezogen auf diese konkrete Grundrechtsbetroffenheit kein unmittelbar an den Grundrechten des Grundgesetzes zu messender Akt mehr vorgenommen werden muß. Dadurch, daß diese Rechtsakte ohne ein "weiteres Zutun" der Mitgliedstaaten direkte Geltung im nationalen Recht erlangen, besteht die Möglichkeit von Grundrechtseingriffen, und Menschenrechtsschutz ist geboten.

Beurteilt man angesichts dieser Regelungen den Umfang der Kompetenzen, mit denen die Europäischen Gemeinschaften ausgestattet wurde und vergleicht man ihn mit den klassischen Aufgaben Internationaler Organisation, denen ein solches Recht zum Durchgriff nicht eingeräumt wird, so kommt den Gemeinschaften eine singuläre

---

[28]vgl. EuGH, Urt. v. 6.4.1962 -Rs.13/61- Kledingverkoopbedrijf de Geus en Uitdenbogerd/Bosch, EuGHE 1962, S.97 ff. (110); Urt. v. 15.7.1964 -Rs.6/64- Costa/E.N.E.L., EuGHE 1964, S.1279 ff. (1285, 1287); vgl. ferner BVerfGE 22, S.293 ff. (296), das auf EuGH, Urt. v. 6.4.1962 Bezug nahm; und BVerfGE 37, S.271 (277 f.):"Der Senat hält in Übereinstimmung mit der Rechtsprechung des EuGH an seiner Rechtsprechung fest, daß das Gemeinschaftsrecht....eine eigenständige Rechtsordnung bildet, die aus einer autonomen Rechtsquelle fließt... . Daraus folgt, daß grundsätzlich die beiden Rechtskreise unabhängig voneinander und nebeneinander in Geltung stehen... .

[29]P.M.Huber, Der Staatenverbund der Europ. Union in: Ipsen/Rengeling u.a. (Hrsg.), Verfassungsrecht im Wandel, FS Heymanns Verlag, S.349 ff. (360)

[30]vgl. zum Begriff antizipierte Transformation M.Schweitzer, Staatsrecht III, Rdnr.429 f.

Bedeutung zu.[31] Die Fähigkeit der Europäischen Gemeinschaften, direkt in den Mitgliedstaaten wirkende Rechtsakte zu schaffen, macht das Bedürfnis nach Grundrechtsschutz deutlich.

Inwieweit die Mitgliedstaaten im Hinblick auf das Gemeinschaftsrecht die Grundrechtsgarantien ihrer jeweiligen Verfassungen gewährleisten können, ist wesentlich vom Rangverhältnis zwischen Gemeinschaftsrecht und nationalem Recht abhängig. Dies soll im Anschluß geklärt werden.

II. Grundrechtsschutz in den Mitgliedstaaten und im Gemeinschaftsrecht

1. Das Rangverhältnis zwischen Gemeinschaftsrechts und nationalem Recht der Mitgliedstaaten

a) Die Rechtslage in Deutschland

Zunächst ist festzuhalten, daß es sich bei den drei Gründungsverträgen der Europäischen Gemeinschaften um völkerrechtliche Verträge der Mitgliedstaaten handelt.[32] In der Bundesrepublik Deutschland haben völkerrechtliche Verträge bzw. daraus abgeleitetes Recht im innerstaatlichen Recht den Rang eines einfachen Gesetzes. Denn rechtskonstruktiv kann dem gemäß Art.59 Abs.2 GG transformierten Recht kein höherer Rang zukommen als dem die innerstaatliche Verbindlichkeit anordnende Parlamentsgesetz. Dieses Recht könnte deshalb theoretisch gemäß der lex-posterior-Regel durch ein nachfolgendes und widersprechendes einfaches nationales Gesetz wieder aufgehoben werden.

Um den bei einer nachträglichen Außerkraftsetzung des Transformationsgesetzes entstehenden Verstoß gegen das Gemeinschaftsrecht auszuschließen, wird in der Lehre im Hinblick auf die Geltung des Gemeinschaftsrechts nach anderen rechtlichen Konstruktionen gesucht. Die völkerrechtliche Lösung könne dem Integrationsbestreben und der Verwirklichung der Ziele einer Supranationalen Organisation, wie es die Europäische Gemeinschaft ist, nicht gerecht werden und würde deren Funktionsfähigkeit gefährden. Obgleich sich weder im EG-Vertrag noch im deutschen Verfassungs-

---

[31] so S.Breitmoser, Die Europäische Union zwischen Völkerrecht und Staatsrecht, ZaöRV 55 (1995), S.951 ff. (980 ff.)

[32] Der EGKS-Vertrag vom 18.April 1951, vgl. BGBl. 1952 II S.447, der EAG- und der EWG-Vertrag vom 27.März 1957, vgl. BGBl.1957 II S.766, 1014.

recht[33] ausdrücklich eine Vorrangregel findet, gehen die Stimmen in der Europarechtswissenschaft und der EuGH seit der Costa/E.N.E.L.-Entscheidung[34] aus dem Jahre 1964 einheitlich, wenn auch mit unterschiedlichem Begründungsansatz, davon aus, daß sowohl dem primären als auch dem sekundären Gemeinschaftsrecht ein genereller Vorrang gegenüber dem nationalen Recht zukomme.

So vertritt beispielsweise *H.P.Ipsen* die Auffassung, daß sich gemeinschaftsrechtlich der Anspruch auf Vorrang des Gemeinschaftsrecht aus Art.189 Abs.2 (Art.249 Abs.2 n.F.) EGV, sowie Art.14 Abs.2 EGKSV und Art.161 Abs.2 EAGV als Kollisionsnormen herleite. Verfassungsrechtlich sei Art.24 Abs.1 GG der "Integrationshebel", der die deutsche Rechtsordnung dem Gemeinschaftsrecht geöffnet habe.[35] Art.24 GG sei eine Kompetenznorm zur Verfassungsänderung durch einfaches Gesetz. Dadurch habe die Bundesrepublik Deutschland das Eindringen der Gemeinschaftsrechtsordnung in ihrem eigenen Rechtsbereich zugelassen mit der Folge, daß sich dort eine nicht von der deutschen Rechtsordnung abgeleitete und von dieser unabhängige Rechtsordnung hat entwickeln können.

Die Theorie von *Ipsen* hat auch die Rechtsprechung des EuGH beeinflußt. Nach dessen Auffassung hat sich das Gemeinschaftsrecht von seiner völkerrechtlichen Grundlage losgelöst und gilt damit auch unabhängig von der Umsetzung durch die Mitgliedstaaten. In der Costa/E.N.E.L.-Entscheidung wird u.a. ausgeführt:

Zum Unterschied von gewöhnlichen internationalen Verträgen hat der EWG-Vertrag eine eigene Rechtsordnung geschaffen, die bei seinem Inkrafttreten in die Rechtsordnungen der Mitgliedstaaten aufgenommen worden und von ihren Gerichten anzuwenden ist. Diese Aufnahme der Bestimmungen des Gemeinschaftsrechts in das Recht der einzelnen Mitgliedstaaten und, allgemeiner Wortlaut und Geist des Vertrages haben zur Folge, daß es den Staaten unmöglich ist, gegen eine von ihnen auf der Grundlage der Gegenseitigkeit angenommenen Rechtsordnung einseitige Maßnahmen ins Feld zu führen. Solche Maßnahmen stehen der Anwendbarkeit der Gemeinschaftsrechtsordnung nicht entgegen. Denn es würde eine Gefahr für die Verwirklichung der in Artikel 5 Absatz 2 (Art.10 Abs.2

---

[33]solche Regelungen finden sich hingegen in den Verfassungen von Frankreich, Griechenland, Irland und den Niederlanden.

[34]EuGH, Urt. v. 15.7.1964 -Rs.6/64, Costa/E.N.E.L.-, EuGHE 1964, S.1251 ff. (1269-1271); vgl. weiterhin EuGH, Urt. v. 21.5.1987 -Rs.249/85, Albako/Balm-, EuGHE 1987, S.2345 ff. (2360 Rdnr.17).

n.F.) aufgeführten Ziele des Vertrages bedeuten und dem Verbot des Artikels 7 (Art.12 n.F.) widersprechende Diskriminierung zur Folge haben, wenn das Gemeinschaftsrecht je nach der nachträglichen innerstaatlichen Gesetzgebung von einem Staat zum andern verschiedene Geltung haben könnte. Die Verpflichtungen, die die Mitgliedstaaten im Vertrag zur Gründung der Gemeinschaft eingegangen sind, wären keine unbedingten mehr, sondern nur noch eventuelle, wenn sie durch spätere Gesetzgebungsakte der Signatarstaaten in Frage gestellt werden könnten. Der Vorrang wird durch Art.189 bestätigt...Aus alledem folgt, daß dem vom Vertrag geschaffenen, somit aus einer autonomen Rechtsquelle fließenden Recht wegen dieser Eigenständigkeit keine wie immer gearteten innerstaatlichen Rechtsvorschriften vorgehen können, wenn ihm nicht sein Charakter als Gemeinschaftsrecht aberkannt und wenn nicht die Rechtsgrundlage der Gemeinschaft selbst in Frage gestellt werden soll.
Diese Auffassung vom absoluten Vorrang des Gemeinschaftsrechts hat der EuGH in seiner nachfolgenden Rechtsprechung durchgängig bestätigt und dabei auch ausdrücklich einen Vorrang des Gemeinschaftsrechts vor nationalem Verfassungsrecht angenommen.[36] Eine Rechtfertigung für die Annahme eines Vorrangs des Gemeinschaftsrechts gegenüber nationalem Recht sieht der EuGH in der Notwendigkeit einer einheitlichen Geltung und der Sicherung der Funktionsfähigkeit der Gemeinschaften.

Zu dieser Rechtsprechung ist zu bemerken, daß der EuGH gemäß Art.234 EGV (Art.177 a.F.) nur die Kompetenz hat, Gemeinschaftsrecht verbindlich für die Mitgliedstaaten auszulegen. Der EuGH kann demnach die Mitgliedstaaten verpflichten, dafür zu sorgen, daß das Gemeinschaftsrecht in den Rechtsordnungen der Mitgliedstaaten Wirksamkeit entfalten kann. Dieser Verpflichtung muß gegebenenfalls auch durch eine entsprechende Änderung der jeweiligen Verfassungsordnung Rechnung getragen werden.

Dabei ist die Frage, welcher Rang dem Gemeinschaftsrecht im innerstaatlichen Recht zukommen **muß**, bzw. welchen Rang der Mitgliedstaat nach den Gründungsverträgen, dem Gemeinschaftsrecht einräumen **müßte**, damit er sich vertragskonform verhält, insoweit nur im Verhältnis der Gemeinschaft zu ihren Mitgliedstaaten zu beantworten. Es handelt sich damit um eine Frage, die sich auf der Ebene der Gemeinschaftsverträge stellt, also entsprechend der Rechtsnatur dieser Verträge um eine völkerrechtliche

---

[35]H.P.Ipsen, Europäisches Gemeinschaftsrecht, S.277 ff.

Frage. Ob die Mitgliedstaaten aber auch nach ihrer inneren Rechtsordnung in der Lage sind, dieser Verpflichtung nachzukommen, beantwortet sich dagegen alleine nach ihrem eigenen Recht insbesondere nach ihrer Verfassung. Es muß demnach eine verfassungsrechtliche Ermächtigung geben, die es ermöglicht, Hoheitsrechte auf zwischenstaatliche Einrichtungen zu übertragen und dem von diesen Einrichtungen gesetzten Recht Vorrang gegenüber dem innerstaatlichem Recht zu gewähren.

Solange die Mitgliedstaaten "Herren der Verträge" sind und maßgeblich das Rechtsverhältnis zwischen ihnen und der Gemeinschaft bestimmen, können sie nicht mehr an Befugnissen auf die Europäische Gemeinschaft übertragen, als ihnen selbst gemäß ihren Verfassungen zustehen.[37] Daraus folgt, daß der EuGH nicht verbindlich für das Recht der Mitgliedstaaten über Kollisionskonflikte, d.h. über die Vereinbarkeit von nationalem Recht mit Gemeinschaftsrecht und damit nicht über die Geltung von nationalem Recht entscheiden kann. Der Vorrang des Gemeinschaftsrechts kann deshalb nur kraft verfassungsrechtlicher Ermächtigung nicht aber kraft autonomer Wirkung des Gemeinschaftsrechts bestehen.

Gemäß Art.24 GG kann der Bund durch Gesetz Hoheitsrechte auf zwischenstaatliche Einrichtungen übertragen. Diese Vorschrift sagt jedoch nichts über den Rang des von der zwischenstaatlichen Einrichtung gesetzten Rechts aus. Das gleiche gilt für Art.23 Abs.1 S.2 GG, der insoweit gleichlautend ist. Das Bundesverfassungsgericht legt diese Vorschrift jedoch dahingehend aus, daß Art.24 GG bzw. Art.23 Abs.1 S.2 GG n.F. es ermögliche, dem von solchen Einrichtungen gesetzten Rechts Geltungs- und Anwendungsvorrang vor dem innerstaatlichen Recht der Bundesrepublik Deutschland durch einen entsprechenden innerstaatlichen Anwendungsbefehl beizulegen.[38] Dies geschieht gemäß Art.59 Abs.2 GG, d.h. durch die Zustimmung des Bundestages in Form von Bundesgesetzen zu den Gründungsverträgen, die Art.249 Abs.2 (Art.189 Abs.2 a.F.) GG und die Parallelvorschriften beinhalten. Art.24 GG öffnet damit das Tor für die Geltung des Gemeinschaftsrechts in der deutschen Rechtsordnung.

---

[36]Ausführliche Nachweise bei R.Streinz, Bundesverfassungsgerichtlicher Grundrechtsschutz und Europäisches Gemeinschaftsrecht, S.99.

[37]vgl. auch W.Meng, Das Recht der Internationalen Organisationen -eine Entwicklungsstufe des Völkerrechts, S.135

Die Ermächtigung aufgrund Art.24 GG gilt jedoch nicht vorbehaltlos. Ihre Grenze findet sie in den fundamentalen und unabdingbaren Grundrechtsprinzipien und Art.79 Abs.3 GG. Damit hat das Bundesverfassungsgericht auch die in früheren Entscheidungen[39] noch entsprechend der Auffassung von *Ipsen* getroffene Feststellung, daß das primäre und sekundäre Gemeinschaftsrecht kein Völkerrecht, sondern eine eigenständige Rechtsordnung bilde, aufgegeben. In der Solange II Entscheidung bezeichnet das Bundesverfassungsgericht die Gründungsverträge konsequent als völkerrechtliche Verträge "eigener Art".[40] Da auf diese Verträge Art.59 Abs.2 GG Anwendung findet, hat sich das Bundesverfassungsgericht sowohl in der Solange II Entscheidung wie auch in den nachfolgenden Entscheidung vorbehalten, sekundäres Gemeinschaftsrecht am Maßstab des Grundgesetzes zu überprüfen.[41] Im Einzelnen wird darauf später noch näher eingegangen.

b) Die Rechtslage in anderen Mitgliedstaaten

aa. Italien

In Italien entspricht die Rechtslage weitgehend derjenigen in der Bundesrepublik Deutschland. Auch in der italienischen Verfassung findet sich eine Vorschrift (Art.11), die mit Art.24 GG vergleichbar ist. Ebenso wie das Bundesverfassungsgericht vertritt der *Corte Costituzionale* den Dualismus des Gemeinschaftsrechts als völkerrechtlich begründeter Rechtsordnung und die Geltung im italienischen Recht kraft Transformation. Dies führte dazu, daß der Corte Costituzionale zunächst dem EG-Recht ebenfalls nur einfachen Gesetzesrang zusprach. Mit den Urteilen vom 18.Dezember 1973 und vom 22.Oktober 1975 schlug der Verfassungsgerichtshof jedoch eine andere Richtung ein.[42] Dort trifft er die Feststellung:

---

[38]vgl. BVerfGE 73, 339 (374 f.); so auch schon BVerfGE 31, 145 (173 f.)
[39]BVerfGE 22, 293 (296); 37, 271 (277 f.)
[40]vgl. BVerfGE 73, 339 (375), "...völkerrechtlicher Verträge - auch der hier in Rede stehender Art-"; vgl. auch BVerfGE 89, 155 ff., dort sieht das BVerfG den Unionsvertrag als völkerrechtlicher Vertrag.
[41]BVerfGE 52, 187 ff.; BVerfGE 73, 339 (372); BVerfGE 89, 155 (188) und vgl. auch LS 7, wo es heißt: "... Allerdings übt das Bundesverfassungsgericht seine Rechtsprechung über die Anwendbarkeit von abgeleitetem Gemeinschaftsrecht in Deutschland in einem "Kooperationsverhältnis" zum Europäischen Gerichtshof aus."
[42]Urt. Nr.183 Frontini -, Giuriprudenza costituzionale (Giur.Cost.) 1973, S.2401 ff. (2410 f., 2415 f.), in deutscher Übersetzung abgedruckt in EuR 1974 S.255 ff.; Urt. Nr.232 _Soc. Industrie chimiche Italia Centrale/ Min. Commercio con l'estero- Giur.Cost. 1975, S.2211 ff. (2216 f.), in deutscher Übersetzung abgedruckt in EuR 1976, S.246 ff. (248 f.).

Die Zuteilung einer Normativgewalt an die Organe der Europäischen Gemeinschaften mit der entsprechenden Beschränkung derjenigen der einzelnen Mitgliedstaaten findet, was Italien anbelangt, seine sichere Rechtsgrundlage in Art.11 der Verfassung, der die Beschränkungen der Staatsgewalt zugunsten der Gemeinschaften bei der Ausübung der legislativen, der administrativen und der richterlichen Funktion rechtfertigt.

Damit begründete der Corte Costituzionale den Vorrang des Gemeinschaftsrechts vor dem nationalen Gesetzesrecht. Ein italienisches Gesetz, das dem EG-Recht widerspricht, verstößt gegen Art.11 der italienischen Verfassung. Der Corte Costituzionale behielt sich jedoch bis zur zu seiner Entscheidung vom 5.Juni 1984[43] vor, über die Feststellung dieser Verfassungswidrigkeit selbst zu entscheiden. Eine Nichtanwendung nationalen Rechts durch die Richter der Fachgerichte war, bevor der Verfassungsgerichtshof entschieden hatte, nicht möglich. Diese Rechtsprechung gab er, nachdem dieses Verhalten vom EuGH für gemeinschaftswidrig erklärt worden war[44], auf. Er sprach nunmehr den Fachgerichten die Kompetenz zu, den Anwendungsvorrang selbst durchzusetzen. Der italienische Verfassungsgerichtshof der weiterhin die dualistische Auffassung vertritt, hat sich damit von der Transformationslehre verabschiedet und der Vollzugstheorie angeschlossen. Der Corte Constituzionale hat sich jedoch nicht vollständig seiner Kontrollkompetenz über Gemeinschaftsrecht begeben. So betonte er in seiner Entscheidung vom 5.Juli 1984:

Es mag noch bemerkt werden, daß alle vorstehenden Ausführungen nicht dazu führen, den gesamten Bereich der Beziehungen zwischen Gemeinschaftsrecht und staatlichem Recht der zuständigkeit des Verfassungsgerichtshofs zu entziehen. Wie schon früher entschieden wurde, könnte das italienische Ausführungsgesetz zum Vertrag von Rom sehr wohl einer Prüfung unterworfen werden, wenn fundamentale Prinzipien unserer Verfassungsordnung und die unveräußerlichen Rechte der menschlichen Person durch den Vertrag beeinträchtigt oder gefährdet erschienen.

Die Rechtsprechung des italienischen Verfassungsgerichtshofs ist damit der des Bundesverfassungsgerichtes ähnlich. Auch dieser stützte den Vorrang des Gemeinschaftsrechts gegenüber dem nationalen Recht auf eine entsprechende Öffnungsklausel in der Verfassung, die Umfang und Grenzen dieses Vorrangs bestimmt.[45]

---

[43]Urt. Nr.170 -Granital / Amministrazione Finanze Stato-, Giur.Cost. 1984, S.1098 ff. (LS 1), in deutscher Übersetzung abgedruckt in EuGRZ 1985, S.98 ff. (100).

[44]EuGH, Urt. v. 9.März 1978, Rs 106/77 - Staatliche Finanzverwaltung/Simmenthal Slg. 1978, S.629 ff. (645).

[45]siehe dazu R.Streinz, Bundesverfassungsgerichtlicher Grundrechtsschutz und Europäisches Gemeinschaftsrecht, S.133-135, S.349-355.

bb. Frankreich

Dagegen sagt Art.55 der französischen Verfassung von 1958[46], daß die ordnungsgemäß zustande gekommenen und verkündeten völkerrechtlichen Verträge und Abkommen, sofern sie auch von den anderen Parteien angewendet werden, vom Zeitpunkt ihrer Veröffentlichung an den innerstaatlichen Gesetzen vorgehen. Diese Vorschrift hatte jedoch zunächst in der gerichtlichen Praxis keine Bedeutung, da den ordentlichen Gerichten und den Verwaltungsgerichten in Frankreich nur eine begrenzte Prüfungskompetenz zukommt, die sie zur Anwendung von förmlichen Gesetzen verpflichtet, ohne diese auf ihre Vereinbarkeit mit der Verfassung oder sonstigem höherrangigem Recht überprüfen zu dürfen.

Gemäß Art.61 der französischen Verfassung gibt es in Frankreich gegen Gesetze nur eine präventive Normenkontrolle durch den Conseil Constitutionelle. Diese Beschränkung in der rechtlichen Kontrolle des Gesetzgebers folgt aus der französischen Rechtstradition, die seit der ersten Republik eine strikte Beachtung des Gewaltenteilungsprinzips verlangt und dabei insbesondere den Willen des vom Volk gewählten Parlaments grundsätzlich nicht zur Disposition der Rechtsprechung stellt. In Frankreich gilt in der Tradition von Rousseau seit der Déclaration des Droits de l'Homme et du Citoyen vom 26.August 1789 der Satz: *La loi est l'expression de la volonté générale.*[47]

Probleme hinsichtlich der Geltung und des Bestandes von Gemeinschaftsrechts ergaben sich insofern, als nach der ständigen Rechtsprechung des Conseil d'Etat und der Court de Cassation vorher erlassene Gesetze gegenüber später erlassenem nationalem Recht nicht angewandt werden können.[48] Das hatte zur Folge, daß der Conseil d'Etat in einer Entscheidung vom 1.März 1968[49] ein innerstaatliches Gesetz anwendete, obgleich es im Widerspruch zu einer früher erlassenen EG-Verordnung stand.

---

[45]siehe dazu R.Streinz, Bundesverfassungsgerichtlicher Grundrechtsschutz und Europäisches Gemeinschaftsrecht, S.133-135, S.349-355.

[46]Les traités ou accords réguliërment ratifiés ou approuvés ont, dès leur publications, une autorité supérieure à celle des lois, sous réserve pour chaque accord ou traité, de son application par l'autre partie.

[47]vgl. dazu C.Lerche, Ein Sieg für Europa?-Anm. zum Urteil des Conseil d'Etat, ZaöRV 50 (1990), S.599 ff. (602).

[48]dazu ausführlich: C.Lerche, Ein Sieg für Europa? - Anmerkung zum Urteil des Conseil d'Etat, ZaöRV 50 (1990), S.599 ff. (604).

Erst Mitte der siebziger Jahre, entwickelte sich die Rechtsprechung des Cour de Cassation dahin, das Gemeinschaftsrecht vorrangig, d.h. auch gegenüber später erlassenen nationalen Gesetzen anzuwenden. Spätestens seit der Nicolo-Entscheidung vom 20.Oktober 1989 hat auch der Conseil d'Etat seine frühere Rechtsprechung aufgegeben.[50] Er prüft dort erstmals die Vereinbarkeit eines Gesetzes mit dem EG-Vertrag. Dabei wird aber der Vorrang nicht etwa aus der autonomen Geltung des EG-Rechts, sondern aus der verfassungsrechtlichen Anordnung des Art.55 abgeleitet.[51] Ein Vorrang des Gemeinschaftsrechts auch gegenüber der französischen Verfassung wird dagegen in der französischen Rechtsprechung durchweg abgelehnt.[52]

cc. Die Niederlande

Die niederländische Verfassung von 1987 räumt Bestimmungen völkerrechtlicher Verträge und Beschlüssen von Internationalen Organisation, die ohne innerstaatlichen Vollzugsakt Wirksamkeit entfalten können, die also self-executing sind, gemäß Art.94 Vorrang vor nationalen Gesetzen ein. Der Anwendungsvorrang gilt dabei auch gegenüber solchen nachfolgenden nationalen Gesetzen, die aufgrund einer verfassungsrechtlichen Ermächtigung erlassen worden sind. Die Kompetenz, im Rahmen solcher völkerrechtlicher Verträge staatliche Hoheitsgewalt auf Internationale Organisationen zu übertragen, ergibt sich aus Art.92 der niederländischen Verfassung. Eine solche Übertragung kann jedoch auch in den Niederlanden nur in dem von der Verfassung vorgeschriebenen Umfang erfolgen.

Die Niederlande sind offensichtlich beim Abschluß der Gründungsverträge davon ausgegangen, daß die Europäischen Gemeinschaften die Grundrechte beachten werden. Andernfalls ließe sich nicht erklären, weshalb von einer Verfassungsänderung gemäß Art.91 Abs.3 abgesehen wurde, die im Falle einer Überschreitung des in Art.92 vorgegebenen Rahmens notwendig gewesen wäre. Da es gemäß Art.120 in den Niederlanden keine gerichtliche Kontrolle von Gesetzen im formellen Sinn gibt, können

---

[49]Urt. vom 1.März 1968, Syndicat général des fabricants de semoules de France, EuR 1968, S.317 ff.

[50]in Deutsch abgedruckt in EuGRZ 1990, S.99 ff.

[51]vgl. auch D.Ludet/R.Stotz, Die neue Rechtsprechung des Conseil d'Etat zum Vorrang völkerrechtlicher Verträge, EuGRZ 1990, S.93 ff.; C.Lerche, Ein Sieg für Europa?-Anm. zum Urteil des Conseil d'Etat, ZaöRV 50 (1990), S.599 ff.

auch die völkerrechtlichen Gründungsverträge, die im Rang noch über den Gesetzen stehen, gerichtlich nicht kontrolliert werden. Die Frage eines Verstoßes von Gemeinschaftsrecht gegen nationale Grundrecht kann deshalb praktisch nicht entstehen.[53]

dd. Das Vereinigte Königreich

Im Vereinigten Königreich gibt es keine geschriebene Verfassung und damit keinen Vorrang des Gemeinschaftsrechts kraft verfassungsrechtlicher Ermächtigung. Dies würde dem fundamentalen Satz des britischen Verfassungsrechts, der dem common law entspringt, widersprechen, daß das Parlament als maßgeblicher Träger der inneren Souveränität durch keinen irgendwie gearteten Rechtsakt in seiner Regelungsbefugnis beschränkt werden kann. Um die deshalb möglicherweise auftretenden Konflikte zwischen den völkerrechtlichen Bindungen des Vereinigten Königreichs an die Gemeinschaftsverträge einerseits und der Pflicht zur Befolgung davon abweichenden Gesetzesrechts andererseits zu entschärfen, hat der Gesetzgeber selbst eine europarechtsfreundliche Regelung getroffen. Durch § 2 Abs.4 des European Communities Act von 1972[54], also durch Parlamentsgesetz, wird den Gerichten eine Auslegungsregel an die Hand gegeben, die es ermöglicht, durch gemeinschaftsrechtkonforme Auslegung des nationalen Rechts dem Gemeinschaftsrecht zur Durchsetzung zu verhelfen.[55]

c) Fazit

Vergleicht man nun die Rechtslagen der hier erörterten Mitgliedstaaten zum Anwendungsvorrang, so zeigt sich, daß mit Ausnahme des Vereinigten Königreiches der Vorrang des Gemeinschaftsrechts gegenüber einfachem nationalen Recht in den anderen Mitgliedstaaten sichergestellt ist. Von einem absoluten Vorrang auch gegenüber dem Verfassungsrecht, so wie es der EuGH festgestellt hat, kann jedoch in keinem der untersuchten Mitgliedstaaten die Rede sein. So bestehen nicht nur in Deutschland kraft der Notwendigkeit innerstaatlicher Transformation des Gemeinschaftsrechts, sondern auch in den übrigen Mitgliedstaaten Regelungen in den

---

[52]siehe dazu C.Lerche, Ein Sieg für Europa? -Anm. zum Urteil des Conseil d'Etat, ZaöRV 50 (1990), S.599 ff. (622 ff.) m.w.N.

[53]vgl. dazu R.Streinz, Bundesverfassungsgerichtlicher Grundrechtsschutz und Europäisches Gemeinschaftsrecht, S.139, S.360 f. m.w.N.

[54]Abgedruckt: E.H.Wall, European Communities Act 1972, S.15-98.

[55]Vgl. D.Ludet/R.Stotz, Die neue Rechtsprechung des Conseil d'Etat zum Vorrang völkerrechtlicher Verträge, EuGRZ 1990, S.93 ff. (96)

jeweiligen Verfassungen, die einem absoluten Vorrang des EG-Rechts entgegenstehen.

Zu prüfen bleibt, ob die Mitgliedstaaten im speziellen die Bundesrepublik Deutschland für einen ausreichenden Grundrechtsschutz vor eventuellen Verletzungen durch EG-Recht sorgen können.

2. Die Kompetenz des Bundesverfassungsgerichts zur Überprüfung des Gemeinschaftsrechts

a) Der rechtliche Ausgangspunkt

Die Frage nach der rechtlichen Notwendigkeit der Organisation von Menschenrechtsschutz in den Europäischen Gemeinschaften bemißt sich für die Bundesrepublik Deutschland unter anderem danach, ob die deutschen Gerichte vor allem das Bundesverfassungsgericht für die Einhaltung der Grundrechtsgarantien des Grundgesetzes Sorge tragen können. Können sich die Grundrechtsträger gegen Akte des Gemeinschaftsrechts vor den deutschen Gerichten auf die Grundrechte des Grundgesetzes berufen, dann ist ihre subjektive Rechtsstellung ausreichend geschützt. Eine Bindung des Gemeinschaftsrechts an die gemeinschaftsrechtlichen Grundrechte oder EMRK ist dann nicht mehr notwendig, da sie dem Grundrechtsschutz nach dem Grundgesetz nichts Wesentliches hinzufügt.

Zunächst ist festzuhalten, daß die Prüfungszuständigkeit des Bundesverfassungsgerichts im Grundgesetz und im Bundesverfassungsgerichtsgesetz abschließend geregelt ist und sich nur auf Akte deutscher Staatsgewalt bezieht. Bei der Schaffung von primärem Gemeinschaftsrecht durch völkerrechtliche Verträge und von sekundärem Gemeinschaftsrecht durch die Gemeinschaftsorgane handelt es sich jedoch nicht um deutsches Recht, und damit auch nicht um Akte deutscher öffentlicher Gewalt im Sinne von Art.93 Abs.1 Nr. 4a GG. Deshalb scheidet sowohl das Primär- als auch das Sekundärrecht als solches als Prüfungsgegenstand vor dem Bundesverfassungsgericht aus.

Da der EGV, der EAGV und der EGKSV völkerrechtliche Verträge sind, die sich auf Gegenstände der Bundesgesetzgebung beziehen, bedurften sie gemäß Art.59 Abs.2 S.1 GG der Zustimmung des Bundestages in Form eines Zustimmungsgesetzes, das aber als solches der Kontrolle des Bundesverfassungsgerichts unterliegt. Das Zustimmungsgesetz ist insofern die rechtliche Hülle, den materiell-rechtlichen Inhalt erfährt dieses aber aus dem völkerrechtlichen Vertrag. Das Bundesverfassungsgericht kann mithin überprüfen, ob der an die Verfassung gebundene Gesetzgeber einem Vertrag mit diesem Inhalt zustimmen durfte. Für die Frage der Vereinbarkeit dieses gesetzgeberischen Handelns mit der Verfassung, kommt es auf den durch Auslegung ermittelten Inhalt des Gemeinschaftsrechts an. Die Auslegung bzw. die Entscheidung über die Gültigkeit von Gemeinschaftsrecht steht aber ausschließlich dem EuGH zu, so daß das Bundesverfassungsgericht bevor es eine Entscheidung treffen kann, eine verbindliche Vorabentscheidung des EuGH nach Art.234 Abs.3 [Art.177 Abs.3 a.F.] EGV einholen muß.[56]

b. Der Solange I-Beschluß

Im Hinblick auf das sekundäre Gemeinschaftsrecht hat das Bundesverfassungsgericht in seinem Solange I-Beschluß seine Anrufung für zulässig erklärt.[57] Gegenstand dieser Entscheidung war die Anrufung des Bundesverfassungsgerichts gemäß Art.100 Abs.1 GG durch das Verwaltungsgerichts Frankfurt a.M. mit der Frage, ob eine in zwei Verordnungen des Rates und der Kommission enthaltene Regelung mit dem Grundgesetz vereinbar sei. Obwohl das Bundesverfassungsgericht die bisherige Rechtsprechung bestätigte, daß das Gemeinschaftsrecht weder Bestandteil der nationalen Rechtsordnung noch Völkerrecht sei, sondern aus einer autonomen Rechtsquelle fließe[58] und darauf hinwies, daß nur Akte der deutschen Staatsgewalt in den Kontrollbereich des Bundesverfassungsgerichtes fallen[59], hielt das Bundesverfassungsgericht die Vorlage gemäß Art.100 Abs.1 GG mit folgendem Argument für zulässig:

"Vollzieht eine Verwaltungsbehörde oder handhabt ein Gericht eine Verordnung der Gemeinschaft, so liegt darin Ausübung deutscher Staatsgewalt; und dabei sind Verwaltungsbehörden und Gerichte an das Verfassungsrecht der Bundesrepublik Deutschland gebunden. Was den Grundrechtsschutz anbelangt, vollzieht er sich nach dem Verfahrensrecht des Bundesverfassungsgerichts..., im Wege der Gerichtsvorlage im sog. Normenkontrollverfahren vor dem Bundesverfassungsgericht".[60]

---

[56] M.Sachs, Normenkontrollverfahren bei primärem Gemeinschaftsrecht?, NJW 1982, S.465 ff.
[57] vgl. BVerfGE 37, 271 ff.
[58] BVerfGE 37, 271 (277f.)
[59] BVerfGE 37, 271 (283)
[60] BVerfGE 37, 271 (283)

Das Bundesverfassungsgericht begründet die Notwendigkeit dieser Modifikation des Verfahrensrechts damit, daß dem sekundären Gemeinschaftsrecht gemäß Art.24 Abs.1 GG kein grenzenloser Vorrang gegenüber deutschem Verfassungsrecht zukomme. Der Grundrechtsteil des Grundgesetzes sei ein unaufgebbares, zur Verfassungsstruktur des Grundgesetzes gehörendes Essentiale.[61] Dabei ging das Bundesverfassungsgericht davon aus, daß

solange der Integrationsprozeß der Gemeinschaft nicht so weit fortgeschritten ist, daß das Gemeinschaftsrecht auch einen von einem Parlament beschlossenen und in Geltung stehenden formulierten Katalog von Grundrechten enthält, der dem Grundrechtskatalog des Grundgesetzes *adäquat* ist, ist die Vorlage eines Gerichts der Bundesrepublik Deutschland an das Bundesverfassungsgericht im Normenkontrollverfahren zulässig und geboten, wenn das Gericht die für es entscheidungserhebliche Vorschrift des Gemeinschaftsrechts in der vom Europäischen Gerichtshof gegebenen Auslegung für unanwendbar hält, weil und soweit sie mit einem der Grundrechte des Grundgesetzes kollidiert."

Um die Prüfungs- und Verwerfungskompetenz des EuGH im Hinblick auf das Gemeinschaftsrechts zu wahren, mußten die nationalen Gerichte, bevor sie das Bundesverfassungsgerichts gemäß Art.100 Abs.1 GG über die Vereinbarkeit von sekundärem Gemeinschaftsrecht mit den Grundrechtsgarantien des Grundgesetzes anrufen konnten, zuvor eine Entscheidung des EuGH über die Auslegung bzw. Rechtsgültigkeit dieser sekundärrechtlichen Norm im Verfahren gemäß Art.234 [Art.177 a.F.] EGV einholen.

Mit dieser Entscheidung ist das Bundesverfassungsgericht nahezu einhellig in die Kritik geraten. Zurecht weist *Streinz* darauf hin, daß zwar die Akte der Behörden und Gerichte der Bundesrepublik Deutschland deutsche öffentliche Gewalt seien, es sich dabei aber keinesfalls handele um deutsche Gesetze i.S.d. Art.100 Abs.1GG handele.[62] Prüfungsgegenstand des Art.100 Abs.1 GG können aber nur deutsche Gesetze und nicht Akte der Exekutive oder der Judikative sein.[63]

Das Bundesverfassungsgericht[64] muß deshalb die EG-Verordnungen im Rahmen des Art.100 Abs.1 GG als Gesetze behandeln. Dies widerspricht aber seiner eigenen Vorstellung von deren Rechtscharakter als eigenständige, vom nationalen Recht

---

[61]BVerfGE 37, 271 (279 f.)

[62]so R.Streinz, Bundesverfassungsgerichtlicher Grundrechtsschutz und Europäisches Gemeinschaftsrecht, S.143 ff.

[63]Vgl. G.Ulsamer in Maunz/Schmidt-Bleibtreu/Klein/Ulsamer, Bundesverfassungsgerichtsgesetz, Kommentar, § 80 Rdnr.55 ff.

unabhängige Normen. Das Bundesverfassungsgericht stellt in der Solange I-Entscheidung selbst fest, daß das Gemeinschaftsrecht als autonome Rechtsquelle in Deutschland gilt. Die Geltung als autonomes Recht wird mit Art.24 Abs.1 GG begründet, der durch die Übertragung von Hoheitsgewalt Bereiche staatlichen Handelns aus der Zuständigkeit deutscher Staatsorgane herausnehmen und die deutsche Rechtsordnung für eine genuine supranationale Hoheitsgewalt öffnen soll. Folge dieser Vorstellung ist, daß die in Deutschland ausgeübte Hoheitsgewalt je nach dem, ob eine Übertragung nach Art.24 Abs.1 GG stattgefunden hat, entweder von deutschen oder von europäischen Organen ausgeübt wird. Die Öffnung nach Art.24 Abs.1 GG bewirkt also nach der in dieser Entscheidung vertretenen Auffassung ein unmittelbares Eindringen supranationalen Rechts in die deutsche Rechtsordnung. Das hat zur Konsequenz, daß für das Bundesverfassungsgericht EG-Normen nicht deutsches Recht i.S.v. Art.20 Abs.3 GG sein können. Damit ist dem Bundesverfassungsgericht aus verfahrensrechtlichen Gründen die Prüfung des Sekundärrechts der Gemeinschaft verwehrt. Die angenommene materiellrechtliche Bindung des Gemeinschaftsrechts kann daran nichts ändern.

Im Hinblick auf die Geltung des Gemeinschaftsrechts geht das Bundesverfassungsgericht andererseits davon aus, daß diese nicht schrankenlos sein kann. Art.24 Abs.1 GG berechtige nicht nur zur Übertragung von Hoheitsgewalt, sondern er lege zugleich auch die Grenzen dieser Übertragung fest, d.h. es könne nur insoweit Hoheitsrechte auf eine zwischenstaatliche Einrichtung übertragen werden, wie dies die deutsche Verfassung zulasse. Die Überprüfung der Grenzen der Übertragung von Hoheitsrechten soll nun wiederum die Zuständigkeit des Bundesverfassungsgerichts in bezug auf EG-Recht begründen.

Die Bindung des Gemeinschaftsrechts an die gemäß Art.24 Abs.1 GG von Verfassung wegen festgelegten Grenzen, kann aber allenfalls für die Frage von Bedeutung sein, ob der nationale Übertragungsakt sich in den Grenzen dieser Vorschrift bewegt. Die Zuständigkeit des Bundesverfassungsgerichts zur Prüfung des Gemeinschaftsrechts kann sie jedoch nicht begründen.

---

[64]BVerfGE 37, 271 (283)

Gleichzeitig hob das Bundesverfassungsgericht in seiner Solange I-Entscheidung aber hervor, daß es eine Verfassungsbeschwerde, die sich unmittelbar gegen eine EG-Verordnung richtet, für unzulässig hält.[65] Diese Entscheidung ist auf der dogmatischen Grundlage der Solange I-Entscheidung zwar im Ergebnis zutreffend, sie steht jedoch in Widerspruch zu den dort getroffenen Feststellungen zur Prüfungskompetenz im Hinblick auf das Gemeinschaftsrecht. Wenn das Bundesverfassungsgericht hinsichtlich der Zulässigkeit einer konkreten Normenkontrolle zwischen der Existenz einer Norm (als EG-Recht) und deren Anwendung (als Akt öffentlicher Gewalt) unterscheidet, so ist kein Grund ersichtlich, weshalb dies im Rahmen einer Verfassungsbeschwerde anders gehandhabt wird.

c. Der Solange II-Beschluß

Das Bundesverfassungsgericht hat diese Rechtsprechung im Solange II-Beschluß in mehrfacher Hinsicht modifiziert. Der Entscheidung des Bundesverfassungsgerichts lag eine Verfassungsbeschwerde zugrunde, die sich gegen ein Urteil des Bundesverwaltungsgerichts richtete, wobei gerügt wurde, daß das Bundesverwaltungsgericht es unterlassen habe, ein zweites Mal den Europäischen Gerichtshof gemäß Art.177 EWGV (Art.234 n.F. EGV) und den Grundsätzen des Solange I-Beschlusses entsprechend, das Bundesverfassungsgericht gemäß Art.100 Abs.1 GG anzurufen.[66]

Im Gegensatz zum Solange I-Beschluß hat hier das Bundesverfassungsgericht ausdrücklich eine Vorlage nach Art.100 Abs.1 GG für unzulässig erklärt.[67] Begründet hat das Bundesverfassungsgericht die Unzulässigkeit einer Vorlage gemäß Art.100 Abs.1 GG aber gerade nicht mit dem Argument, daß das Sekundärrecht als solches ein unzulässiger Vorlagegegenstand sei, sondern aus einem Umkehrschluß aus den materiellrechtlichen Feststellungen der Solange I-Formel. Es stellte fest, daß sich weder aus dem Vorbringen der Beschwerdeführerin noch aus der Vorabentscheidung des Europäischen Gerichtshofs ergebe, daß dieser bei seiner Auslegung die von der Beschwerdeführerin geltend gemachten Grundrechte schlechthin und generell nicht anzuerkennen oder zu schützen bereit gewesen sei und daß damit das vom Grundgesetz

---

[65] Vgl. BVerfGE 37, S.271 ff. (283), wo es ausdrücklich auf die BVerfGE 22, 293 (297) verweist.
[66] BVerfGE 73, 339 (353 ff.)
[67] vgl. BVerfGE 73, 339 (LS 2; 374, 387).

geforderte Ausmaß an Grundrechtsschutz auf der Ebene des Gemeinschaftsrechts nicht generell und offenkundig unterschritten worden sei.

Seltsam mutet aber an, daß das Bundesverfassungsgericht im konkreten Fall die Verfassungsbeschwerde als zulässig ansah, obgleich es davon ausging, daß ein Mindeststandard an inhaltlichem Grundrechtsschutz gewährleistet sei und damit den verfassungsrechtlichen Anforderungen des Grundgesetzes prinzipiell genüge getan sei. Aus der Gesamtschau der Entscheidung folgt jedoch, daß das Bundesverfassungsgericht sich lediglich pro futuro auch im Hinblick auf eine Verfassungsbeschwerde gegenüber abgeleitetem Gemeinschaftsrecht für unzuständig erklären wollte, solange wirksamer Grundrechtsschutz durch die Gemeinschaft gewährleistet sei.

Konsequenz dieser Entscheidung für die Fachgerichte ist wegen der Bindungswirkung gemäß § 31 Abs.1 BVerfGG, daß diese bei Bedenken hinsichtlich der Vereinbarkeit der betreffenden EG-Normen mit den Gemeinschaftsgrundrechten den EuGH gemäß Art.234 Abs.2 EGV (Art.177 Abs.2 a.F.) anrufen müssen. Sind die Fachgerichte der Auffassung, daß hinreichender Grundrechtsschutz durch das EG-Recht nicht gewährt wird, so muß über die Anwendbarkeit der betreffenden Sekundärnorm im Vorlageverfahren gemäß Art.100 Abs.1 GG entschieden werden. Dabei können die nationalen Gerichte nicht von sich aus das betreffende Gemeinschaftsrecht unangewendet lassen.[68]

Ob ein nationales Gericht, das Zweifel an der Gültigkeit einer EG-Norm hegt, zur Vorlage gemäß Art.234 Abs.3 EGV (Art.177 Abs.3 a.F.) verpflichtet ist, war lange Zeit umstritten,[69] denn Art.234 Abs.3 EGV sieht eine Verpflichtung zur Vorlage nur dann vor, wenn ihre Entscheidung selbst nicht mehr mit Rechtsmitteln des innerstaatlichen Recht angefochten werden kann. Der EuGH hat jedoch seit dem Urteil Foto Frost/ HZA Lübeck-Ost vom 22.Oktober 1987 eine solche Pflicht auch für nationale Gerichte bejaht, die nicht in letzter Instanz den Streit entscheiden. Nach Ansicht des EuGH steht ihm

[68] so auch BVerfG, Beschluß vom 26.Dezember 1986, AgrarR 1987, S.111.
[69] siehe dazu J.Wohlfart in: Grabitz/Hilf, Kommentar zur Europ. Union, Art.177 Rdnr.54 f. m.w.N.

nach Art.230 EGV (Art.173 a.F.) die ausschließliche Zuständigkeit zur Nichtigerklärung von Handlungen der EG-Organe zu.[70]

Gemäß Art.230 EGV überwacht der Gerichtshof die Rechtmäßigkeit der gemeinsamen Handlungen des Europäischen Parlaments und des Rates sowie der Handlungen des Rates, der Kommission und der EZB, soweit es sich nicht um Empfehlungen oder Stellungnahmen handelt... . Daraus folgt, daß nur dem EuGH eine Verwerfungskompetenz gegenüber sekundärem Gemeinschaftsrecht zusteht. Eine Verwerfungskompetenz auch der nationalen Gerichte anzunehmen, würde eine Gefährdung der Einheitlichkeit des Gemeinschaftsrechts bedeuten.[71]

Ein Verstoß gegen die Vorlagepflicht stellt gleichzeitig einen Verstoß gegen nationales Verfassungsrecht, nämlich das Recht auf den gesetzlichen Richter gemäß Art.101 Abs.1 S.2 GG dar, da der EuGH seit der Solange II-Entscheidung als gesetzlicher Richter i.S.d. Art.101 Abs.1 S.2 GG anerkannt ist.[72] Der Bürger könnte sich im Falle eines pflichtwidrigen Unterlassens einer gebotenen Vorlage mit der Verfassungsbeschwerde an das Bundesverfassungsgericht wenden.[73] Um feststellen zu können, daß das Gericht bei seiner Entscheidung über die Vorlage willkürlich gehandelt hat, hat das Bundesverfassungsgericht versucht, einen eigens an Art.177 EGV (Art.234 n.F.) angelehnten Willkürmaßstab zu entwickeln.[74]

Forderte das Bundesverfassungsgericht im Solange I-Beschluß noch für das Gemeinschaftsrecht einen geschriebenen **Grundrechtskatalog,** der dem des Grundgesetzes "adäquat" ist,[75] so ist es für das Bundesverfassungsgericht im Solange II-Beschluß ausreichend, daß auf europäischer Gemeinschaftsebene ein Grundrechtsschutz entstanden ist, "der dem **Grundrechtsstandard** des Grundgesetzes im wesentlichen

---

[70]EuGH, Urt. vom 22.10.1987, Rs.314/85 -Foto-Frost- Slg.1987, S.4199 ff., Ziff.17; vgl. dazu die kritische Betrachtung von R.Streinz, Bundesverfassungsgerichtlicher Grundrechtsschutz und Europäisches Gemeinschaftsrecht, S.323.
[71]vgl. dazu R.Streinz, Europarecht, Rdnr.575 ff.
[72]vgl. BVerfGE 73, 339 (366 ff. und LS 1a); vgl. dazu H.Schiedermair, Der gesetzliche Richter im Rechtsstaat in: E.Wadle (Hrsg.), Recht und Gesetz im Dialog, S.15 ff (21 f.), der für Frage, der EuGH als gesetzlicher Richter i.S.d. Art.101 Abs.1 S.2 GG, unterscheidet zwischen dem integrationistischen und dem völkerrechtlichen Charakter der Gemeinschaft.
[73]BVerfG, EuR 1987, S.333 ff. (339, 346)
[74]BVerfG, EuGRZ 1988, S.109 ff. (110 f.)
[75]BVerfGE 37, 271 (285)

gleichzuachten ist."[76] Im Solange II-Beschluß kommt es dem Bundesverfassungsgericht scheinbar nicht mehr auf die Form der Grundrechtsverbürgung im Gemeinschaftsrecht an, vielmehr ist nun ausschlaggebend, daß ein Mindeststandard an inhaltlichem Grundrechtsschutz vorhanden sei. Diesen sieht das Bundesverfassungsgericht insbesondere durch die Grundrechtsprechung des EuGH als gewährleistet an. Liest man jedoch die Entscheidung genauer, so fällt auf, daß das Bundesverfassungsgericht sich ersichtlich darum bemüht, den auf Gemeinschaftsebene vorhandenen Grundrechtsstandard auf eine parlamentarisch gesetzgeberische Ebene zu heben:

"Durch die Verklammerung der in den Verfassungen der Mitgliedstaaten und in der Europäischen Menschenrechtskonvention enthaltenen Grundrechtsverbürgungen mit den allgemeinen Rechtsgrundsätzen des Gemeinschaftsrechts ist der Sache nach auch dem Erfordernis eines vom Parlament beschlossenen Grundrechtskatalogs Genüge getan."

Dabei verkennt das Bundesverfassungsgericht aber, daß es auf das Bestehen eines durch förmliches Parlamentsgesetz kodifizierten Grundrechtskatalog auf europäischer Ebene für die Frage, ob es seine Gerichtsbarkeit auszuüben hat, nicht ankommen kann. Es ist keinesfalls zwingend, daß ein gesetzlich normierter Grundrechtskatalog ein höheres Maß an Rechtssicherheit bietet oder umgekehrt, daß ohne einen solchen Grundrechtskatalog kein Menschenrechtsschutz organisiert werden kann. Das Vereinigte Königreich, das über keinen geschriebenen Grundrechtskatalog verfügt, ist ein leuchtendes Beispiel für die Entbehrlichkeit eines solchen, während manche diktatorischen Regime wohlklingende Menschenrechtserklärungen abgeben, die das Papier nicht wert sind, auf dem sie gedruckt sind. Entscheidend für die verfassungsrechtliche Beurteilung ist deshalb der Grundrechtsschutz in materieller Hinsicht unabhängig von der Form der Grundrechtsverbürgung.

Bezug nehmend auf den Solange II-Beschluß scheint außerdem nicht geklärt zu sein, ob das Bundesverfassungsgericht "nur" seine Prüfungspflicht gegenüber sekundärem Gemeinschaftsrecht suspendiert oder gänzlich auf seine Gerichtsbarkeit verzichtet hat. Wenn man mit dem Bundesverfassungsgericht davon ausgeht, daß eine Vorlage nach Art.100 GG nicht schon wegen der Rechtsnatur des EG-Rechts, daß nicht als deutsches Recht angesehen werden kann, als unzulässig erklärt wird, dann ist seine verfassungsrechtliche Prüfungskompetenz eröffnet. Klarzustellen ist, daß das Bundesver-

---

[76]BVerfGE 73, S.339 ff. (378)

fassungsgericht dabei seine Prüfungspflicht nicht generell vom Stand des Grundrechtsschutzes im Gemeinschaftsrecht abhängig machen kann. Das Bundesverfassungsgericht als "gesetzlicher Richter" kann sich nicht seiner pflichtigen Kompetenz entziehen, d.h. es kann auf seine grundgesetzlich verankerte Kompetenz aus Art.93 GG von sich aus nicht verzichten. Die Entwicklung des Grundrechtsschutzes in der Europäischen Gemeinschaft kann lediglich auf die Prüfungsintensität des Bundesverfassungsgerichts Einfluß nehmen.[77]

Dies ist deshalb so, weil die Art.24 Abs.1 GG bzw. Art.23 GG n.F. es zulassen, daß durch die Abgabe von Hoheitsrechten an die Europäische Gemeinschaft nur ein Grundrechtsschutz gewährleistet wird, der als Mindeststandard aller Gemeinschaftsmitglieder hinter dem durch die nationalen Grundrechte bewirkten Schutz zurückbleiben kann. Auf Gemeinschaftsebene ist die Gewährleistung von Grundrechten in dem Ausmaß, wie es das nationale Recht kennt, nicht möglich, da berücksichtigt werden muß, daß die einzelnen Mitgliedstaaten ein unterschiedliches Verständnis von Grundrechtsschutz bzw. einen unterschiedlichen Grundrechtsstandard entwickelt haben.[78] Insoweit ist es verständlich das man sich auf den "kleinsten gemeinsamen Nenner" einigen muß, um zu verhindern, daß sekundäres Gemeinschaftsrecht in den einzelnen Mitgliedstaaten unterschiedlich, wenn überhaupt Anwendung findet.

Im Ergebnis ist deshalb festzuhalten, daß, falls der durch die Europäischen Gemeinschaften gewährte Grundrechtsschutz dem gemeinschaftsbedingt abgeschwächten nationalen Grundrechtsstandard entspricht, dies wegen Art.24 Abs.1 bzw. Art.23 Abs.1 n.F. GG zu einer nur noch begrenzten Prüfungspflicht durch das Bundesverfassungsgericht berechtigt. Diese rechtfertigt es, einen Nichtannahmebeschluß gemäß Art.93 d BVerfGG zu erlassen, falls auf europäischer Ebene ein insoweit genügender Grund-

---

[77]so auch R.Streinz, Bundesverfassungsgerichtlicher Grundrechtsschutz und Europäisches Gemeinschaftsrecht, S.283 f., 296 ff.; P.Kirchhof, Europäische Integration und nationales Verfassungsrecht, ZfA 1992, S.459 ff.(470 f.); ders., Deutsches Verfassungsrecht und Europ. Gemeinschaftsrecht, EuR, Beiheft 1, 1991, S.11 ff. (22 ff.); a.A. scheinbar: E.Klein, Der Verfassungsstaat als Glied einer europäischen Gemeinschaft, VVDStRL, Bd.50, 1991, S.56 ff. (80 f.)

[78]dazu P.Kirchhof, Europ. Integration und nationales Verfassungsrecht, ZfA 1992, S.459 ff. (465); ders., Deutsches Verfassungsrecht und Europ. Gemeinschaftsrecht, EuR, Beiheft 1, 1991, S.11 ff. (15 f.), "das Grundgesetz liegt nicht wie ein Zementblock quer im Strom einer Europäisierung der Staaten..., sondem wirkt wie ein Baum."

rechtsschutz gewährt wird. Dies rechtfertigt es aber nicht, die Prüfungskompetenz des Bundesverfassungsgerichts gänzlich aufzuheben.

Das Bundesverfassungsgericht hat dem Rechnung getragen, indem es in der Solange II-Entscheidung die zuvor im Solange I-Beschluß aufgestellten Anforderungen an den materiellen Grundrechtsschutz abgeschwächt hat. Es hat die Forderung nach einem **adäquaten** Grundrechtsschutz aufgeben hat und es nunmehr für ausreichend erachtet, daß die Europäische Gemeinschaft "einen wirksamen Schutz der Grundrechte generell gewährleistet."

d) Die Maastricht-Entscheidung

Zu prüfen bleibt, ob die bisherige Rechtsprechung des Bundesverfassungsgerichts durch das Maastricht-Urteil vom 12.Oktober 1993[79] im Hinblick auf die Frage der Überprüfbarkeit von Hoheitsakten der Europäischen Gemeinschaften und der Anwendbarkeit von abgeleitetem Gemeinschaftsrecht in Deutschland eine Änderung erfahren hat. Prüfungsgegenstand der Entscheidung waren mehrere Verfassungsbeschwerden, die sich gegen das Zustimmungsgesetz zum Maastrichter Vertrag und gegen das in diesem Zusammenhang erlassene Gesetz zur Änderung des Grundgesetzes richteten.

Im Maastricht-Urteil brachte das Bundesverfassungsgericht zum Ausdruck, daß durch die Einführung des Art.23 n.F. GG "eine ins Gewicht fallende Minderung der Grundrechtsstandards" nicht verbunden sei. Dies deshalb nicht, weil das Bundesverfassungsgericht durch seine Zuständigkeit gewährleiste, daß ein wirksamer Schutz der Grundrechte für die Einwohner Deutschlands auch gegenüber der Hoheitsgewalt der Gemeinschaft generell sichergestellt und dieser dem vom Grundgesetz als unabdingbar gebotenen Grundrechtsschutz im wesentlichen gleich zu achten sei, zumal es den Wesensgehalt der Grundrechte generell verbürge. Zur Begründung verwies das Bundesverfassungsgericht zum einen auf den Solange I- und den Solange II-Beschluß. Das Bundesverfassungsgericht ging aber noch weiter, indem es in Abweichung vom Eurocontrol I-Beschluß[80] formulierte, daß Akte einer besonderen, von der Staatsgewalt

[79]Vgl. BVerfGE 89, 155
[80]BVerfGE 58, 1 (27)

der Mitgliedstaaten geschiedenen öffentlichen Gewalt einer supranationalen Organisation die Grundrechtsberechtigten in Deutschland beträfen. Durch diese Betroffenheit inländischer Grundrechtsträger sei auch die Zuständigkeit des Bundesverfassungsgerichts gegeben, das den Grundrechtsschutz in Deutschland und insoweit nicht nur gegenüber deutschen Staatsorganen zu gewährleisten habe.

Ob das Bundesverfassungsgericht mit diesen Aussagen von seiner früheren Rechtsprechung im Solange II-Beschluß hinsichtlich der Intensität des Grundrechtsschutzes gegenüber dem Gemeinschaftsrecht abgewichen ist, ist umstritten. Es wird vermutet, daß der Schwerpunkt der Feststellung des Bundesverfassungsgerichts in der Maastricht-Entscheidung auf der Gewährung von Grundrechtsschutz gegen Hoheitsakte der Europäischen Gemeinschaften liege.[81]

Von *Tietje* wird vertreten, daß das Bundesverfassungsgericht mit der Abkehr vom Eurocontrol I-Beschluß scheinbar davon ausgegangen sei, daß die Hoheitsgewalt der Europäischen Gemeinschaften Bestandteil des Gefüges der Staatsorganisation des Grundgesetzes geworden sei und damit Auswirkungen auf die Grundrechte vorliegen könnten. Die europäische und die deutsche Hoheitsgewalt im Sinne der Entscheidung Eurocontrol-I seien damit als öffentliche Gewalt i.S.d. Grundgesetzes zu qualifizieren, die europäische Hoheitsgewalt werde kraft verfassungsrechtlicher Anordnung der deutschen Hoheitsgewalt gleichgestellt.[82] *Tietje* begründet sein Ergebnis mit dem Verweis des Senats[83] auf die Präambel des Grundgesetzes und der in Art.23, 24 GG geregelten Offenheit für eine europäische Integration und seiner daraus gezogenen Folgerung, daß sich insbesondere der räumliche Anwendungsbereich der Freiheitsrechte und die Vergleichsperspektive bei der Anwendung des Gleichheitssatzes erweitere.

Dem kann nicht zugestimmt werden. Es kann nicht davon ausgegangen werden, daß das Bundesverfassungsgericht eine unmittelbare Überprüfung von sekundärem Gemeinschaftsrecht an den Grundrechten des Grundgesetzes vornehmen will. Einmal

---

[81]vgl. C.Tomuschat, Die Europäische Union unter der Aufsicht des Bundesverfassungsgerichts, in EuGRZ 1993, S.489 ff. (490); C.Tietje, Europ. Grundrechtsschutz nach dem Maastricht-Urteil, JuS 1994, S.197 ff. (199)

[82]siehe C.Tietje, Europäischer Grundrechtsschutz nach dem Maastricht-Urteil, JuS 1994, S.197 ff. (199 f.)

[83] BVerfGE 89, 155 (172)

spricht gegen diese These bereits der Prüfungsgegenstand des Maastricht-Urteils. Es handelt sich hier um das deutsche Zustimmungsgesetz zum Maastrichter-Vertrag. Maßstab ist also das Bundesgesetz und nicht der Vertrag. Es ist dem Senat nicht zu unterstellen, so wie es *Tietje* sieht, daß er die europäische Hoheitsgewalt als öffentliche Gewalt i.S.d. Grundgesetzes verstanden wissen will. Denn das Bundesverfassungsgericht macht an anderer Stelle des Maastricht-Urteils deutlich, daß es seine Zuständigkeit im Hinblick auf Akte europäischer Gewalt lediglich auf die Überprüfung der verfassungsrechtlichen Reichweite des nationalen Zustimmungsgesetzes beschränkt. In der Entscheidung heißt es:

„.... daß spätere wesentliche Änderungen des im Unions-Vertrag angelegten Integrationsprogramms und seiner Handlungsermächtigungen nicht mehr vom Zustimmungsgesetz zu diesem Vertrag gedeckt sind... Würden etwa europäische Einrichtungen oder Organe den Unions-Vertrag in einer Weise handhaben oder fortbilden, die von dem Vertrag, wie er dem deutschen Zustimmungsgesetz zugrundeliegt, nicht mehr gedeckt wäre, so wären die daraus hervorgehenden Rechtsakte im deutschen Hoheitsbereich nicht verbindlich. Die deutschen Staatsorgane wären aus verfassungsrechtlichen Gründen gehindert, diese Rechtsakte in Deutschland anzuwenden. Dementsprechend prüft das Bundesverfassungsgericht, ob Rechtsakte der europäischen Einrichtungen und Organe sich in den Grenzen der ihnen eingeräumten Hoheitsrechte halten oder aus ihnen ausbrechen.[84]...Die Bundesrepublik Deutschland ist somit auch nach dem Inkrafttreten des Unions-Vertrages Mitglied in einem Staatenverbund, dessen Gemeinschaftsgewalt sich von den Mitgliedstaaten ableitet und im deutschen Hoheitsbereich nur kraft des deutschen Rechtsanwendungsbefehls verbindlich wirken kann. ...Geltung und Anwendung von Europarecht in Deutschland hängen von dem Rechtsanwendungsbefehl des Zustimmungsgesetzes ab."[85]

Mit dieser Aussage wird klar, daß das Bundesverfassungsgericht die europäische Hoheitsgewalt nicht als öffentliche Gewalt i.S.d. Grundgesetzes sieht und daraus seine Prüfungskompetenz ableitet. Die Zuständigkeit des Bundesverfassungsgericht beschränkt sich vielmehr auf die Prüfung, ob das nationale Zustimmungsgesetz die innerstaatliche Anwendbarkeit einer betreffenden sekundärrechtlichen Norm deckt, d.h. ob die verfassungsgemäße Interpretation des Zustimmungsgesetzes die Geltung sekundären Gemeinschaftsrechts in Deutschland zuläßt.

---

[84]siehe BVerfGE 89, 155 (188)
[85] BVerfGE 89, 155 (190)

Die Übertragung von Hoheitsrechten auf die Europäische Gemeinschaft i.S.d. Art. 24 bzw. 23 n.F. GG muß so interpretiert werden, daß die supranationale Einrichtung, d.h. eine nicht deutsche Rechtsordnung nun anstelle des Staates die Aufgaben wahrnehmen soll, die vorher ihm oblagen. Dabei kann diese Aufgabenwahrnehmung aber nur in der durch Art.59 Abs.2 GG vorgegebenen Form geschehen.[86] Allein das deutsche Zustimmungsgesetz als dem Grundgesetz unterworfenes Recht kann und darf dem Bundesverfassungsgericht als Prüfungsgegenstand dienen. Der nationale Gesetzgeber vollzieht das Gemeinschaftsrecht nicht als verlängerter Arm der Gemeinschaftsorgane, sondern als staatlicher Gesetzgeber, der damit an die deutsche Verfassungsordnung gebunden ist. Unter die Verfassungsmäßigkeitskontrolle fällt nur das Zustimmungsgesetz zu den primärrechtlichen Bestimmungen, die den Erlaß von Sekundärrecht ermöglichen.[87] Es findet also keine unmittelbare, sondern eine in zweifacher Hinsicht mittelbare Überprüfung von Gemeinschaftsrecht statt.

Um letztlich aber feststellen zu können, ob sich durch das Maastricht-Urteil im Verhältnis zum Solange II-Beschluß hinsichtlich des Grundrechtsschutzes etwas geändert hat, muß untersucht werden, was der Hintergrund des vom Bundesverfassungsgericht beschriebenen Kooperationsverhältnisses zwischen seiner und der Gerichtsbarkeit des Europäischen Gerichtshofs ist. Dort heißt es:

Allerdings übt das Bundesverfassungsgericht seine Gerichtsbarkeit über die Anwendbarkeit von abgeleitetem Gemeinschaftsrecht in Deutschland in einem "Kooperationsverhältnis" zum Europäischen Gerichtshof aus, in dem der Europäische Gerichtshof den Grundrechtsschutz in jedem Einzelfall für das gesamte Gebiet der Europäischen Gemeinschaften garantiert, das Bundesverfassungsgericht sich deshalb auf eine generelle Gewährleistung der unabdingbaren Grundrechtsstandards (vgl. BVerfGE 73, 339 (387)) beschränken kann. [88]

Tomuschat liest aus diesen Feststellungen, daß das Bundesverfassungsgericht eine Primärverantwortung des EuGH für die Einhaltung eines angemessenen Grundrechtsschutzes in der Gemeinschaft in ihrer Ausstrahlung auf die Bundesrepublik Deutschland nicht mehr anerkenne, sondern meine, daß es selbst in erster Linie aufgerufen sei, die

---

[86]vgl. dazu auch BVerfGE 73, 339 (374 f.)

[87]im Ergebnis ebenso: P.Kirchhof, Europ. Integration und nationales Verfassungsrecht, ZfA 1992, S.459 ff. (465)

[88]BVerfGE 89, 155 (175)

gebotene Gewährleistungsfunktion zu übernehmen.[89] Dies entspricht aber nicht der oben entwickelten dogmatischen Grundlage zur Geltung des Gemeinschaftsrechts.

Der vom Bundesverfassungsgericht gewählte Begriff des *Kooperationsverhältnisses* muß vielmehr so verstanden werden, daß das Bundesverfassungsgericht sich zwar generell für zuständig hält, sekundäres Gemeinschaftsrecht zu überprüfen, dies jedoch wie oben erwähnt in mittelbarer Hinsicht, indem es das abgeleitete Gemeinschaftsrecht an der Reichweite des nationalen Zustimmungsgesetz mißt, das den Erlaß ermöglicht.[90] Dagegen erkennt es an, daß dem EuGH die ausschließliche Kompetenz zur Gewährleistung des Grundrechtsschutzes unmittelbar gegenüber dem Gemeinschaftsrecht zufällt.

Das hat zur Konsequenz, daß dem EuGH wegen Art.234 EGV (Art.177 a.F.) vorrangig die Aufgabe des Grundrechtsschutzes in der Gemeinschaft zukommt, weshalb der Grundrechtsberechtigte Grundrechtsschutz gegenüber Sekundärrecht vorrangig beim EuGH suchen muß. Das Bundesverfassungsgericht hingegen befaßt sich lediglich mit der Geltung des Gemeinschaftsrechts in Deutschland am Maßstab der nationalen Grundrechte.

Um zu vermeiden, daß Rechtsvorschriften der Gemeinschaft in einigen Mitgliedstaaten anwendbar sind und in anderen nicht, d.h. um die Rechtsanwendungsgleichheit im Geltungsbereich des EG-Vertrages zu wahren, übt das Bundesverfassungsgericht seine Prüfungskompetenz am Maßstab der deutschen Grundrechte nur dann aus, wenn der Grundrechtsschutz durch den EuGH prozessual nicht erreicht werden kann, wenn bestimmte Grundrechte, z.B. die Religionsfreiheit und die Rundfunkfreiheit keinen Eingang in die Rechtsprechung des EuGH gefunden haben oder wenn erhebliche Grundrechtsverletzungen und Kompetenzüberschreitungen des EuGH festzustellen sind.[91]

---

[89]vgl. C. Tomuschat, Die Europ. Union unter der Aufsicht des BVerfG, EuGRZ 1993, S.489 ff. (490)

[90]so auch J. Kokott, Deutschland im Rahmen der Europäischen Union -zum Vertrag von Maastricht, AöR 119 (1994), S.207 ff. (221)

[91]im wesentlichen auch: C. Tietje, Europ. Grundrechtsschutz nach dem Maastricht-Urteil, JuS 1994, S.197 (201 f.); V. Götz, Das Maastricht-Urteil des Bundesverfassungsgerichts, JZ 1993,

Um der Anwendbarkeit von Gemeinschaftsrecht in den Mitgliedstaaten Geltung zu verschaffen, ist ein Zusammenwirken von EG-Organen und nationalen Organen notwendig. Bei der Überprüfung der Zustimmungsgesetze und der damit erfolgenden mittelbaren Prüfung von Primär- und Sekundärrecht muß der gleiche relativierte Verfassungsmaßstab angelegt werden wie bei der Überprüfung der nationalen Vollzugsakte. Andernfalls wäre ein Funktionieren der Gemeinschaft nicht möglich.[92]

Berücksichtigt man den im folgenden darzustellenden durch Richterrecht entwickelten europäischen Grundrechtsschutz durch den EuGH, der dem zulässigerweise durch die Übertragung von Hoheitsrechten gemäß Art.24, 23 n.F. GG an die EG abgeschwächtem Grundrechtsstandard des Grundgesetzes regelmäßig entspricht, so wird die Möglichkeit eines Konflikts zwischen Gemeinschaftsrecht und Grundgesetz eher die Ausnahme sein. Im Falle der Konvergenz von europäischem und nationalem Grundrechtsstandard wird das Bundesverfassungsgerichts Verfassungsbeschwerden, die Gemeinschaftsrechtssachen betreffen, gemäß Art.93 d BVerfGG nicht zur Entscheidung annehmen.

e) Die Entscheidung zur EG-Bananenmarktordnung

Eine Durchbrechung des im Solange II-Beschluß festgestellten Grundsatzes, daß das Bundesverfassungsgericht "solange die Europäischen Gemeinschaften, insbesondere die Rechtsprechung des Gerichtshofes einen wirksamen Schutz der Grundrechte gegenüber der Hoheitsgewalt der Gemeinschaften generell gewährleisten", nicht als gesetzlicher Richter bei der Prüfung von Gemeinschaftsakten fungiert,[93] könnte in der Annahme der Verfassungsbeschwerde eines Obstimport Unternehmens, die auf die Gewährung einstweiligen Rechtsschutzes durch deutsche Gerichte bei Anwendung der Bananenmarktordnung der EG abzielte, zu sehen sein. Dieser Entscheidung lag verkürzt dargestellt folgender Sachverhalt zugrunde.

S.1081 ff. (1083); P.Kirchhof, Deutsches Verfassungsrecht und Europäisches Gemeinschaftsrecht, EuR, Beiheft 1, 1991, S.11 ff. (24).

[92]so R.Streinz, Bundesverfassungsgerichtlicher Grundrechtsschutz und Europäisches Gemeinschaftsrecht, S.190 f.; J.Kokott, Der Grundrechtsschutz im europäischen Gemeinschaftsrecht, AöR 121 (1996), S.599 ff. (605)

[93]BVerfGE 73, 339 (LS 2, 340)

Die Beschwerdeführerin betrieb ein Verfahren auf einstweiligen Rechtsschutz vor dem Verwaltungsgericht Frankfurt a.M. und vor dem Hessischen VGH. Sie begehrte zusätzliche Importlizenzen für Drittlandsbananen, die über das ihr nach der Bananenmarktordnung zustehende Kontingent hinausgingen und berief sich dafür auf einen Härtefall. Im Verfahren des einstweiligen Rechtsschutzes vor dem VG Frankfurt a.M. legte dieses dem EuGH die Frage vor, ob die Bananenmarktordnung mit Gemeinschaftsrecht vereinbar sei.[94]

Parallel dazu gab es ein inhaltsgleiches Klageverfahren der Bundesrepublik Deutschland vor dem EuGH. Nachdem der EuGH festgestellt hatte, daß die VO (EWG) Nr.404/93 mit Gemeinschaftsrecht vereinbar ist[95], lehnte der Hessische VGH letztinstanzlich den Erlaß einer einstweiligen Anordnung ab. Zur Begründung führte er aus, daß der Antrag der Beschwerdeführerin wegen der Entscheidung des EuGH keine Aussicht auf Erfolg habe. Gegen den Beschluß des Hessischen VGH erhob die Beschwerdeführerin Verfassungsbeschwerde zum Bundesverfassungsgericht. Das Bundesverfassungsgericht verwies die Sache an den Hessischen VGH zurück mit der Begründung, daß die Bananenmarktordnung eine entsprechende Härtefallregelung vorsehe. Dies ergebe sich aus Art.16 Abs.3 und Art.30 Verordnung (EWG) Nr.404/93. Der VGH übersehe, daß der EuGH lediglich die Bananenmarktordnung als solche, nicht aber ihre Auswirkungen in einem konkreten Härtefall geprüft habe. Der VGH hätte prüfen müssen, ob durch die der Beschwerdeführerin drohenden Schäden eine schwerwiegende und nicht mehr rückgängig zu machende Verletzung in ihrem Grundrecht aus Art.14 Abs.1 GG vorliege und deshalb für die Dauer des Hauptsacheverfahrens eine einstweilige Anordnung hätte getroffen werden müssen.[96]

Durch die Annahme der Verfassungsbeschwerde erklärte sich das Bundesverfassungsgericht für zuständig, Anordnungen gegenüber nationalen Gerichten im Verfahren einstweiligen Rechtsschutzes zu treffen, obgleich es im Fall ausschließlich um die Anwendung von Gemeinschaftsrecht ging. Die Entscheidung über die Gewährung vorläufigen Rechtsschutzes im Rahmen des Vollzugs einer Gemeinschaftsverordnung

---

[94] VG Frankfurt, Beschl. vom 1.12.1993 -1 E 2949/93- EuZW 1994, S.157 ff.
[95] EuGH, Urt. v. 5.10.1994 -Rs. C-280/93 (Bundesrepublik Deutschland/Rat), NJW 1995, S.945 ff.
[96] BVerfG, Beschluß v. 25.1.1995, NJW 1995, S.950 f.

betrifft aber ausschließlich das Verhältnis zwischen den nationalen Fachgerichten und dem Europäischen Gerichtshof. Indem das Bundesverfassungsgericht zum Ergebnis kam, die Verordnung lasse eine Härtefallregelung zu, hat es zudem genuines Gemeinschaftsrecht ausgelegt. Die Kompetenz zur Auslegung von Gemeinschaftsrecht steht aber gemäß Art.234 EGV (Art.177 a.F.) ausschließlich dem EuGH zu.

Der EuGH gestattet es zwar nationalen Gerichten, im Rahmen des Vollzugs eines auf einer EG-Verordnung beruhenden Verwaltungsaktes, die Vollziehung auszusetzen bzw. einstweilige Anordnungen zu treffen. Voraussetzung dafür ist aber, daß sich die nationalen Gerichte an den für den EuGH geltenden Maßstäben gemäß Art.185, 186 a..F. (Art. 242, 243 EGV n.F.) orientieren. Nur wenn das nationale Gericht erhebliche Zweifel an der Gültigkeit der Verordnung hat, die Entscheidung dringlich ist und die Interessen der Gemeinschaft angemessen berücksichtigt, kann es vorläufige Maßnahmen treffen.[97] Geht es also um den Vollzug eines auf einer Gemeinschaftsverordnung gestützten innerstaatlichen Verwaltungsaktes, hat das nationale Gericht, wenn es Zweifel an der Rechtmäßigkeit der Verordnung hat, die Möglichkeit vorläufigen Rechtsschutz zu gewähren, bevor es infolge der vom EuGH nach Art.234 EGV (Art.177 a.F.) vorgenommenen Auslegung eine endgültige Entscheidung trifft.

Die Sachlage stellte sich im vorliegenden Fall jedoch anders dar. Hier geht es nicht darum, den Marktbeteiligten durch die Gewährung vorläufigen Rechtsschutzes vor dem Vollzug einer bestehenden rechtswidrigen Gemeinschaftsverordnung zu schützen, sondern ihn im Wege des einstweiligen Rechtsschutzes vor Nachteilen, die durch das Untätigsein von EG-Organen entstehen, zu bewahren. Nach der Auffassung des EuGH verpflichtet Art.30 Verordnung Nr.404/93 die Kommission ggfls. zur Regelung von Härtefällen. Die Kommission hatte aber noch keine Regelung über den Umfang und das Bestehen von Härtefällen getroffen.

In diesem Falle hat das nationale Gericht nach dem EG-Vertrag keine Möglichkeit, den EuGH im Wege eines Vorabentscheidungsverfahrens anzurufen, um die Untätigkeit von EG-Organen feststellen zulassen. Deshalb sieht der EuGH für die nationalen Gerichte

---

[97]EuGH, Urt. v. 21.2.1991 -Zuckerfabrik Süderdithmarschen u.Zuckerfabrik Soest- Slg. I 1991, S.415 ff. = EuZW 1991, S.313 ff.;

keinen Raum, einstweilige Maßnahmen zu erlassen. Vielmehr geht der EuGH hier von seiner ausschließlichen Zuständigkeit aus, dem Marktbeteiligten einstweiligen Rechtsschutz zu gewähren, wenn dieser Untätigkeitsklage mit dem Antrag auf einstweilige Anordnung gemäß Art.232 Abs.3 i.V.m. Art. 243 [Art.175 Abs.3 i.V.m. Art 186 a.F.] EGV erhebt. Dabei läßt es der EuGH trotz des Wortlauts von Art.232 Abs.3 [Art.175 Abs.3 a.F.] EGV unter Bezugnahme auf Art.230 Abs.4 [Art.173 Abs.4 a.F.] EGV genügen, wenn der unterlassene Rechtsakt den Betroffenen unmittelbar und individuell betrifft.[98]

Da der EuGH im Urteil *T.Port GmbH & Co. KG/ Bundesanstalt für Landwirtschaft und Ernährung* für sich eine ausschließliche Zuständigkeit zur Gewährung einstweiligen Rechtsschutzes in solchen Fällen reklamiert hatte, bestand für das Bundesverfassungsgericht keine Kompetenz, die Verfassungsbeschwerde anzunehmen bzw. die Sache mit dieser Begründung an den Hessischen VGH zurückzuweisen. Das Bundesverfassungsgericht "operierte hier auf fremdem Gebiet". Das Bundesverfassungsgericht hat hier einerseits Auslegung von Gemeinschaftsrecht betrieben und damit gegen das Gemeinschaftsrecht verstoßen[99] und andererseits in das Verhältnis zwischen nationalen Fachgerichten und dem EuGH eingegriffen. Ob beides in seiner Absicht lag, wird aus der Entscheidung nicht deutlich. Zugunsten des Bundesverfassungsgerichts könnte man jedoch davon ausgehen, daß es von einer Rechtsschutzlücke ausging, d.h. die Möglichkeit der Gewährung einstweiligen Rechtsschutzes durch den EuGH nicht gesehen hat. Dafür spricht, daß der EuGH erst nach der Entscheidung des Bundesverfassungsgerichts durch Auslegung des Art.232 Abs.3 [Art.175 Abs.3 a.F.] EGV einen solchen Rechtsschutz entwickelt hat.[100]

f) Ergebnis

Zusammenfassend läßt sich festhalten, daß sich bezüglich des Grundrechtsschutzes durch das Maastricht-Urteil und die Bananenmarkt-Entscheidung im Verhältnis zum Solange II-Beschluß im Ergebnis grundsätzlich nichts geändert hat. Eine Änderung besteht nur insoweit, als das Bundesverfassungsgericht nun seinen Standpunkt zum

---

[98]EuGH, Urt. v. 26.11.1996, Rs. C-68/95, EuZW 1997, S.61 ff. (64).
[99]Vgl. J. Kokott, Der Grundrechtsschutz im europäischen Gemeinschaftsrecht, in AöR 121 (1996), S.599 ff. (610).

EG-Recht schärfer formuliert. Im Solange II-Beschluß konnte der Eindruck entstehen, das Bundesverfassungsgericht ziehe sich was den europäischen Grundrechtsschutz betrifft, gänzlich zurück bzw. nehme verglichen mit dem Maastricht-Urteil eine eher passive Haltung ein. In der Praxis wird sich jedoch im Verhältnis des Grundrechtsschutzes zwischen Bundesverfassungsgericht und EuGH schon deshalb nichts ändern, da das Bundesverfassungsgericht in der Maastricht-Entscheidung die von ihm im Solange II-Beschluß gezogene, im Wesensgehalt der Grundrechte liegende Grenze bestätigt hat.[101] Letztlich muß dies aber die nachfolgende Praxis zeigen. Hier hat sich gezeigt, daß das Bundesverfassungsgericht, was die Überprüfung der Verfassungsmäßigkeit von EG-Recht betrifft, nur mittelbar eine Kontrolle über Sekundärrecht ausüben kann. Verbunden damit könnte sich ein Problem der Mitgliedstaaten hinsichtlich der vertraglichen Verpflichtung zur Beachtung der EMRK ergeben, denn für die Mitgliedstaaten bzw. die nationalen Gerichte ergibt sich keine Möglichkeit konventionswidrige EG-Akte ohne Anrufung des EuGH von sich aus unangewendet zu lassen. Im Anschluß daran soll deshalb die Stellung der Mitgliedstaaten in der EMRK untersucht werden.

3. Mitgliedschaft der Mitgliedstaaten in der EMRK

Die Mitgliedstaaten der EG sind mittlerweile allesamt Vertragsparteien der EMRK. Sie sind nach außen hin verpflichtet, die sich aus der EMRK ergebenden Garantien zu beachten. Darüber hinaus besteht die Besonderheit der EMRK gegenüber sonstigen völkerrechtlichen Verträgen darin, daß hier ein verbindliches Verfahren für die Auslegung des Inhalts des Vertrages besteht. Gemäß Art.46 EMRK i.d.F. des Zusatzprotokolls Nr.11 übernehmen die Hohen Vertragsschließenden Teile die Verpflichtung, sich in allen Fällen, an denen sie beteiligt sind, nach den Entscheidungen des Gerichtshofes zu richten. Der Europäische Gerichtshof für Menschenrechte entscheidet somit verbindlich über den Inhalt der EMRK. Problematisch wird dies, wenn die Mitgliedstaaten Hoheitsrechte auf supranationale Organisationen, wie die EG übertragen.

---

[100] So kommt P.Selmer, Die Gewährleistung der unabdingbaren Grundrechtsstandards durch den EuGH, S.157 f., zum Ergebnis, daß gegen die Zulässigkeit der Vorlage an das BVerfG keine rechtlichen Bedenken bestehen.

[101] so auch C. Tietje, Europ. Grundrechtsschutz nach dem Maastricht-Urteil, JuS 1994, S.197 ff. (202); V. Götz, Das Maastricht-Urteil des BVerfG, JZ 1993, S.1081 ff. (1083)

Da die Mitgliedstaaten entsprechend dem EG-Vertrag verpflichtet sind, gemeinschaftsrechtskonforme Akte ohne Rücksicht auf ihre Vereinbarkeit mit sonstigen völkerrechtlichen Verpflichtungen im innerstaatlichen Recht zu vollziehen, laufen sie Gefahr im Verhältnis zur EMRK vertragsbrüchig zu werden. Über die Rechtmäßigkeit von EG-Akten wiederum entscheidet gemäß Art. 220 [Art.164 a.F.] EGV allein der EuGH. Dies kann dazu führen, daß der EuGH bei der Beurteilung der Rechtmäßigkeit von Sekundärrecht einen anderen Menschenrechtsstandard zugrunde gelegt als der Europäische Gerichtshof für Menschenrechte. Die Mitgliedstaaten, sowie der Einzelne stünden dann vor dem Konflikt eines divergierenden Menschenrechtsschutzes in Europa.

Etwas anderes könnte nur gelten, wenn die Mitgliedstaaten als Konventionsmitglieder keine Verantwortlichkeit für Akte der EG treffen würde, d.h. daß sie sich durch die Schaffung einer supranationalen Organisation von ihren Verpflichtungen aus der EMRK freizeichnen konnten.[102] Zu diesem Ergebnis könnte man angesichts der Entscheidung der Europäischen Kommission für Menschenrechte (EKMR) insbesondere im Fall C.D.F.T.[103] kommen. Gegenstand dieser Entscheidung war die Bildung eines Beratenden Ausschusses nach Art.18 EGKSV, wobei die Mitglieder des Ausschusses durch den Rat ernannt wurden. Der Rat bestimmte die für die Verteilung des Sitze infragekommenden Erzeuger- und Arbeitnehmerorganisationen. Dabei hat der Rat die Beschwerdeführerin, eine französische Gewerkschaft unberücksichtigt gelassen, worauf sie u.a. Beschwerde bei der EKMR gegen die EG und hilfsweise gegen die Gesamtheit der Mitgliedstaaten der EG bzw. die einzelnen Mitgliedstaaten eingelegt hat. Für die Prüfung der Beschwerde gegen die EG, sah sich die EKMR **ratione personae** nicht zuständig, da die EG nicht Vertragspartei der EMRK sei.

Diese Ausnahme von Akten des EG-Rechts aus der Bindung an die EMRK könnte sich auch auf die Verantwortlichkeit der einzelnen Mitgliedstaaten erstrecken. Hierzu hat die Kommission festgestellt, daß die Staaten durch die Mitwirkung an den Entscheidungen des Rates der EG keine Herrschaftsgewalt i.S.d. Art.1 EMRK

[102] So M. Hilf in: Grabitz/Hilf (Hrsg.), Kommentar zur Europ. Union, Art.F EUV, Rdnr.28; ders., Europ. Union und Europ. Menschenrechtskonvention in: Beyerlin u.a. (Hrsg.), Recht zwischen Umbruch und Bewahrung, FS Bernhardt, S.1193 ff. (1198).
[103] Vgl. Entscheidung der EKMR vom 10.7.1978 -C.F.D.T.- EuGRZ 1979, S.431 f.

ausübten. Auch für diesen Teil der Beschwerde erklärte sich die Kommission **ratione personae** für unzuständig.

Diese Feststellungen betreffen jedoch nur das Gemeinschaftsrecht selbst, nicht aber den in aller Regel notwendigen Vollzug des Sekundärrechts durch die Mitgliedstaaten. Diese nationalen Vollzugsakte lösen aber regelmäßig erst eine konkret individuelle Grundrechtsbetroffenheit aus. Solche Vollzugsakte sind Hoheitsakte, die den Mitgliedstaaten zuzurechnen sind und deshalb der Kontrolle der "Straßburger Organe" unterliegen.[104] Die Übertragung von Hoheitsrechten schließt demnach die Verantwortlichkeit der Mitgliedstaaten für den Vollzug von übertragenen Kompetenzen nicht aus. Insoweit besteht Regelungsbedarf, was das Verhältnis der EG zur EMRK betrifft.

Zu diesem Ergebnis kommt auch die Kommission in einer weiteren Entscheidung aus dem Jahre 1990. Im Fall Melchers & Co./Deutschland[105] ging es kurz gesagt um eine deutsche Firma, die sich u.a. mit einer Beschwerde an die EKMR wandte mit dem Vorbringen, daß deutsche Behörden einem Urteil des EuGH die Vollstreckbarkeitsklausel erteilt hätte, obgleich dieses unter Verstoß gegen die Unschuldsvermutung gemäß Art.6 Abs.2 und dem sich aus Art.6 Abs.3 lit.c EMRK ergebenden Recht des Angeklagten auf Selbstverteidigung zustande gekommen sei.[106]

In der Entscheidung bringt die Kommission zum Ausdruck, daß sich die Mitgliedstaaten ihrer Verantwortung der EMRK gegenüber nicht durch die Schaffung supranationaler Organisationen entziehen können, wenn sie im Rahmen dieser Organisation, also im Fall der Vollstreckung eines EuGH-Urteils tätig werden. Mit der Vollziehung von Maßnahmen der EG-Organe würden die Mitgliedstaaten nicht zu quasi Gemeinschaftsorganen, die nicht mehr unter die Kontrolle der Organe der Konvention fielen. Weiterhin betonte die Kommission, daß die Übertragung von Hoheitsrechten

---

[104] So auch R. Streinz, Europarecht, Rdnr.220; T. Giegerich, Luxemburg, Karlsruhe, Straßburg - Dreistufiger Grundrechtsschutz in Europa?, ZaöRV 50 (1990), S.836 ff. (844) m.w.N. (Fn. 37).

[105] Entscheidung der EKMR vom 9.2.1990 -M & Co./Deutschland-Decisions and Reports Vol.64 (1990), S.138 ff.

[106] vgl. zur zum Fall M & Co. /Deutschland ausführlich: T. Giegerich, Luxemburg, Karlsruhe, Straßburg- Dreistufiger Grundrechtsschutz in Europa?, ZaöRV 50 (1990), S.836 ff.

nicht notwendigerweise die Verantwortlichkeit nach der Konvention für den Vollzug der so übertragenen Kompetenzen ausschließe.

Darüber hinaus kommt die Kommission aber in Anlehnung an die Solange II -Rechtsprechung des Bundesverfassungsgerichts zu dem Ergebnis, daß die Übertragung von Hoheitsrechten auf Internationale Organisationen dann mit den Garantien der Konvention vereinbar seien, wenn sichergestellt sei, daß im Rahmen einer Supranationalen Organisation ein vergleichbares Maß an Individualrechtsschutz gewährleistet sei. Eine solche Gewährleistung sieht die Kommission durch die Grundrechteerklärung der EG-Organe vom 27.April 1977[107] und durch die vom EuGH entwickelten Grundrechtsprechung als erfüllt an.

Da die Kommission also innerhalb der EG durch die Rechtsprechung des EuGH einen der EMRK gleichwertigen Grundrechtsschutz bejaht hat, könnte geschlossen werden, daß die Kommission nationale Maßnahmen, die Gemeinschaftsrecht anwenden bzw. vollziehen, nicht mehr auf ihre Vereinbarkeit mit Vorschriften der EMRK hin überprüft. Denn im Gegensatz zur Solange II- Rechtsprechung des Bundesverfassungsgerichts hält sich die Europäische Menschenrechtskommission hier nicht ausdrücklich eine domaine reservée vor, im Falle eines Verstoßes gegen unabdingbare Grundsätze der EMRK, von Ihrer Zuständigkeit Gebrauch zu machen.[108] Die Argumentation der Kommission privilegiert damit in unverständlicher Weise die Grundrechtsprechung des EuGH gegenüber dem Grundrechtsschutz durch die nationalen Gerichte.[109] Für die Mitgliedstaaten ist bisher niemals von den "Straßburger Organen" eine Kontrolle der Konventionsmitglieder mit dem Argument eines vergleichbaren Grundrechtsschutzes in Frage gestellt worden.

Diese Privilegierung des Grundrechtsschutzes in der EG ist inhaltlich nicht zu vertreten. Der Grundrechtsstandard in der EG gründet sich wie noch zu zeigen sein

---

[107]ABl. 1977 C 103, S.1

[108]Darauf zurecht hinweisend: J. Iliopoulos-Strangas, Der Beitritt der Europäischen Gemeinschaft zur Europäischen Menschenrechtskonvention aus der Sicht der Mitgliedstaaten, in: ders. (Hrsg.), Grundrechtsschutz im Europäischen Raum, S.343 ff. (347).

[109] So wohl auch: F. Mancini/V. di Bucci, Die Entwicklung der Grundrechte als Teil des Gemeinschaftsrechts, in: J. Iliopoulos-Strangas (Hrsg.), Grundrechtsschutz im europäischen Raum, S.208 ff. (226); J.P. Jacqué, The Convention and The European Communities in: R.St.J. Macdonald et al. (eds.), The European System for the Protection of Human Rights, S.889 ff. (900).

wird nicht auf einen eigenen Grundrechtskatalog, der dem der Mitgliedstaaten überlegen ist. Er wird vom EuGH aus den allgemeinen Rechtsgrundsätzen der Gemeinschaft abgeleitet. Diese allgemeinen Rechtsgrundsätze werden jedoch aus den Rechtsordnungen der Mitgliedstaaten abgeleitet. Daraus folgt, daß der EuGH für die EG bereits methodisch nicht mehr an Grundrechtsschutz gewähren kann als die Mitgliedstaaten.

Der EuGH gewährt zudem in seiner Rechtsprechung nicht einmal einen Maximalstandard, indem er für jede grundrechtsrelevante Frage diejenige nationale Rechtsordnung anwenden würde, die in der konkreten Frage den besten Grundrechtsschutz bietet. Vielmehr relativiert der EuGH grundsätzlich diesen Maximalstandard dahingehend, daß nur dann eine Grundrechtsverletzung angenommen wird, wenn eine Grundrechtsbetroffenheit dem überwiegenden Standard in den Mitgliedstaaten entspricht. Gleichzeitig macht der EuGH die Gewährung von Grundrechten von deren Vereinbarkeit mit der Struktur und den Zielen der Gemeinschaft abhängig. Damit kann der Grundrechtsschutz in der EG, wie einige Entscheidungen[110] zeigen, teilweise erheblich hinter dem Grundrechtsschutz einzelner Mitglieder zurückstehen.

Außerdem kann sich die Europäische Menschenrechtskonvention nicht ihrer in Abschnitt III EMRK vorgesehenen Aufgaben entziehen. Ihr obliegt es nach Art.31 EMRK a.F. zu der Frage Stellung zu nehmen, ob der betreffende Staat seine Verpflichtungen aus der Konvention verletzt hat. Ob eine Verletzung vorliegt, muß durch Auslegung der in Frage kommenden Vorschriften unter Abschnitt I (Menschenrechte und Grundfreiheiten) der Konvention ermittelt werden. Es kann für eine solche Prüfung nicht genügen, wenn es die Europäische Menschenrechtskommission mit der Feststellung, daß die EG ein der EMRK "vergleichbares Maß an Individualrechtsschutz" gewährleistet, bewenden läßt. Eine solche Vorgehen käme einer in der EMRK nicht vorgesehenen Zuständigkeitsverlagerung an den EuGH gleich.

---

[110]So beispielsweise EuGH, Urt. v. 21.9.1989, verb Rs.46/87 und 227/88 -Hoechst AG/Kommission- Slg.1989, 2919 ff.; EuGH, Urt. v.5.10.1995, Rs.C-280/93 - Bundesrepublik Deutschland/Rat der EU, EuGRZ 1995, S.151 ff.; Urt. v. 13.12.1994, Rs.C-306/93 -SMW Winzersekt GmbH/Land Rheinland-Pfalz, EuZW 1995, S.109 ff.

Fraglich ist zudem, ob die Grundrechteerklärung der EG vom 27.April 1977 und die generelle Gewährleistung von Grundrechtsschutz durch den EuGH ausreicht, um ein mit der EMRK vergleichbares Schutzniveau anzunehmen.[111] Oder verzichtet die Straßburger Kommission nur dann auf eine inzidente Menschenrechtskontrolle, wenn der EuGH in einer konkreten Entscheidung die Relevanz für die Rechte aus der EMRK explizit erkannt hat.[112] Für letzteres spricht vor allem, daß die EKMR ausdrücklich erwähnt, daß der EuGH sich mit Art.6 EMRK auseinandergesetzt hat. Würde aber für die Europäische Menschenrechtskommission die prinzipielle Bereitschaft des EuGH, Grundrechte zu schützen, genügen, so wäre eine solche Feststellung überflüssig gewesen.

Obgleich die Straßburger Kommission letztlich die Beschwerde als unzulässig erachtet, besagt dies nicht, daß sie generell die Mitgliedstaaten aus der Verantwortung entlassen wollte, wenn es sich um den Vollzug von EG-Recht handelt. Sie verneint hier nicht wie im Fall C.D.F.T. **ratione personae** ihre Zuständigkeit, sondern behandelt die Beschwerde als **ratione materiae** von den Bestimmungen der Konvention ausgenommen. Daraus folgt, daß sich die Kommission in der Sache grundsätzlich für zuständig hält, die Kontrolle über nationale Vollzugsakte auszuüben.

Abschließend läßt sich somit festhalten, daß auch nach der Rechtsprechung der Kommission die Mitgliedstaaten mit der Vollziehung übertragener Hoheitsgewalt weiterhin Gefahr laufen können, sich in Widerspruch zu ihren Verpflichtungen aus der EMRK zu setzen.

Als nächstes wird geprüft, wie es um den Grundrechtsschutz auf europäischer Ebene bestellt ist.

III. Grundrechtsschutz in der Gemeinschaft de lege lata

1. Die Europäischen Gemeinschaften als Wertegemeinschaft

---

[111]So vor allem T. Giegerich, Luxemburg, Karlsruhe, Straßburg-Dreistufiger Grundrechtsschutz in Europa?, ZaöRV 50 (1990), S.836 ff. (862 f.), der insoweit von einem einstufigen Grund-/Menschenrechtsschutz gegen Hoheitsakte der EG spricht.

[112]so wohl auch R.Streinz, Europarecht, Rdnr.223; J.P.Jacqué, The Convention and the European Communities, in: R.St.J. Macdonald et al.(eds.), The European System for the Protection of Human Rights, S.889 ff. (900 f.)

Die Europäischen Gemeinschaften sind nicht nur eine Wirtschaftsgemeinschaft sondern auch eine Wertegemeinschaft. Die Staaten in Europa, ausgehend von der Französischen Revolution und der amerikanischen Verfassungsentwicklung, haben sich als verfaßte demokratische Rechtsstaaten entwickelt. Dazu gehört auch eine Bindung der Staatsgewalt an das Wohl der Bürger. Diese wird garantiert durch die Grundrechte und den demokratischen Staatsaufbau. Dies gilt, wenn auch mit zeitlicher Verzögerung für alle Mitgliedstaaten der Europäischen Gemeinschaften, außer dem Vereinigten Königreich, das teilweise eine andere Rechtsentwicklung durchgemacht hat, daß dabei aber ebenfalls den Grundsätzen der Demokratie und des Rechtsstaates verpflichtet ist.

Das bedeutet, daß Mitglied dieser Werteordnung nur werden kann, wer diesen entwickelten Standards entspricht. Deshalb ist auch für den Beitritt eines Staates zu den Europäischen Gemeinschaften bzw. zur Europäischen Union notwendige Voraussetzung, daß dieser sich zu den Grundsätzen der Freiheit, der Demokratie und der Achtung der Menschenrechte und Grundfreiheiten bekennt.[113] Dies ist jetzt auch in Art. 49 Abs.1 EUV in der Fassung des Amsterdamer Vertrages ausdrücklich geregelt. Dort heißt es, daß jeder Staat, der die in Art.6 Abs.1 n.F. genannten Grundsätze achtet, beantragen kann, Mitglied zu werden. Wenn die Gemeinschaft als rechtliche Wertegemeinschaft zu sehen ist, dann ist es logisch zwingend, daß die Hoheitsgewalt die von der Gemeinschaft ausgeht und die unmittelbar in den Mitgliedstaaten wirkt[114], ihrerseits auch dieser rechtsstaatlichen Tradition verpflichtet ist. Konsequenz ist, daß die Grundrechte als Kernstück der rechtsstaatlichen Idee auf die Gemeinschaftsgewalt einwirken müssen.

Die Grundrechte sind im Verständnis dieser Rechtsentwicklung in erster Linie fundamentale Rechte des Individuums zur Sicherung privater Freiräume gegen die willkürliche Ausübung von Herrschaftsgewalt. Sie dienen der Sicherstellung der Freiheit des Bürgers und schützen ihn vor einer unkontrollierten Machtausübung des

---

[113]vgl. Bulletin der EG, 1978, Nr.3, S.5, die vom Rat in Kopenhagen verabschiedete Erklärung zur Demokratie vom April 1978, in der die Staats- und Regierungschefs "feierlich erklären, daß die Achtung und die Aufrechterhaltung der parlamentarischen Demokratie und der Menschenrechte in allen Mitgliedstaaten wesentliche Elemente ihrer Zugehörigkeit zu den Europäischen Gemeinschaften sind."
[114]vgl. oben unter V. 1.

Staates.[115] Der Wahrung der Grundrechte auch in der Gemeinschaft kommt wegen der breiten Übertragung nationaler Zuständigkeiten große Bedeutung zu. Daraus resultiert auch eine Verpflichtung der Organe der Gemeinschaft gegenüber diesen Grundsätzen. Es erschiene inkonsequent, würde man von einem beitretenden Staat die Achtung der Menschenrechte verlangen, es aber den Organe der Gemeinschaft anheimstellen, diese zu beachten oder nicht. Den EuGH trifft dabei die Verantwortung, auf dem Gebiet des Grundrechtsschutzes Rechtskontrolle auszuüben.

2. Die geschriebenen Grundrechte der Europäischen Gemeinschaften

Wie diese Grundrechtsbindung aber in concreto aussieht, läßt sich nicht exakt festmachen, da es auf Gemeinschaftsebene keinen geschriebenen Katalog von Grundrechten gibt. Im EG-Vertrag finden sich zwar ausdrücklich Freiheitsverbürgungen wie das Diskriminierungsverbot in Art.12 (Art.6 a.F.) EGV und Art.141 (Art.119 a.F.) EGV, das Recht auf freien Warenverkehr in Art.28 (Art.30 a.F.) EGV, die Freizügigkeit der Arbeitnehmer in Art.39 ff. (Art. 48 ff. a.F.) EGV, die Niederlassungsfreiheit in Art.43 ff. (Art.52 ff. a.F.) EGV und der freie Dienstleistungsverkehr in den Art.49 ff. (Art.59 ff. a.F) EGV. Ob es sich bei diesen Grundfreiheiten um europäische Grundrechte handelt, wird in der Literatur jedoch unterschiedlich gesehen.

Einerseits wird behauptet, daß diese Grundfreiheiten sich als Abwehrrechte gegen die Mitgliedstaaten bei Vertragsverletzungen richteten und damit keinen wirksamen Grundrechtsschutz vor rechtswidrigem Handeln der Gemeinschaftsorgane böten.[116] Auf der anderen Seite wird vertreten, daß u.a. durch die extensive Auslegung der Grundfreiheiten durch den EuGH, ein effektiver Grundrechtsschutz des Bürgers in der Gemeinschaft in ähnlicher Weise wie in den Verfassungsordnungen der Mitgliedstaaten sichergestellt sei.[117]

Aber auch durch eine inhaltlich extensive Interpretation der Grundfreiheiten ändert sich nicht der Adressat dieser Grundfreiheiten. Adressat ist und bleibt der einzelne Mit-

[115] Zur philosophischen Grundlegung vgl. H.Schiedermair, Das Phänomen der Macht und die Idee des Rechts bei Leibnitz, 1970, S.120 ff.

[116] dazu: R.Streinz, Europarecht, Rdnr.368; K.Bahlmann, Der Grundrechtsschutz in der Europäischen Gemeinschaft, EuR 1982, S.1 ff. (3).

[117] so J.Schwarze, Schutz der Grundrechte in der Europäischen Gemeinschaft, EuGRZ 1986, S.293 ff (296, 299), der sich u.a. auf den Fall Luisi und Carbone, EuGH, Slg.1984, S.377, beruft.

gliedstaat. Die Gemeinschaft schützt zwar durch die vertraglich festgelegten Grundfreiheiten davor, daß auf Gemeinschaftsebene gegenüber den Gemeinschaftsbürgern keine Ungleichbehandlung durch die Mitgliedstaaten stattfindet, sie vermögen jedoch keinen ausreichenden Schutz gegenüber den Handlungen der Gemeinschaftsorgane bei Regelungen hinsichtlich der Schaffung eines gemeinsamen Marktes zu gewährleisten. Die Grundfreiheiten regeln gerade nicht, inwieweit durch Maßnahmen der Gemeinschaft etwa in den freien Warenverkehr eingegriffen werden darf. Obgleich beispielsweise Reglementierungen hinsichtlich des Exports erhebliche Auswirkungen auf den freien Warenverkehr haben können.

Die vom Europäischen Parlament, dem Rat und der Kommission verabschiedeten Grundrechtserklärungen, wie beispielsweise die vom 5.April 1977[118], die vom Europäischen Parlament vom 12.April 1989 verabschiedete Erklärung der Grundrechte und Grundfreiheiten[119] und der durch den Vertrag von Maastricht eingefügte Art.F Abs.2 EUV[120] bzw. Art.6 Abs.2 EUV in der Fassung nach dem Amsterdamer Vertrag sind zwar Ausdruck der grundsätzlichen Bedeutung, welche die Gemeinschaftsorgane der Wahrung der Grundrechte und Grundfreiheiten beimessen, sie können jedoch einen geschriebenen Grundrechtskatalog nicht ersetzen und für den EG-Bürger keine generell durchsetzbaren Rechte gegenüber der Gemeinschaft begründen.[121]

Die Errichtung eines allgemeinen Grundrechtskatalogs, der die Bürger der Gemeinschaften vor Akten der Gemeinschaftsorgane schützen sollte, entspricht auch nicht der Entstehungsgeschichte dieser Organisationen. Vergegenwärtigt man sich, daß der Vertrag zur Gründung der Montanunion, die Errichtung eines gemeinsamen Marktes für Kohle und Stahl und die Abschaffung aller Zölle und Kontingente zum Ziel hatte und daß es dabei in erster Linie um Unternehmen dieser Industriezweige ging, so

---

[118]EG ABl. Nr.C 103/1 vom 27.April 1977 = EuGRZ 1977, S.157 ff., wo es u.a. heißt: Das Europäische Parlament, der Rat und die Kommission unterstreichen die vorrangige Bedeutung, die sie der Achtung der Grundrechte beimessen, wie sie insbesondere aus den Verfassungen der Mitgliedstaaten sowie aus der Konvention zum Schutz der Menschenrechte und Grundfreiheiten hervorgehen. Bei der Ausübung ihrer Befugnisse und bei der Verfolgung der Ziele der EG beachten sie diese Rechte und werden dies auch in Zukunft tun.

[119]ABl. C 120, S.51 ff.

[120]auf Art.F Abs.2 bzw. Art.6 Abs.2 n.F. EUV wird später noch eingegangen

[121]so auch J. Anweiler, Die Auslegungsmethoden des Gerichtshofs der Europäischen Gemeinschaften, S.359 (Fn. 1577); G.C.R. Iglesias, Zur Stellung der Europäischen Menschenrechtskonvention im europäischen Gemeinschaftsrecht in: Beyerlin u.a. (Hrsg.),

verwundert es nicht, daß der EuGH sich zunächst ablehnend gegenüber der Geltung von Grundrechten im Gemeinschaftsrecht zeigte. Er hob darauf ab, daß die Akte der Gemeinschaftsorgane nur an den Normen des Gemeinschaftsrechts zu messen seien, die deren Handlungen regeln.[122]

Zum damaligen Zeitpunkt sah man in der Einrichtung dieses wirtschaftlichen Zweckverbandes, dem nur begrenzte Zuständigkeiten übertragen waren, wohl noch nicht die Gefahr von dadurch bedingten weittragenden Grundrechtsverletzungen. Deshalb enthalten die Verträge zur Gründung der Europäischen Gemeinschaften keine gemeinschaftseigenen Grundrechte.[123] Die Heranziehung nationaler Grundrechte bei der Überprüfung von Rechtsakten in der EG lehnte der EuGH statt dessen ab. Er befürchtete, daß durch die Anwendung nationalen Rechts die Einheitlichkeit des Gemeinschaftsrechts schwinden könnte.[124] Dies kommt, wie gesehen, insbesondere darin zum Ausdruck, daß die Europäischen Gemeinschaften bei der Wahrnehmung ihrer Hoheitsrechte einen Anwendungsvorrang gegenüber jeglichem nationalem Recht beansprucht.[125] Demzufolge kann die Rechtmäßigkeit von gemeinschaftsrechtlichen Maßnahmen nicht an nationalen Rechtsvorschriften, auch nicht an nationalen Grundrechten überprüft werden.[126]

Der Anwendungsvorrang des Gemeinschaftsrechts ist bei zunehmendem Fortschreiten der Integration und der damit einhergehenden Übertragung von staatlichen Aufgaben auf die Gemeinschaft nur dann mit den rechtsstaatlichen und demokratischen Grundsätzen der Gemeinschaften vereinbar, wenn das

---

Recht zwischen Umbruch und Bewahrung, FS Bernhardt, S.1269 ff. (1270); C.Starck, Ein Grundrechtskatalog für die Europäischen Gemeinschaften, EuGRZ 1981, S.545 ff. (547).

[122]vgl. EuGH , Urt. v. 4.2.1959, Rs.1/58 -Stork/Hohe Behörde- , Slg. S.43 ff. (64)

[123]So vertraten beispielsweise G.Erler, Grundgesetz und die öffentliche Gewalt internationaler Staatengemeinschaften, S. 7 ff. und W.Thieme, Grundgesetz und die öffentliche Gewalt internationaler Staatengemeinschaften, S.50 ff., auf der Staatsrechtslehrertagung von 1959 die These, daß eine Bindung der Gemeinschaftsorgane nur an das eigene Rechtssystem bestehe, obgleich dieses Rechtssystem keine Grundrechtsgewährleistung enthalte. Erler sprach insoweit von der "Opfersituation zugunsten internationaler Einrichtungen", VVDStRL 18, 1960, S.110 f.

[124]so auch J. Schwarze, Schutz der Grundrechte in der Europäischen Gemeinschaft, EuGRZ 1986, S.293 ff. (294); G. Ress/J. Ukrow, Neue Aspekte des Grundrechtsschutzes in der Europäischen Gemeinschaft, EuZW 1990, S.499 ff (500).

[125]vgl. nur EuGH, Urt. v. 15.7.1964, Rs.6/64 -Costa/E.N.E.L.- EuGHE 1964, S.1251 ff. (1269-1271)

Gemeinschaftsrecht selbst einen Grundrechtsstandard gewährleisten kann, der Maßstab für die Überprüfung von Rechtshandlungen der EG-Organe sein soll. Nur auf diese Weise können nach ständiger Rechtsprechung des EuGH Grundrechte auf europäischer Ebene Geltung beanspruchen.[127]

3. Die Entwicklung von Grundrechten unter Anwendung der allgemeinen Rechtsgrundsätze

Gedrängt einerseits von den Verfassungsgerichten Deutschlands[128] und Italiens[129] und andererseits von der Vorstellung, daß ohne die Gewährleistung eines Grundrechtsschutzes Rechtsschutz in den nationalen Verfassungen gesucht würde und damit eine Gefährdung der Einheitlichkeit des Gemeinschaftsrechts bewirkt werden könnte, hat der EuGH durch richterliche Rechtsfortbildung allmählich einen gemeinschaftsrechtlichen Grundrechtsschutz entwickelt. So liegt es etwa, wie gezeigt, in der Konsequenz des Solange I-Beschlusses, daß das Bundesverfassungsgericht dafür zuständig ist, über die Vereinbarkeit von sekundärem Gemeinschaftsrecht mit den Grundrechten des Grundgesetzes zu befinden und bei einem festgestellten Verstoß, das Gemeinschaftsrecht in Deutschland für unanwendbar zu erklären.

Erstmals finden die Grundrechte Erwähnung im Urteil *Stauder* vom 12.November 1969.[130] Es handelte sich hierbei um ein Vorabentscheidungsverfahren, in dem sich der Kläger, ein Empfänger von Kriegsopferfürsorge, auf sein allgemeines Persönlichkeitsrecht berief, um als solcher auch ohne Offenbarung seines Namens verbilligt Butter erwerben zu können. Denn nach einer Entscheidung der Kommission konnten die Begünstigten die verbilligte Butter nur gegen einen auf ihren Namen ausgestellten Gutschein erhalten. Das erkennende Verwaltungsgericht legte dem EuGH die Frage vor, ob die Entscheidung der Kommission mit den allgemeinen Rechtsgrundsätzen des geltenden Gemeinschaftsrechts vereinbar sei. Der EuGH führte daraufhin aus, daß bei Auslegung der streitigen Vorschrift, diese nichts enthalte, was die in den allgemeinen

---

[126]st. Rspr. des EuGH, Urt. v. 17.12.1970, Rs.11/70 -Internationale Handelsgesellschaft/-Einfuhr- und Vorratsstelle- Slg.1970, S.1125 (1135); Rs.41/79 -Testa- Slg.1980, S.1979 ff. (1996 f.); Rs.97-99/87 -Dow Chemical Iberica, Slg.1989, S.3181 ff. (3191)
[127]EuGH seit Rs.36/59 -Ruhrkohlenverkaufsgesellschaften-Slg.1960, S.885 ff. (921)
[128] Vor allem BVerfGE 37, 271
[129]vgl. Giurisprudenza costitutionale (Giur. cost.) Urt. v. 18.Dezember 1973, Nr.183 -Frontini ed altri/Admministrazione Finanze Stato, 1973, S.2420 ff. =EuR 1974, S.253 ff.
[130]EuGH, Urt. v. 12.11.1969, Rs. 29/69 -Stauder- , Slg. S.419 ff.

Grundsätzen der Gemeinschaftsrechtsordnung, deren Wahrung der Gerichtshof zu sichern habe, enthaltenen Grundrechte der Person in Frage stellen könnte.

Der EuGH hat in dieser Entscheidung jedoch nicht deutlich gemacht, welcher Methode er sich zur Ableitung solcher allgemeiner Grundsätze bedient hat. Lediglich läßt sich daraus entnehmen, daß er sich generell für die Geltung von Gemeinschaftsgrundrechten ausgesprochen hat. Der EuGH hat erst in den nachfolgenden Entscheidungen diesen Standpunkt näher konkretisiert.

So geht z.B. aus dem Urteil *Nold* vom 14.Mai 1974[131] hervor, daß der EuGH zur Ermittlung der Grundrechte als allgemeine Rechtsgrundsätze von den gemeinsamen Verfassungsüberlieferungen der Mitgliedstaaten ausgeht und verweist insoweit u.a. auf die Grundrechte der Mitgliedstaaten.

4. Die Definition der allgemeinen Rechtsgrundsätzen

Art.38 Abs.1 lit.c des IGH-Statuts nennt neben Vertragsrecht und Völkergewohnheitsrecht auch die allgemeinen Rechtsgrundsätze als Rechtsquelle des Völkerrechts. Allgemeine Rechtsgrundsätze werden entwickelt aus einem Vergleich der nationalen Rechtsordnungen. Dabei wird darauf abgehoben, daß die Staaten im internationalen Verkehr auch das als Recht anerkennen, was sie bereits in ihrer innerstaatlichen Rechtsordnung als Recht akzeptieren, wenn diese Regeln für eine Anwendung im internationalen Rechtsverkehr geeignet sind.

Allgemeine Rechtsgrundsätze dienen im internen Recht der Internationalen Organisationen vielfach zur Ergänzung von Normen, die auf diese Regeln verweisen. Dies gilt etwa für Art.55 c der UN-Charta.

So findet sich auch in Art.288 Abs.2 (Art.215 Abs.2 a.F.) EGV und Art. 188 Abs.2 EAGV im Zusammenhang mit der Regelung der außervertraglichen Haftung dieser Gemeinschaften ausdrücklich ein Verweis auf die "allgemeinen Rechtsgrundsätze", die den Rechtsordnungen der Mitgliedstaaten gemeinsam sind. Darüber hinaus findet sich im primären Gemeinschaftsrecht jedoch kein Hinweis auf die allgemeinen Rechtsgrundsätze.

---

[131]EuGH, Urt. v. 14.5.1974 -Nold- Rs.4/73, Slg. S.491 ff.

5. Die Kompetenz des EuGH zur Entwicklung allgemeiner Rechtsgrundsätze

Wegen des in den Gemeinschaftsverträgen geltenden Prinzips der begrenzten Einzelermächtigung, dürfen die Gemeinschaftsorgane aber nur auf bestimmten Gebieten tätig werden, wenn ihnen dazu das Primärrecht die Kompetenz verleiht. Auch der EuGH hat in seinem Gutachten zum Beitritt der Gemeinschaft zur Konvention zum Schutze der Menschenrechte und Grundfreiheiten ausdrücklich betont, daß keine Bestimmung des Vertrages den Gemeinschaftsorganen allgemein die Befugnis verleihe, Vorschriften auf dem Gebiet der Menschenrechte zu erlassen.[132]

Aufgrund des Fehlens einer ausdrücklichen Kompetenzzuweisung zur Entwicklung von Gemeinschaftsgrundrechten, bietet nach überwiegender Auffassung in der Literatur Art.220 [Art.164 a.F.] EGV bzw. die wortgleichen Art.31 EGKSV und Art.136 EAGV die materiellrechtliche Grundlage für den Grundrechtsschutz in den Europäischen Gemeinschaften.[133] Gemäß Art.220 [Art.164 a.F.] EGV sichert der Gerichtshof die Wahrung des Rechts bei der Auslegung und Anwendung dieses Vertrags. Art.220 [Art.164 a.F.] EGV bestimmt also die materielle Reichweite der Rechtsprechungsbefugnisse des EuGH. Durch die Kompetenz des Gerichtshofs, die Handlungen der EG-Organe gemäß Art.230 [Art.173 a.F.] EGV auf ihre Rechtmäßigkeit hin zu kontrollieren, werde deutlich, daß die EG nicht nur als Wirtschaftsgemeinschaft, sondern auch als Rechtsgemeinschaft konzipiert sei. Als Rechtsgemeinschaft sei die EG dazu bestimmt, den Bestand der von den Mitgliedstaaten als Herren der Verträge hervorgebrachten verfassungsrechtlichen Werteordnung zu achten und zu verwirklichen. Der Begriff "Recht" i.S.d. Art.220 [Art.164 a.F.] EGV erstrecke sich insoweit nicht nur auf das positive Gemeinschaftsrecht, sondern werde dabei mit der hinter den EG-Verträgen stehenden europäischen Verfassungskultur in Beziehung gesetzt.[134]

---

[132] EuGH, Gutachten 2/94 v. 28.3.1996, EuGRZ 1996, S.197 ff. (206, Nr.27)

[133] vgl. M. Hilf, Ein Grundrechtskatalog in der Perspektive einer europäischen Verfassung in, J. Illiopoulos-Strangas (Hrsg.), Grundrechtsschutz im europäischen Raum, S.320 ff. (324 f.); R. Streinz, Europarecht, Rdnr.356; I.Pernice in: Grabitz/Hilf (Hrsg.), Kommentar zur Europ. Union, Art.164, Rdnr.42, 48; K.M. Meessen, Der Nachweis allgemeiner Rechtsgrundsätze des Europäischen Gemeinschaftsrechts, JIR 17 (1975), S.283 ff. (287 ff.)

[134] vgl. dazu I. Pernice in: Grabitz/Hilf (Hrsg.), Kommentar zur Europ. Union, Art.164, Rdnr.42; K. M. Meessen, Der Nachweis allgemeine Rechtsgrundsätze des Europäischen Gemeinschaftsrechts, in JIR 17 (1975), S.283 ff. (287 ff.); R. Streinz,

Für diese in der europarechtlichen Literatur entwickelte Konstruktion, daß sich hinter dem Begriff Recht i.S.d. Art.220 [Art.164 a.F.] EGV nicht nur das Recht der Verträge verbirgt, könnte sprechen, daß die Staatsorgane der Mitgliedstaaten selbst bei der Ausübung ihrer Kompetenzen an die nationalen Verfassungen gebunden sind und die Mitgliedstaaten deshalb bei der Übertragung von Hoheitsrechten auf die Europäischen Gemeinschaften diese nicht frei von jeglicher Grundrechtsbindung übertragen wollten. Der Unterschied zwischen dem Gemeinschaftsrecht und den nationalen Verfassungen besteht jedoch darin, daß die nationalen Verfassungen im Gegensatz zu den Gründungsverträgen grundsätzlich eine solche Bindung ausdrücklich vorsehen.

Auf diesem Weg finden gemeinsame Wertvorstellungen des nationalen Verfassungsrechts Eingang in die Gemeinschaftsverträge, die der EuGH bei seiner Rechtsprechung als allgemeine Rechtsgrundsätze zu beachten hat. Danach kann ungeschriebenes Recht, also auch die den Rechtsordnungen der Mitgliedstaaten gemeinsamen Rechtsgrundsätze als Quelle des primären Gemeinschaftsrecht dienen und dort Geltung finden.

An den Entscheidungen des EuGH läßt sich jedoch nicht ausdrücklich festmachen, wie er die Geltung der allgemeinen Rechtsgrundsätze im Gemeinschaftsrecht begründet. Der EuGH scheint sich, indem er in seinen Entscheidungen stets formuliert, daß die Beachtung der Grundrechte zu den allgemeinen Rechtsgrundsätzen (gehöre), die der Gerichtshof zu sichern habe, ebenfalls mit dieser Konstruktion über Art.220 [Art.164 a.F.] EGV zu behelfen.

Die allgemeinen Rechtsgrundsätze und damit auch die dazu gehörenden Grundrechte genießen im Gemeinschaftsrecht den Rang von Primärrecht; sie gehen deshalb dem sekundären Gemeinschaftsrecht im Rang vor.

Die allgemeinen Rechtsgrundsätze gewinnen nach der Rechtsprechung des EuGH besondere Bedeutung für die Einbeziehung der Grundrechte in die Gemeinschaftsrechtsordnung. Dabei gilt hervorzuheben, daß sich der EuGH bei der Entwicklung der

---

Bundesverfassungsgerichtlicher Grundrechtsschutz und Europäisches Gemeinschaftsrecht, S.380 ff.

allgemeinen Rechtsgrundsätze zur Schließung von Regelungslücken nicht in freier Rechtsschöpfung ergehen darf, sondern sich an den Rechtsordnungen der Mitgliedstaaten orientieren muß, was in dem vertraglich geregelten Fall des Art.288 Abs.2 [Art.215 Abs.2 a.F.] EGV auch so verbindlich vorgeschrieben ist.[135]

Zur Konkretisierung der Gemeinschaftsgrundrechte stützt sich der EuGH deshalb auf die gemeinsamen Verfassungsüberlieferungen der Mitgliedstaaten als Rechtserkenntnisquellen. Gleichzeitig müssen sich die Gemeinschaftsgrundrechte in die Struktur und die Ziele der Gemeinschaft einfügen, so daß die durch Rechtsvergleichung ermittelten Grundrechte nicht so gelten, wie dies im Kontext der nationalen Verfassungen der Fall ist, aus dehnen sie entlehnt sind. Das hat zur Folge, daß je nachdem, wo die gemeinschaftlichen Interessen liegen, Grundrechtsschutz höher, aber auch niedriger ausfallen kann als in den einzelnen Mitgliedstaaten.

6. Kritische Würdigung dieser Rechtsprechung

a) Recht als geschriebenes Gemeinschaftsrecht

Es erscheint fraglich, ob man unter dem Begriff Recht i.S.d. Art.220 [Art.164 a.F.] EGV etwas anderes verstehen kann, als das Recht, welches sich positiv aus den Gründungsverträgen ergibt. Grundsätzlich dürfen die Organe der Europäischen Gemeinschaft nur insoweit handeln, als sie die Gründungsverträge dazu ausdrücklich ermächtigen. Enthalten die Gründungsverträge keine Kompetenzzuweisungen, so ist davon auszugehen, daß die Mitgliedstaaten als Herren der Verträge solche auch nicht gewähren wollten. Die Organe der Gemeinschaften und damit auch der EuGH sind an das gebunden, was ihnen der Vertrag vorgibt. Dieses Prinzip der ausdrücklichen Ermächtigung konsequent zu Ende gedacht, würde der EuGH wegen des Fehlens einer ausdrücklichen Feststellung von Gemeinschaftsgrundrechten in den Verträgen, mit seiner Grundrechtsprechung über die Auslegung und Anwendung des Vertrages hinausgehen.[136]

---

[135]siehe dazu EuGH Rs.155/79 -AM & S/Kommission- Slg.1982, S.1575 ff. (1612). Dort heißt es: "Denn das Gemeinschaftsrecht beruht darauf, daß die Mitgliedstaaten nicht auf wirtschaftlichem , sondern auch auf rechtlichem Gebiet miteinander verflochten sind, und muß daher den Grundsätzen und Vorstellungen Rechnung tragen, die den Rechtsordnungen dieser Staaten ... gemeinsam sind." Vgl. auch I. Pernice in: Grabitz/Hilf, Kommentar zur Europ.Union, Art.164 EGV, Rdnr.48

[136] So G. M. Hoffmann, Ein Grundrechtskatalog für die EG, S.31 ff.

Ob die Beachtung der Grundrechte durch den EuGH jedoch einen Verstoß gegen das Prinzip der begrenzten Einzelermächtigung darstellen, erscheint deshalb fraglich, weil es sich bei der Entwicklung von Grundrechten nicht eigentlich um die Ausübung einer Kompetenz handelt, sondern vielmehr um eine Begrenzung der Ausübung der den Gemeinschaftsorganen übertragenen Hoheitsrechte durch die Heranziehung der Grundprinzipien der nationalen Rechtsordnungen. Aber auch die Qualifizierung der Grundrechte als sogenannte negative Kompetenznormen kann den Kompetenzbereich der Gemeinschaften und damit den des EuGH in diesem Punkt nicht ohne ausdrückliche vertragliche Regelung erweitern. Auch die nationalen Verfassungsgerichte können Grundrechtsschutz nur in dem Umfang gewähren, wie dies ihr jeweiliges Verfassungsrecht vorgibt. Dies muß um so mehr für den EuGH gelten, der auf der Grundlage von völkerrechtlichen Verträgen judiziert, die eine dogmatisch begründete Lückenschließung weit weniger zulassen, als das nationale Recht.

b) Die analoge Anwendung von Art. 288 Abs.2 [Art. 215 Abs.2 a.F.] EGV?

Auch wenn sich, wie gesehen, im EG-Vertrag in Art.288 Abs.2 [Art.215 Abs.2 a.F.] ein ausdrücklicher Verweis auf die allgemeinen Rechtsgrundsätze findet, so ist zweifelhaft, ob diese Vorschrift als eine Art Generalklausel zur Lückenausfüllung und Fortentwicklung des Gemeinschaftsrechts dienen kann. Im Wege einer systematischen Auslegung wird man eher zu dem Ergebnis kommen müssen, daß es sich hierbei um eine Ausnahmeregelung handelt. Denn wäre der EuGH generell zur Heranziehung von allgemeinen Rechtsgrundsätzen befugt, so wäre eine solche Regelung, wie die in Art.288 Abs.2 [Art.215 Abs.2 a.F.] EGV überflüssig. Gerade weil sich aber aus den übrigen Vorschriften des EG-Vertrages eine solche Kompetenz nicht ergibt, konnte auf die ausdrückliche Einbeziehung der allgemeinen Rechtsgrundsätze in Art.288 Abs.2 [Art.215 Abs.2 a.F.] EGV nicht verzichtet werden. Die Qualifizierung des Art.288 Abs.2 [Art.215 Abs.2 a.F.] EGV als Generalklausel würde ihren Sinn als Ausnahmeregelung ins Gegenteil verkehren.

Im übrigen berechtigt Art.288 Abs.2 [Art.215 Abs.2 a.F.] EGV wegen der Unvergleichbarkeit der Regelungsmaterien nicht zu einer analogen Anwendung auf den Bereich der Grundrechte. Allgemeine Rechtsgrundsätze können auch als Auslegungsregel nur herangezogen werden, wenn es sich um ein vom Gemeinschaftsrecht erfaßtes Rechtsgebiet handelt.[137]

Die Statuierung der Marktfreiheiten in den Verträgen zur Gemeinschaft kann auch keinen Anknüpfungspunkt zur Herleitung von Gemeinschaftsgrundrechten bieten. Da diese, wie gesehen, Abwehrrechte des Bürgers gegen nationale Eingriff der Mitgliedstaaten darstellen,[138] können sie nicht ohne weiteres als Anknüpfungspunkt für gegen die Gemeinschaftsorgane gerichtete Freiheiten dienen.[139]

c) Die Stillschweigende Aufnahme der Grundrechte in das Gemeinschaftsrecht?

Etwas anders könnte sich nur ergeben, wenn die Mitgliedstaaten bei Abschluß der Verträge die allgemeinen Rechtsgrundsätze stillschweigend in den Vertrag aufgenommen hätten. Dagegen spricht zum einen, daß die Vertragsdokumente nicht veröffentlicht wurden und deshalb eine Heranziehung der Motive nicht gewollt war und zum anderen, daß Grundrechte etwas so wesentliches sind, daß man sie nicht unausgesprochen "in der Luft hängen lassen kann." Die Gründungsverträge enthalten keine Gemeinschaftsgrundrechte und deshalb liegt es nahe anzunehmen, daß diese nach dem Willen der Mitgliedstaaten auch nicht enthalten sein sollten. Wie sonst ließe sich erklären, daß, obgleich die Frage der Menschenrechte in Europa bis heute ein zentrales Thema geblieben ist, die Mitgliedstaaten weiterhin untätig geblieben sind, obwohl bereits mehrere Vertragsanpassungen, wie der Vertrag zur Einheitlichen Europäischen Akte von 1986[140], der Vertrag von Maastricht aus dem Jahr 1992 und der Amsterdamer Vertrag von 1997 stattgefunden haben, in denen sich die Mitgliedstaaten ausdrücklich zur Geltung von Grundrechten in der Europäischen Gemeinschaft hätten bekennen können.

---

137 Vgl. Seidl-Hohenveldern/Loibl, Das Recht der Internationalen Organisationen, Rdnr.1515

138 Vgl. dazu obige Ausführungen unter.... ferner: B. Beutler, Die Erklärung des Europäischen Parlaments über Grundrechte und Grundfreiheiten vom 12.April 1989, EuGRZ 1989, S.185 ff (188).

139 Vgl. dazu auch O. Müller-Michaels, Grundrechtlicher Eigentumsschutz in der Europäischen Union, S.24.

140 Die Präambel der EEA bekannte sich zu einen gemeinsamen Eintreten der Mitgliedstaaten für die Demokratie, die sich auf die in den Verfassungen und Gesetze der Mitgliedstaaten und u.a. auf die EMRK verankerten Grundrechte bezog, vgl. M.Hilf in: Grabitz/Hilf, Kommentar zur Europ. Union, Art.F EUV, Rdnr.20

Überdies könnte die Einführung des Art.F Abs.2 EUV (in der Fassung des Amsterdamer Vertrags: Art.6 Abs.2) einmal unabhängig von der Frage, ob diese Vorschrift auch für die Europäischen Gemeinschaften gilt, [141] dafür sprechen, daß vor dem Abschluß des Vertrages von Maastricht eine Kompetenz zur Grundrechtsprechung noch gar nicht vorhanden war.

d) Die Grundrechtsprechung des EuGH als Rechtsfortbildung?

Eine weitere denkbare rechtliche Konstruktion zur Entwicklung von Gemeinschaftsgrundrechten könnte sich jedoch aus einer Befugnis des EuGH ergeben, Rechtsfortbildung zu betreiben. Woraus könnte sich eine solche Befugnis ergeben? Grundsätzlich unterliegt die rechtsprechende Gewalt der Bindung der für sie geltenden Normen. Im deutschen Recht hat das Bundesverfassungsgericht anerkannt, daß mit der in Art.20 Abs.3 GG angeordneten Bindung der Rechtsprechung an Gesetz und Recht die traditionelle Gesetzesbindung des Richters eine Lockerung erfahren habe. Die Aufgabe der Gerichte sei demnach nicht nur die bloße Anwendung von Gesetzen, sondern auch die das Recht fortbildende Rechtsfindung.[142]

Entsprechend könnte sich aus der Formulierung in Art.220 [Art.164 a.F.] EGV eine Kompetenz des EuGH zur Rechtsfortbildung herleiten. Zunächst muß hier zwischen der Auslegung des Vertrages und der Rechtsfortbildung unterschieden werden. Ließe sich entgegen der hier vertretenen Auffassung aus Art.220 [Art.164 a.F.] EGV eine Kompetenz des EuGH zu seiner Grundrechtsprechung ableiteten, würde Art.220 [Art.164 a.F.] EGV das Recht des EuGH umfassen, auch Grundrechte als allgemeine Rechtsgrundsätze bei seiner Entscheidungsfindung heranzuziehen. In diesem Fall wäre die Bestimmung von Inhalt und Grenzen der in den allgemeinen Rechtsgrundsätzen enthaltenen Gemeinschaftsgrundrechte als Auslegung zu qualifizieren.

Läßt sich aber wie hier vertreten aus dem Vertrag eine solche Kompetenz nicht ableiten, so betreibt der EuGH bei seiner Grundrechtsprechung richterliche Rechtsfortbildung. Die Rechtsfortbildung ist jedoch Grenzen unterworfen. Sie darf, wie

---

[141] die Frage nach der Bindung der Europäischen Gemeinschaften an Art.F Abs.2 EUV wird später noch eingehend erläutert.

[142] BVerfGE 34, 269 (286-288); vgl. zum Problem der richterlichen Rechtsfortbildung eingehend: C. Hillgruber, Richterliche Rechtsfortbildung als Verfassungsproblem, JZ 1996, S.118 ff.

es das Bundesverfassungsgericht in seiner Maastricht-Entscheidung in bezug auf den EuGH ausdrücklich betont, nicht zu einer vom geltenden Vertragsrecht nicht gedeckten Rechtsetzung führen.[143] Für die richterliche Rechtsfortbildung ist nur im Falle einer ausfüllungsbedürftigen und ausfüllungsfähigen Regelungslücke Platz. Wenn, wie oben vertreten, sich aus dem Vertrag eine Kompetenz zur Entwicklung von Gemeinschaftsgrundrechten gar nicht ergibt, so überschreitet der EuGH mit seiner Grundrechtsprechung die ihm durch den Vertrag zugewiesenen Kompetenzen.[144]

e) Die Sanktionierung durch nachträgliches Akzept der Mitgliedstaaten

Es gilt jedoch festzustellen, daß das Vorgehen des EuGH von keiner Seite auf Kritik gestoßen ist. Die Grundrechtsprechung des EuGH ist vielmehr auch von den Mitgliedstaaten akzeptiert worden. In der vom Rat verabschiedeten Erklärung zur Demokratie vom 7./8. April 1978 schlossen sich die Staats- und Regierungschefs der gemeinsamen Erklärung der Versammlung, des Rates und der Kommission an, mit der diese Organe ihre Entschlossenheit bekräftigt hatten, die Grundrechte zu respektieren.[145]

Weiterhin ist auch die Einführung des Art. F Abs.2 [Art.6 Abs.2 n.F.] EUV ein Beleg für die Anerkennung der Grundrechtsprechung des EuGH durch die Mitgliedstaaten bzw. findet dort ihre Bestätigung.[146] Durch die Implementierung von Art. F Abs.2 [Art.6 Abs.2 n.F.] in den Vertrag von Maastricht bekennen sich die Mitgliedstaaten ausdrücklich zu der Rechtsprechung des EuGH. Die Mitgliedstaaten nehmen darin ausdrücklich die vom EuGH entwickelte Methode der Ableitung der Grundrechte aus den gemeinsamen Verfassungsüberlieferungen der Mitgliedstaaten auf und machen diese zumindest für die Europäische Union zu geltendem Recht.

Deshalb kann man aus dem Verhalten der Mitgliedstaaten auf ein Akzept dieser Rechtsprechung schließen, das die Qualität einer stillschweigenden Vertragsänderung hat. Wenn man bedenkt, daß die Europäischen Gemeinschaften ihre Existenz dem

---

[143]vgl. BVerfGE 89, 155 (209 f.)

[144]Vgl. H. Lecheler, Der Europäische Gerichtshof und die allgemeinen Rechtsgrundsätze, S.199; so auch G. M. Hoffmann, Ein Grundrechtskatalog für die EG, S.33 f.; wohl auch R. Scholz, Europäisches Gemeinschaftsrecht und nationaler Verfassungsrechtsschutz, in Friauf/Scholz (Hrsg.), Europarecht und Grundgesetz, S.78.

[145]Bulletin der EG, 1978, Nr.3, S.5

[146]vgl. M.Hilf in: E.Grabitz/M.Hilf, Komm. zur Europ. Union, Art.F EUV, Rdnr.23

übereinstimmenden Willen der sie gründenden Staaten verdanken, dann kann es auch keinen vom Gestaltungswillen abgehobenen Legitimationsgrund für die Existenz und die Aufgaben einer solchen Organisation geben. Die Auslegung der Gründungsverträge muß sich deshalb am Willen der Vertragsparteien orientieren. Insofern wäre, wie sich aus Art.31 Abs.1 WüV ergibt, jede vom Wortlaut nicht gedeckte Interpretation, keine Auslegung, sondern Vertragsänderung.

Ein wichtiges Hilfsmittel zur Vertragsauslegung kann jedoch auch die spätere Übung bei der Anwendung des Vertrags, aus der die Übereinstimmung der Vertragsparteien bzgl. seine Auslegung hervorgeht, bieten. Gemäß Art.31 Nr.3 WüV kann die nachfolgende Praxis jedoch nur als Mittel zur Auslegung einer vertraglichen Regel benutzt werden. Die Änderung des Vertrages durch nachfolgende Praxis ist dann an den dafür bei Vertragsschluß getroffenen Regeln zu vollziehen. Für die EG bedeutet dies, daß eine Änderung des Vertrages gemäß Art.48 [Art. N a.F.] EUV erfolgen kann.

Karl weist jedoch nach, daß die Mitgliedstaaten durch nachfolgende Praxis auch eine Vertragsänderung betreiben können, wenn sie sich einig sind. Als Herren der Verträge können sie in diesem Fall nicht nur über die zu ändernde materielle Regelung, sondern auch über die selbst gegebenen Beschränkungen des Vertragsänderungsverfahrens disponieren.[147] Im Ergebnis ist deshalb festzuhalten, daß auf diesem Weg eine Kompetenz des EuGH zur Grundrechtsprechung geschaffen wurde. Wie intensiv sich nun der durch den EuGH ausgeübte Grundrechtsschutz auswirkt, soll im Anschluß dargestellt werden.

7. Das Schutzniveau der Gemeinschaftsgrundrechte im Verhältnis zu den nationalen Grundrechten

a) Das Bemühen des EuGH um ein hohes Schutzniveau

Aus dem Urteil *AM & S/Kommission*[148] wird deutlich, daß der EuGH darauf bedacht ist, den erhöhten grundrechtlichen Anforderungen auch nur einiger Mitgliedstaaten zu genügen. Grundlage der Entscheidung AM & S/Kommission waren Maßnahmen der Kommission gemäß Art.14 der VO Nr.17 wegen angeblicher Verstöße gegen Art.85 (Art.81 n.F.) und Art.86 (Art.82 n.F.) EGV. Die Kommission forderte die Antragstellerin

---

[147] vgl. W.Karl, Vertrag und spätere Praxis im Völkerrecht, 1983, S.195 ff.; vgl. auch U.Fink, Kollektive Friedenssicherung, Teil 2, S.853 ff.

auf, genau bezeichnete Schriftstücke vorzulegen. Die Antragstellerin weigerte sich jedoch, einige Schriftstücke herauszugeben. Zur Begründung führte sie an, diese seien durch den Grundsatz des Berufsgeheimnisses geschützt, wie er in den Ländern des "common law" für Rechtsanwälte gelte. Daraufhin erließ die Kommission eine Entscheidung dahingehend, daß die Antragstellerin Einsicht in alle Schriftstücke zu gewähren habe. Gegen diese Entscheidung richtete sich die Klage zum EuGH.

Für den EuGH stellte sich die Frage, inwieweit und auf welche Weise der Schriftwechsel zwischen einem Rechtsanwalt und seinem Mandanten bei einer Nachprüfung nach Art.14 der Verordnung Nr.17 vor der Offenlegung geschützt ist, d.h. ob die Rechtsordnungen der Mitgliedstaaten einen allgemeinen Grundsatz der Vertraulichkeit des Verkehrs zwischen Anwalt und Mandant enthalten.

Die Generalanwälte Jean-Pierre Warner und Sir Gordon Slynn nahmen in ihren Schlußanträgen einen umfänglichen Rechtsvergleich vor, mit Schwerpunkten im Recht von Frankreich und dem Vereinigten Königreich. Nach Feststellung des in allen Mitgliedstaaten anerkannten Grundsatzes der Vertraulichkeit des Schriftverkehrs zwischen Anwalt und Mandant, kamen sie zum Ergebnis, daß dieser Grundsatz jedoch in den Mitgliedstaaten unterschiedlich gilt und angewendet wird.[149]

So dürfen z.B. in Deutschland vertrauliche Schriftstücke eines Rechtsanwaltes oder vertrauliche Mitteilungen an einen Rechtsanwalt, die sich im Gewahrsam des Mandanten befinden, beschlagnahmt werden (vgl. § 97 StPO); mit Ausnahme von Schriftstücken, die erst nach Eröffnung des strafrechtlichen Ermittlungsverfahrens abgefaßt worden sind. In Deutschland ist das Ausfluß des Rechts auf ein faires Verfahren.

Das Recht des Vereinigten Königreichs dagegen schützt im Hinblick auf gesetzliche Durchsuchungsbefugnisse grundsätzlich den vertraulichen Charakter des Verkehrs zwischen einem Anwalt und seinem Mandanten bereits von Anfang an und dieser bleibt bis zum Ende des Mandats unbeschränkt bestehen. Der Schutz des vertraulichen Schriftverkehrs gilt hierbei sowohl für Schriftstücke, die sich bei dem

---

[148]EuGH, Urt. v.18.5.1982, Rs.155/79, Slg.1982, S.1575 =EuGRZ 1983, S.125 ff.

Mandanten, wie auch für solche, die sich bei dem Anwalt befinden. Der Schutz kann jedoch nach dem Recht des Vereinigten Königreichs durch Gesetz beseitigt oder geändert werden. Die einschlägigen Gesetze auf dem Gebiet des Wettbewerbsrechts erhalten aber den Anspruch auf Schutz der Vertraulichkeit der Anwaltskorrespondenz aufrecht.[150]

In Frankreich, das der Kommission als Streithelferin beigetreten ist, muß grundsätzlich auch die Vertraulichkeit des Verkehrs zwischen Anwalt und Mandant beachtet werden. Allerdings sieht das französische Recht davon Ausnahmen im Hinblick auf die Durchführung des Wettbewerbsrechts vor.[151] Dort besteht der Schutz der Vertraulichkeit nicht.

Obgleich Art.14 der VO Nr.17 keinen Hinweis auf einen Schutz der Vertraulichkeit des Verkehrs zwischen Anwalt und Mandant enthält, kann daraus nach der Ansicht der Generalanwälte Warner und Slynn nicht geschlossen werden, daß Art.14, bei richtiger Auslegung, der Geltung dieses Rechts im Wege steht. Nach der Auffassung des Generalanwalts Warner[152] gibt es "keine allgemeine Regel, wonach eine gesetzliche Bestimmung, die Nachprüfungsbefugnisse überträgt, aber zu diesem Verkehr schweigt, dessen Vertraulichkeit automatisch beseitigt."

Der EuGH ist den Vorschlägen der Generalanwälte gefolgt. Er stellte fest, daß in den Rechtsordnungen der Mitgliedstaaten die Vertraulichkeit des Schriftverkehrs zwischen Anwalt und Mandant unter vergleichbaren Voraussetzungen geschützt sei, wenn der Schriftwechsel zum einen im Rahmen und im Interesse des Rechts des Mandanten auf Verteidigung geführt werde zum anderen von unabhängigen Rechtsanwälten, die nicht durch einen Dienstvertrag an den Mandanten gebunden sind. Der EuGH entschied, daß die Verordnung Nr.17 in diesem Sinne auszulegen ist, daß sich aber der Schutz ipso jure auf den gesamten Schriftwechsel beziehe, der nach Eröffnung des Verwaltungsverfahrens gemäß der Verordnung Nr.17 geführt worden ist.

---

[149]Schlußanträge der Generalanwälte Warner und Slynn, in Rs.155/79, Slg.1982, S.1575 ff. (1632 ff., 1654).

[150]Vgl. den Schlußantrag des Generalanwalts Warner zum Urt. des EuGH, Rs.155/79, Slg. 1982, S.1575 (1634).

[151]Vgl. die Rechtssache Appraillé, Recueil des Arrets du Conseil d'Etat, 1952, S.512 ff.

[152]Schlußantrag des GA Warner in Rs.155/79, Slg.1982, S.1575 ff. (1636)

Außerdem soll sich dieser Schutz auch auf den früheren Schriftwechsel ausdehnen, der mit dem Gegenstand dieses Verfahrens in Zusammenhang steht.

Der EuGH war hier ersichtlich darum bemüht, den Anwendungsbereich des Schutzes des vertraulichen Schriftverkehrs zwischen Anwalt und Mandant möglichst weit zu fassen; vor allem dem Schutzniveau, wie es das Recht des Vereinigten Königreich vorsieht, gerecht zu werden. Er hat hier seine Entscheidung nicht von der Existenz eines gleichlautenden Grundsatzes und einer übereinstimmenden Anwendung in allen Mitgliedstaaten abhängig gemacht. Der Schutz der Vertraulichkeit des Schriftverkehrs zwischen Anwalt und Mandant erreicht damit auf europäischer Ebene ein höheres Schutzniveau als beispielsweise in Deutschland und Frankreich.

Dieser Fall zeigt, daß der gemeinschaftsrechtlich gewährleistete Schutz der Grundrechte allgemein einen höheren Standard erreichen kann, als dies in den einzelnen Mitgliedstaaten der Fall ist. Der EuGH hat bisher insbesondere folgende Grundrechten festgestellt und angewandt: Die Menschenwürde, die Achtung der Privatsphäre, der Wohnung und des Briefverkehrs, den Gleichheitsgrundsatz, die Religionsfreiheit, die Vereinigungsfreiheit, die Handelsfreiheit, die Berufsfreiheit, das Eigentum, das Rückwirkungsverbot von Strafgesetzen, den Anspruch auf effektiven Rechtsschutz und auf ein faires Verfahren, sowie die Meinungs- und Veröffentlichungsfreiheit.[153]

b) Der Fall Hoechst als Beleg für die Anwendung eines Minimalstandards

Fraglich ist aber, ob der EuGH bei der Entwicklung des Grundrechtsschutzes durch wertende Rechtsvergleichung durchweg einen soeben beschriebenen Maximalstandard zugrundelegt oder ob er in anderen Fällen nicht auch nach dem Prinzip des kleinsten gemeinsamen Nenners einen Minimalstandard zugrundelegt. Aus der Formulierung des EuGH im Urteil *Nold*[154], daß er keine Maßnahmen als rechtens anerkennen könne, die unvereinbar mit den von den Verfassungen dieser Staaten anerkannten und geschützten Rechten seien, könnte ein generelles Bekenntnis zu einem Maximalstandard an Grundrechtsschutz zu sehen sein.

---

[153] Vgl. dazu Überblick I. Pernice in: Grabitz/Hilf (Hrsg.), Kommentar zur Europ. Union, Art.164 EGV, Rdnr.62 ff., Schweitzer/Hummer, Europarecht, S.201 ff.

Im folgenden soll anhand eines weiteren Beispiels gezeigt werden, daß die Rechtsprechung des EuGH in dieser Frage alles andere als eindeutig ist. Die Darstellung aller bisher vom EuGH entwickelten Grundrechtsstandards würde den Rahmen der Arbeit sprengen, zumal es auch nicht das eigentliche Thema der Bearbeitung ist. Anhand einiger ausgewählter Beispiele wird aber sehr schnell deutlich, daß teilweise statt eines Maximalstandards sogar nur ein Minimalstandard an Grundrechtsschutz gewährt wird. Als anschauliches Beispiel für einen dem Minimalstandard folgenden Grundrechtsschutzes in der Gemeinschaftsrechtsordnung dient das Urteil *Hoechst* aus dem Jahre 1989.

Verkürzt dargestellt ging es hier in erster Linie um die Grenzen der Nachprüfungsbefugnisse der Kommission gemäß Art.14 der VO Nr.17 (KartellVO). Da die Kommission im Jahre 1986 Informationen erhielt, die den Verdacht begründeten, daß zwischen bestimmten Herstellern und Händlern von PVC und Polyäthylen in der Gemeinschaft Vereinbarungen oder aufeinander abgestimmte Verhaltensweisen bezüglich der Festsetzung von Preisen und Lieferquoten für diese Erzeugnisse bestanden, erließ die Kommission am 15.1.1987 eine Entscheidung, durch die gemäß Art.14 der VO Nr.17 eine Nachprüfung bei der Fa. Hoechst angeordnet wurde.

Die von den Beamten der Kommission am 20.1., 22.1. und 23.1.1987 versuchte Durchführung der Nachprüfung schlug fehl. Die Hoechst AG weigerte sich, unter Hinweis auf eine fehlende richterliche Anordnung, die Nachprüfung zu dulden. Den daraufhin gestellten Antrag des Bundeskartellamtes auf Erlaß eines Durchsuchungsbefehls wies das AG Frankfurt am 12.2.1987 mit der Begründung ab, ein Verdacht von Vereinbarungen oder abgestimmten Verhaltensweisen sei nicht ausreichend nachgewiesen worden. Erst nachdem das Bundeskartellamt weitere Informationen gesammelt hatte, konnte es am 31.3.1987 einen Durchsuchungsbefehl zugunsten der Kommission erwirken. Am 2.4. und 3.4.1987 konnte die Nachprüfung durchgeführt werden.

Die Firma Hoechst erhob Nichtigkeitsklage gemäß Art.173 Abs.4 (Art. 230 Abs.4 n.F.) EGV u.a. gegen die Entscheidung vom 15.1.1987 und machte geltend, die Kommission habe die Grenzen ihrer Nachprüfungspflicht nach der VO Nr.17 über-

---

[154] EuGH, Urt. v.14.5.1974, Rs.4/73, Slg.1974, S.491 ff. (507)

schritten. Art.14 der VO NR.17 sähe keine Maßnahmen vor, die Bedienstete der Kommission zur Vornahme von Durchsuchungsmaßnahmen ermächtigten. Soweit Art.14 der VO Nr.17 Durchsuchungen ohne richterlichen Befehl gestatte, sei dieser Artikel wegen Unvereinbarkeit mit dem Grundrecht auf Unverletzlichkeit der Wohnung nichtig.

Der Gerichtshof beschäftigte sich u.a. mit der Frage, ob das Grundrecht der Unverletzlichkeit der Wohnung als ein dem Recht der Mitgliedstaaten gemeinsamer Grundsatz anzuerkennen ist und ob dieses Grundrecht auch den Schutz von Geschäftsräumen juristischer Personen mitumfaßt. Der EuGH kam zu dem Schluß, daß ein solches Recht in der Gemeinschaftsrechtsordnung als ein dem Recht der Mitgliedstaaten gemeinsamer Grundsatz zwar für Privatwohnungen natürlicher Personen anzuerkennen sei, nicht aber für Unternehmen, da die Rechtsordnungen der Mitgliedstaaten in bezug auf Art und Umfang des Schutzes von Geschäftsräumen gegen behördliche Eingriffe nicht unerhebliche Unterschiede aufweise.

Unter ausdrücklicher Heranziehung der EMRK stellte das Luxemburger Gericht weiterhin fest, daß der Schutzbereich des Art.8 Abs.1 EMRK die freie Entfaltung der Persönlichkeit betreffe und sich nicht auf Geschäftsräume beziehe. Dieses Ergebnis begründete der EuGH formal mit dem Hinweis auf eine diesbezüglich fehlende Rechtsprechung des Europäischen Gerichtshofs für Menschenrechte (EGMR).

Was die Unverletzlichkeit der Wohnung anbelangt, liegt der auf Gemeinschaftsebene entwickelte Grundrechtsschutz damit unter dem des deutschen Rechts. Das Bundesverfassungsgericht legt bei Art.13 GG einen weiten Wohnungsbegriff zugrunde. Das Grundrecht auf Unverletzlichkeit der Wohnung gemäß Art.13 GG bezieht sich nach deutschem Verfassungsrecht auch auf Geschäftsräume. Das Bundesverfassungsgericht sieht in der Ausübung des Berufs einen Bezug zur individuellen Selbstverwirklichung und unterstellt den räumlichen Bereich, in dem der Beruf ausgeübt wird, dem Schutz von Art.13 GG.[155] Dabei sind Geschäftsräume allerdings nicht in dem Umfang wie Privaträume geschützt. Dennoch geht der durch das deutsche Recht gewährte Grundrechtsschutz eindeutig weiter als der vom EuGH für das Gemeinschaftsrecht entwickelte Schutz. Auch hat der EuGH für das Gemeinschaftsrecht keine dem Art.13 Abs.2 GG entsprechende Regelung, wonach

---

[155] BVerfGE 32, 54 (68 ff.)

eine Durchsuchung zulässigerweise nur aufgrund richterlicher Anordnung erfolgen darf, festgestellt.

Jedoch geht der EuGH in Würdigung aller Rechtsordnungen der Mitgliedstaaten immerhin davon aus, daß Eingriffe der öffentlichen Gewalt in die Sphäre der privaten Betätigung von natürlichen und juristischen Personen einer Rechtsgrundlage bedürfen und aus den gesetzlich vorgesehenen Gründen gerechtfertigt sein müssen. Nach Ansicht des EuGH sehen diese Rechtsordnungen einen Schutz gegen willkürliche oder unverhältnismäßige Eingriffe vor. Verglichen mit dem deutschen Recht ist diese Konstruktion der in Art.2 Abs.1 GG gewährleisteten allgemeinen Handlungsfreiheit ähnlich.

Der EuGH stellte weiterhin fest, daß die Bediensteten der Kommission sich bei Nachprüfungen nicht gewaltsam Zugang zu Räumen verschaffen bzw. Durchsuchungen ohne Einwilligung des Verantwortlichen des Unternehmens nicht vornehmen dürfen. Im Falle der Weigerung ist die Kommission in Ermangelung eigener Vollstreckungsbefugnisse gemäß Art.14 Abs.6 KartellVO auf die Mitwirkung der nationalen Behörden angewiesen. Die Unterstützungsmodalitäten bestimmen sich aber nach nationalem Recht. Der EuGH leitet aus Art.14 Abs.6 KartellVO eine Verpflichtung der Kommission ab, die insoweit im nationalen Recht vorgesehenen Verfahrensgarantien zu beachten.[156] Für die Bundesrepublik Deutschland bedeutet dies, daß Durchsuchungen auch von Geschäftsräumen nur aufgrund einer richterlichen Anordnung erfolgen dürfen. Der EuGH räumt dabei den nationalen Stellen bzw. Gerichte die Befugnis ein, zu prüfen, ob die beabsichtigten Zwangsmaßnahmen nicht willkürlich oder, gemessen am Gegenstand der Nachprüfung, unverhältnismäßig sind.

c) Kritische Würdigung

Unter Zugrundelegung dieser Rechtsprechung des EuGH drängt sich zunächst der Schluß auf, er verfolge, was den Grundrechtsschutz in der Gemeinschaft betrifft, die Politik des kleinsten gemeinsamen Nenners.[157] Es entsteht der Eindruck, daß der EuGH die Anerkennung eines Gemeinschaftsgrundrechts dann ablehnt, wenn die Grundrechtsstandards in den Mitgliedstaaten nach Art und Umfang *nicht unerhebliche Unterschiede* aufweisen. Zwar läßt sich aus den Schlußanträgen des Generalanwalts

[156] EuGH Rs.46/87 und 227/88, Slg.1989, S.2859 ff. (2928)

Jean Micho, der sich umfänglich mit dem Recht der damals zwölf Mitgliedstaaten zu dieser Problematik auseinandersetzte, ableiten, daß eine Übereinstimmung auf diesem Gebiet in den Mitgliedstaaten nicht besteht.[158] Allein die Feststellung von nationalen Unterschieden kann jedoch für die Ermittlung von Inhalt und Grenzen von Gemeinschaftsgrundrechten kein entscheidendes Kriterium sein. Die Suche nach der besten Lösung muß vielmehr mittels einer wertenden Rechtsvergleichung der staatlichen Grundrechtsgarantien erfolgen.[159]

Im Fall Hoechst beschränkt sich der EuGH darauf, den Schutz von Geschäftsräumen zu verneinen, weil in der Mehrzahl der Mitgliedstaaten ein solcher Schutz nicht besteht. Auch wenn letztlich aufgrund der aus Art.14 Abs.6 KartellVO hergeleiteten Verpflichtung zur Beachtung nationaler Verfahrensgarantien den Unternehmen in Deutschland bei Durchsuchungen ihrer Geschäftsräume der Schutz, den Art.13 Abs.2 GG vorsieht, auf Gemeinschaftsebene gewährleistet wird, erscheint das Ergebnis von der Methodik her paradox. Man kann nicht einerseits den Grundrechtsschutz von Geschäftsräumen ablehnen, andererseits aber gerade die darin wurzelnden Anforderungen verlangen.[160] Hier wird eine Durchsuchung unter den Vorbehalt einer richterlichen Anordnung gestellt, obgleich die Grundrechte des Gemeinschaftsrechts eine solche Voraussetzung für die Durchsuchung von Geschäftsräumen nicht vorsehen.

Der hier vorgestellte Fall verdeutlicht, daß der EuGH soweit er die Grundrechte in den Mitgliedstaaten heranzieht, nicht immer darum bemüht ist, einen möglichst weiten Grundrechtsschutz zu gewährleisten. Wie es um den Menschenrechtsschutz auf Gemeinschaftsebene bestellt ist, soll im folgenden unter Einbeziehung der EMRK verdeutlicht werden.

---

[157]so auch G.Ress/J.Ukrow, Neue Aspekte des Grundrechtsschutzes in der Europäischen Gemeinschaft, EuZW 1990, S.499 ff. (502 f.)
[158]Schlußanträge des GA Micho in Rs.46/87 und 227/88 (Hoechst AG/Kommission der EG), Slg.1989, S.2859 (2884-2893)
[159]vgl. dazu I.Pernice in: Grabitz/Hilf, Kommentar zur Europ. Union, Art.164 Rdnr. 44 u.58
[160]Vgl. dazu treffend: G.Ress/J.Ukrow, Neue Aspekte des Grundrechtsschutz in der Europ. Gemeinschaft, EuZW 1990, S.499 ff. (503)

8. Die Ausstrahlung der EMRK auf die Gemeinschaftsgrundrechte de lege lata

a) Die Geltung der EMRK als allgemeiner Rechtsgrundsatz

Zunächst gilt festzuhalten, daß die Europäische Gemeinschaft, da sie nicht Mitglied des Europarates und der Europäischen Konvention zum Schutze der Menschenrechte und Grundfreiheiten (EMRK) ist, auch nicht unmittelbar an diese gebunden ist. Im Gegensatz zu den Mitgliedstaaten der Europäischen Gemeinschaften, die allesamt Konventionsmitglieder sind, besteht seitens der Gemeinschaften selbst keine formelle Verpflichtung, sich konventionsgemäß zu verhalten.

Zu untersuchen bleibt jedoch, ob außerhalb der formellen vertraglichen Bindung eine inhaltliche Bindung an die Rechte der EMRK besteht. Der Schutz der Konventionsgrundrechte der EMRK kann in den Europäischen Gemeinschaften auf zwei Ebenen gewährleistet werden. Entweder wird der Grundrechtsschutz von den Mitgliedstaaten garantiert oder der Grundrechtsschutz wird wegen der Übertragung von Hoheitsrechten der Mitgliedstaaten auf die Europäischen Gemeinschaften von den Gemeinschaften selbst organisiert.

b) Die Rechtsprechung des EuGH zur Geltung der EMRK als Allgemeiner Rechtsgrundsatz

Nachdem der EuGH es zunächst ablehnte, die Gültigkeit von Gemeinschaftsrechtsakten am Maßstab nationaler Grundrechte zu überprüfen, erwähnte er erstmals im Urteil *Stauder* vom 12. November 1969[161], daß sich ein gemeinschaftsrechtlicher Grundrechtsschutz aus den allgemeinen Rechtsgrundsätzen der Mitgliedstaaten als ungeschriebenes Gemeinschaftsrecht ableite. Später, im Urteil *Nold* vom 14. Mai 1974[162], bestätigte der EuGH diese Rechtsprechung, wobei er erstmals auch auf die EMRK, wenn auch sehr zögerlich und nicht ausdrücklich, als Quelle der gemeinsamen Verfassungsüberlieferungen der Mitgliedstaaten Bezug nahm. Dort heißt es:

"Der Gerichtshof hat bereits entschieden, daß die Grundrechte zu den allgemeinen Rechtsgrundsätzen gehören, die er zu wahren hat, und daß er bei der Gewährleistung dieser Rechte von den gemeinsamen Verfassungsüberlieferungen der Mitgliedstaaten auszugehen hat. Hiernach kann er keine Maßnahmen als rechtens anerkennen, die unvereinbar sind mit den von den Verfassungen dieser Staaten anerkannten und geschützten Grundrechten. Auch die internationalen Verträge über den Schutz der Menschenrechte, an deren Abschluß die Mit-

---

[161]EuGH, Urt. v. 12.11. 1969, Rs.29/69, Slg. 1969, S.419 ff.

gliedstaaten beteiligt waren oder denen sie beigetreten sind, können Hinweise geben, die im Rahmen des Gemeinschaftsrechts zu berücksichtigen sind."
Mit den internationalen Verträgen über den Schutz der Menschenrechte meint der EuGH insbesondere die EMRK. Dies hat er in seinen späteren Entscheidungen mehrfach bestätigt. Die Zeitpunkt der Bezugnahme auf die EMRK für die Ausarbeitung gemeinschaftsrechtlicher Grundrechte fällt mit dem Beitritts Frankreichs als letzter Mitgliedstaat der Europäischen Gemeinschaften zur EMRK zusammen. In der nachfolgenden Rechtsprechung kann man beobachten, daß der EuGH die EMRK immer stärker in seine Entscheidungsfindung einbezieht. Hat der EuGH zwar im Urteil *Johnston*[163] die EMRK ausdrücklich erwähnt, jedoch letztlich nur "die leitenden Grundsätze" der EMRK im Rahmen des Gemeinschaftsrechts für berücksichtigenswert erachtet, so stellt er im Urteil *Wachauf*[164] fest, daß in der Gemeinschaft keine Maßnahmen als rechtens anerkannt werden könnten, die mit der Beachtung der so anerkannten und gewährleisteten Menschenrechte unvereinbar seien. Diese Entwicklung gipfelte darin, daß der EuGH in den Urteilen *Orkem*[165] und *Hoechst*[166] sich der Spruchpraxis der Organe der EMRK, also der Kommission und des Gerichtshofs bedient bzw. diese heranzieht und damit als eigene Erkenntnisquelle anerkennt.[167]

Die Rechtsprechung des EuGH zeigt, daß er die EMRK genauso wie die von den Verfassungen der Mitgliedstaaten geschützten Grundrechte zur Ermittlung der allgemeinen Rechtsgrundsätze und damit der Gemeinschaftsgrundrechte heranzieht. Denn Inhalt und Grenzen der allgemeinen Rechtsgrundsätze müssen, bevor sie zur Anwendung kommen können, erst durch Ausschöpfung der Erkenntnisquellen gewonnen werden. Da die EMRK von allen Mitgliedstaaten ratifiziert wurde, liefert sie für die vom EuGH praktizierte Methode der wertenden Rechtsvergleichung einen Maßstab, der in allen Mitgliedstaaten gleichermaßen gilt.

Der EuGH berücksichtigt dabei die EMRK unabhängig von ihrem Rang im innerstaatlichen Recht in gleicher Weise wie die Verfassungsüberlieferungen der Mitgliedstaaten

---

[162]EuGH, Urt. v. 14.5. 1974, Rs.4/73, Slg. 1974 S.491 ff.
[163]EuGH, Urt. v. 15.5.1986, Rs.222/84, Slg. 1986, S.1651 ff.
[164]EuGH, Urt. v. 13.7.1989, Rs.5/88, Slg. 1989, S.2609 (2639).
[165]EuGH, Rs.374/87, Slg. 1989, S.3283 ff.
[166]EuGH, Urt. v.21.9.1989, Rs.46/87 und 227/88, Slg. 1989, S.2859 ff.

nahezu gleich und kann sie somit als allgemeine Rechtsgrundsätze des Gemeinschaftsrechts zur Anwendung bringen. Da der EuGH aber bei der Ausformung und Anwendung der Gemeinschaftsgrundrechte die Gemeinschaftsrechtsordnung insgesamt beachten muß, dient die EMRK wie die Verfassungstraditionen der Mitgliedstaaten dem EuGH nur als Rechtserkenntnisquelle und nicht als Rechtsquelle für die Entwicklung von Gemeinschaftsgrundrechten.[168] Die Heranziehung der EMRK erfolgt demnach nur mittelbar, d.h. die Vorschriften der EMRK entfalten keine Direktwirkung.

Im Fall X/Kommission[169] zeichnete sich jedoch die Tendenz ab, die EMRK unmittelbar in die Entscheidungsfindung einzubeziehen. Das Gericht Erster Instanz stellte hier unter Subsumtion des zugrunde gelegten Sachverhalts fest, daß das in Art.8 EMRK verankerte Recht auf Achtung des Privatlebens, das sich aus den Verfassungstraditionen der Mitgliedstaaten herleitet, ein von der Gemeinschaftsrechtsordnung geschütztes Grundrecht darstelle.[170] Jedoch blieb dies, wie die spätere Praxis des EuGH zeigt, die Ausnahme.

c) Die rechtlichen Grundlagen für die Bindung der Europäischen Gemeinschaften an die EMRK

aa) Unmittelbare Bindung kraft Vertragsschluß oder kraft Rechtsnachfolge?

Auch wenn wie bereits festgestellt die Mitgliedstaaten der Europäischen Gemeinschaften als Herren der Gemeinschaftsverträge Mitglieder der EMRK sind, so kann daraus nicht ipso jure auf eine entsprechende Bindung Gemeinschaften geschlossen werden.

Hilf dagegen ist der Ansicht, daß die Europäischen Gemeinschaften als Rechtsnachfolger der Mitgliedstaaten unmittelbar an die EMRK gebunden seien. Er sieht sich in dieser Auffassung durch die Feststellung der Kommission für Menschen-

---

167 So auch G. C. R. Iglesias, Zur Stellung der Europäischen Menschenrechts- konvention im europäischen Gemeinschaftsrecht in: Beyerlin u.a. (Hrsg.), Recht zwischen Umbruch und Bewahrung, FS Bernhardt, S.1269 ff. (1275)

168 So auch R. Streinz, Europarecht, Rdnr.361

169 EuGH, Urt. v. 5.10.1994, Rs. C 404/92 -P, X / Kommission-, NJW 1994, S.3005 ff.

170 EuGH, Urt. v. 5.10.1994, Rs. C 404/92 -P, X/ Kommission-, NJW 1994, S.3005 ff. (3006).

rechte im Fall *Melchers & Co. bestätigt.*[171] Denn dort hat die Kommission festgestellt, daß die Konventionsstaaten sich ihrer Bindung an die EMRK nicht durch die Übertragung von Hoheitsrechten auf eine supranationaler Organisationen entziehen können. Deshalb prüft die Kommission, ob im Rahmen der Europäischen Gemeinschaften ein der EMRK vergleichbarer Grundrechtsschutz gewährt wird.

Daraus läßt sich jedoch eine unmittelbare Bindung der Europäischen Gemeinschaften an die EMRK nicht herleiten. Denn die Kommission stellt in dieser Entscheidung nur die Verpflichtung der Mitgliedstaaten fest. Daß sie dabei auch den Grundrechtsschutz in der EG überprüft, erklärt sich daraus, daß sie die Mitgliedstaaten für Gemeinschaftsakte oder zumindest für die Durchsetzung von Maßnahmen der EG verantwortlich macht. Stellt die Kommission dabei fest, daß auf der Ebene der EG ein genügender Grundrechtsschutz gewährt wird, dann haben auf diesem Wege der Zurechnung auch die Mitgliedstaaten ihre Verpflichtung aus der EMRK erfüllt.

Der EG-Vertrag enthält keine ausdrückliche Regelung darüber, wie es sich mit dem innergemeinschaftsrechtlichen Vollzug von die Mitgliedstaaten bindenden Verträgen verhält. Art.307 (Art.234 a.F.) EGV regelt lediglich das Verhältnis der Verträge, die vor Gründung der Gemeinschaften von den Mitgliedstaaten geschlossen worden sind, zum EG-Recht, nicht jedoch, inwieweit diese völkerrechtlichen Verträge die Europäischen Gemeinschaften bzw. deren Organe binden.

bb) Bindung kraft Substitution?

Dennoch wird in der Literatur, vor allem von *Pescatore*[172] vertreten, daß die Gemeinschaften an die Menschenrechtskonvention gebunden seien. Dies begründet er u.a. mit dem Argument, daß die Mitgliedstaaten, die selbst Vertragsparteien der EMRK sind, nicht durch die Übertragung von Hoheitsrechten auf eine supranationale Organisation, wie hier die Europäischen Gemeinschaften, sich ihrer ursprünglichen Bindung entziehen könnten. Die Übertragung von Hoheitsrechten soll nur möglich sein unter

---

[171] M.Hilf, Europäische Union und Europäische Menschenrechtskonvention in: Beyerlin u.a. (Hrsg.), Recht zwischen Umbruch und Bewahrung, FS Bernhardt, S.1193 ff. (1198).

[172] P. Pescatore, La Cour de justice et la Convention européene des droit de l'homme, in: Matcher/Petzold (Hrsg.), Protecting Human Rights: The European Dimension, FS. Wiarda, S.441 ff. (450 f.)

Übernahme der sich aus der EMRK ergebenden Rechtsbindungen.[173] *Pescatore* kommt deshalb zu dem Schluß, daß die Gemeinschaften und damit auch der Europäische Gerichtshof und die anderen Organe ebenso wie die Mitgliedstaaten an die Konvention unmittelbar gebunden seien. Diese unmittelbare Bindungswirkung begründet *Pescatore* in entsprechender Anwendung der Regeln der Staatensukzession mit der Substitutionswirkung der Gründung der Europäischen Gemeinschaften. Diese seien im Wege sog. Funktionsnachfolge in die Rechte- und Pflichtenstellung der Mitgliedstaaten eingetreten.

Von ähnlichen Überlegungen wurde der EuGH getragen, als er eine völkerrechtliche Bindung der Gemeinschaft an das GATT 1947 (General Agreement on Tarifs and Trades) angenommen hat.[174] Obgleich die Gemeinschaft formell dem GATT 1947 nicht beigetreten war, ging der EuGH von einer solchen Funktionsnachfolge der Gemeinschaft in die Vertragsstellung der EG-Staaten im GATT aus.

Gleichwohl hat der EuGH niemals die Feststellung getroffen, daß die Gemeinschaft an die EMRK gebunden sei. Der EuGH beschränkt sich in seiner Grundrechtsprechung bislang darauf, die Konvention zur Ermittlung der allgemeinen Rechtsgrundsätze heranzuziehen. Insoweit kann jedoch nicht von einer völkerrechtlichen Bindung gesprochen werden. Die Konvention dient, wie gesehen, dem EuGH, da alle Mitgliedstaaten der Europäischen Gemeinschaften auch Konventionsmitglieder sind, als Rechtserkenntnisquelle. Die EMRK wirkt sich demnach auf das Gemeinschaftsrecht nur mittelbar aus.[175]

So überzeugend die These *Pescatores* auf den ersten Blick auch klingen mag, es ist nicht zu übersehen, daß eine Substitution der Mitgliedstaaten durch die Europäischen Gemeinschaften nicht ohne weiteres möglich ist. Zu berücksichtigen ist, daß neben

---

[173]So M. Hilf, Europäische Union und Europäische Menschenrechtskonvention, in: Beyerlin u.a. (Hrsg,), Recht zwischen Umbruch und Bewahrung, FS Bernhardt, S.1193 ff. (1197); C. Tomuschat, Völkerrechtliche Grundlagen der Drittlandsbeziehungen der EG in: Hilf/Tomuschat (Hrsg.), EG und Drittlandsbeziehungen nach 1992, S.139 ff. (150), der darauf hinweist, daß sich die Staaten bei der Gründung der Gemeinschaft nicht von der Geltung der für sie verbindlichen allgemeinen Regeln des Völkerrechts freizeichnen konnten.

[174]Siehe EuGH, Urt. v.12.12.1972, Rs.21-24/72 -International Fruit Company-, Slg. 1972, S.1219 ff.

[175]Vgl. auch R. Voss, Die Bindung der Europäischen Gemeinschaft an vorgemeinschaftliche Verträge ihrer Mitgliedstaaten, SZIER 1996, S.161 ff. (168)

den Mitgliedstaaten der Europäischen Gemeinschaften auch andere Staaten Konventionsmitglieder sind. Eine Zuständigkeitsverlagerung von den Mitgliedstaaten auf die Europäischen Gemeinschaften müßte deshalb von allen Vertragsparteien der EMRK akzeptiert bzw. anerkannt werden.[176] Diesen Grundsatz macht auch der EuGH in seiner Rechtsprechung zum GATT zur Voraussetzung einer Funktionsnachfolge.[177]

Auf der Gemeinschaftsebene existiert jedoch in den Art.131 ff. [Art.110 ff. a.F.] EGV eine ausdrückliche und ausschließliche Kompetenz der Gemeinschaft in Fragen der Handelspolitik. Dies hatte zur Konsequenz, daß im internationalen Verkehr die Europäischen Gemeinschaften anstelle der Mitgliedstaaten aufgetreten sind.[178] Die Gemeinschaft wurde zum Adressaten der materiellen Verpflichtungen aus dem GATT.[179] Zwar hatten die Europäischen Gemeinschaften im GATT 1947 kein Stimmrecht - dies war weiterhin den Mitgliedstaaten vorbehalten - bei Beratungen jedoch handelte ein Vertreter der Kommission für die Mitgliedstaaten.

Die Einbindung der EG an das GATT geschah hauptsächlich vor dem Hintergrund, daß die Europäischen Gemeinschaften den mit der Zoll- und Handelspolitik verbundenen Aufgaben auch im Außenbereich Wirksamkeit verleihen können und um den Europäischen Gemeinschaften zu einer stärkeren Geschlossenheit im internationalen Verkehr zu verhelfen. Desweiteren sollte der Zuständigkeitsverteilung zwischen den Gemeinschaften und den Mitgliedstaaten zusätzlich Ausdruck verliehen werden.

Durch die Übertragung der Aufgaben der Zoll- und Handelspolitik auf die Europäischen Gemeinschaften haben die Mitgliedstaaten auch zu erkennen gegeben, daß die Europäischen Gemeinschaften an die sich aus dem GATT ergebenden Verpflichtungen gebunden sein sollen. Andernfalls hätten sie sich mit dieser Hoheitsübertragung des Rechts beraubt, ihre Verbindlichkeiten aus dem GATT erfüllen zu können. Diese Zuständigkeitsverlagerung beschränkt sich aber zunächst nur auf

[176] G. C .R. Iglesias, Zur Stellung der Europ. Menschenrechtskonvention im Europ. Gemeinschaftsrecht in: Beyerlin u.a. (Hrsg.), Recht zwischen Umbruch und Bewahrung, FS Bernhardt, S.1269 ff. (1274)
[177] EuGH, Urt. v. 12.12. 1972, Rs.21-24/72 -International Fruit Company-, Slg.1972, S.1219 ff., Ziff.16
[178] vgl. EuGH, Urt.v. 12.12. 1972Verb Rs. 21-24/72 -International Fruit Company-, Slg.1972, S.1219 ff.

das gemeinschaftsrechtliche Innenverhältnis. Im völkerrechtlichen Außenbereich kann diese innergemeinschaftliche Kompetenzverlagerung nur Wirksamkeit entfalten, wenn die Verlagerung der Zuständigkeiten der Mitgliedstaaten auf die Europäischen Gemeinschaften von den übrigen Vertragsparteien akzeptiert wird. Eine Änderung der Gläubiger- und Schuldnerstellung im GATT ohne Akzept aller beteiligten Staaten würde dagegen einen Verstoß gegen die pacta tertii Regel darstellen, wie sie in Art.35 WüV niedergelegt ist.

Da die Einbindung der Europäischen Gemeinschaften in das GATT auf die Anerkennung aller Vertragsparteien gestoßen ist, dies aber nicht ausdrücklich in den Vertragstext des GATT gemäß Art.XXXIII GATT aufgenommen wurde, ist davon auszugehen, daß hier eine völkerrechtliche Bindung der Europäischen Gemeinschaften durch stillschweigende Vertragsänderung erfolgte.[180]

Insofern ist die Sachlage im Falle der EMRK nicht mit der Konstellation des GATT vergleichbar.[181] Die Europäischen Gemeinschaften besitzen weder eine ausdrückliche noch die ausschließliche Zuständigkeit auf dem Gebiet des Menschenrechtsschutzes. Hinzu kommt, daß in den Mitgliedstaaten selbst der Menschenrechtsschutz insoweit von Bedeutung bleibt, als diese kraft eigener Hoheit menschenrechtsrelevante Akte setzen; eine Verpflichtung der Mitgliedstaaten der EMRK gegenüber muß deshalb bestehen bleiben, so daß der Substitutionsgedanke nicht so wie im Fall des GATT zum tragen kommen kann. Die Rechtsprechung des EuGH läßt sich daher nicht ohne weiteres auch auf andere multilateralen Verträge wie die EMRK übertragen.[182]

Desweiteren muß hier gesehen werden, daß zum Zeitpunkt des Inkrafttretens des Gründungsvertrages am 1.1.1958 Frankreich kein Mitglied der EMRK war (erst seit 3.5.1974 EMRK-Mitglied) und damit nicht alle Mitgliedstaaten der Europäischen

---

[179]Grabitz/v.Bogdandy/Nettesheim, Europäisches Außenwirtschaftsrecht, S.65
[180]So auch A. Bleckmann, Die Bindung der Europ. Gemeinschaft an die Europ. Menschenrechtskonvention, S.79; R. Voss, Die Bindung der Europ. Gemeinschaft an vorgemeinschaftliche Verträge ihrer Mitgliedstaaten, SZIER 1996, S.161 ff. (185).
[181]So auch A.Bleckmann, Die Bindung der Europ. Gemeinschaften an die Europ. Menschenrechtskonvention, S.79; G. C. R.Iglesias, Zur Stellung der Europ. Menschenrechtskonvention im Europ. Gemeinschaftsrecht in: Beyerlin u.a. (Hrsg.), Recht zwischen Umbruch und Bewahrung, FS Bernhardt, S.1269 ff. (1274);
[182]vgl. dazu E.U.Petersmann, Auswärtige Gewalt, Völkerrechtspraxis und Völkerrechtsbindungen der EWG, ZaöRV 35 (1975), S.213 ff. (261 f.)

Gemeinschaften Konventionsmitglieder waren, was gegen das Argument der Rechtsnachfolge zumindest zum Zeitpunkt der Gründung der Gemeinschaften spricht. Denn es widerspräche der *pacta tertiis*-Regel, wenn ein Mitgliedstaat vor seiner Stellung als Konventionsmitglied mittelbar über die Mitgliedschaft im Rat der Europäischen Gemeinschaften einen direkten Einfluß auf deren Haltung als faktisches Mitglied der EMRK gewinnen könnte.

Ob die Mitgliedstaaten Rechte an Internationalen Organisationen trotz entgegenstehender völkerrechtlicher Verträge übertragen können, ist nicht eine Frage des rechtlichen Dürfens, sondern des rechtlichen Könnens. Die von den Mitgliedstaaten eingegangenen völkerrechtlichen Verpflichtungen hindern diese nicht ipso jure am Abschluß anderweitiger völkerrechtlicher Verträge.[183] Völkerrechtliche Verträge begründen zwischen den Vertragsparteien die Pflicht zur Vertragserfüllung nach dem Völkerrechtsgrundsatz *pacta sunt servanda* (Art.26 WüV). Diese im vertraglichen Innenverhältnis bestehende Pflicht beschränkt jedoch die Staaten nicht in ihrer Souveränität zum Abschluß anderweitiger Verträge, selbst wenn sie dadurch von bestehenden früheren vertraglichen Verpflichtungen abweichen.

Daraus folgt jedoch nicht, daß durch das Eingehen neuer vertraglicher Verpflichtungen sich die Staaten von den früheren verbindlichen Regelungen freizeichnen können. Da die sich aus den Altverträgen ergebenden Rechte und Pflichten nicht verloren gehen, laufen die Staaten deshalb Gefahr, bei der Erfüllung der neuen vertraglichen Verpflichtungen einen Vertragsbruch gegenüber den Mitgliedstaaten des früher geschlossenen Vertrages zu begehen. Können die Mitgliedstaaten eines Vertrages nicht dafür Sorge tragen, daß die Gemeinschaften bei der Ausübung der ihnen übertragenen Hoheitsrechte sich konventionskonform verhalten, dann sind sie den anderen Mitgliedstaaten gegenüber verantwortlich. Sie verhalten sich ebenfalls völkerrechtswidrig, wenn sie konventionswidrige EG-Akte im innerstaatlichen Recht vollziehen.

Um sich vor dieser Verantwortung zu schützen und einen Vertragsbruch zu vermeiden, haben die Mitgliedstaaten den Art.307 (Art.234 a.F.) in den EG-Vertrag aufgenommen.

[183] A.A. A. Bleckmann, Die Bindung der Europ. Gemeinschaft an die Europ. Menschenrechtskonvention, S.86 ff.; M. Hilf, Europ. Union und Europ. Menschenrechtskonvention in: Beyerlin u.a. (Hrsg.), Recht zwischen Umbruch und Bewahrung, FS Bernhardt, S.1193 ff. (1197)

Gemäß Art.307 (Art.234 Abs.1 a.F.) EGV läßt der EG-Vertrag die Rechte und Pflichten aus vorgemeinschaftlichen Verträgen der Mitgliedstaaten mit Drittstaaten unberührt. Wollte man wie *Pescatore* eine unmittelbare Bindung der EG auch an die von den Mitgliedstaaten geschlossenen Verträge begründen, so wäre eine solche Regelung im EG-Vertrag sinnlos bzw. überflüssig gewesen.

Das von Pescatore vertretene Argument der Funktionsnachfolge und die damit nach seiner Ansicht bereits bestehende Bindung der Gemeinschaft an die EMRK geht deshalb fehl.[184] Eine völkerrechtliche Bindung der Europäischen Gemeinschaften an die EMRK kann nur über deren Beitritt bewirkt werden.[185]

Davon geht auch die Europäische Kommission für Menschenrechte aus, indem sie in der Entscheidung *C.F.D.T.* vom 10.7.1978 [186]feststellt, daß sich die behaupteten Menschenrechtsverletzungen durch Hoheitsakte der Europäischen Gemeinschaft dem Kontrollmechanismus der Straßburger Organe **ratione personae** entziehen.

cc) Bindung über Art. F Abs. 2 EUV in der Fassung des Maastrichter Vertrags

Im folgenden wird geprüft, ob eine Bindung der EG an die EMRK durch die Einführung von Art.F Abs.2 in der Fassung des Maastrichter Vertrages eingetreten ist. Das Inkrafttreten des Amsterdamer Vertrages und die damit verbundene Änderung der Rechtslage macht diese Untersuchung nicht überflüssig, da immerhin in der Literatur vertreten wurde, daß die Grundrechtsprechung des EuGH schon durch Art.F Abs.2 in der Fassung des Maastrichter Vertrages auf eine vertragliche Grundlage gestellt worden sei[187] und damit die Regelung des Amsterdamer Vertrages gegebenenfalls auf einem bestimmten Verständnis von Art.F Abs.2 a.F. EUV aufbaut. Daneben soll anhand dessen aufgezeigt werden, daß die Bestimmungen im Unionsvertrag auch

---

[184]P.Pescatore, La cour de justice et la Convention européene des droit de l'homme in: Matcher/Petzold (Hrsg.), Protecting Human Rights, FS Wiarda, S.441 ff. (450 ff.), der darauf hinweist: "Quant à l'application des disposition procedurales de la Convention, elle dépend exclusivement des "organes de Strasbourg"; à leur égard , la Communauté est sujet, et non partenaire " (S.454). Dieses Argument käme aber einem Vertrag zu Lasten Dritter gleich (*pacta-tertiis*-Regel, Art.34 WüV).

[185]so auch C.Vedder in: Grabitz/Hilf (Hrsg.), Kommentar zu Europ. Union, Art.234 EGV, Rdnr.12, 15 m.w.N.

[186]Entscheidung der EKMR v.10.7.1978 -C.F.D.T.- EuGRZ 1979, S.431

[187] so z.B. G.C.R. Iglesias, Zur Stellung der Europäischen Menschenrechtskonvention im europäischen Gemeinschaftsrecht in: Beyerlin u.a. (Hrsg.), Recht zwischen Umbruch und

wenn sie unter dem Titel „Gemeinsame Bestimmungen" geführt werden, nicht ohne weiteres für die EG gelten können, was später noch von Bedeutung sein wird.

Gemäß Art. F Abs.2 [Art.6 Abs.2 n.F.] EUV achtet die Union die Grundrechte, wie sie in der Europäischen Menschenrechtskonvention gewährleistet sind und wie sie sich aus den gemeinsamen Verfassungsüberlieferungen der Mitgliedstaaten als allgemeine Grundsätze des Gemeinschaftsrechts ergeben. Durch die Einfügung des Art. F Abs.2 [Art.6 Abs.2 n.F.] EUV wurde im Vertragstext selbst das Gebot zur Achtung der Grundrechte und Menschenrechte festgeschrieben. Diese Achtungsverpflichtung besteht, ausweislich des Wortlauts von Art. F Abs.2 [Art.6 Abs.2 n.F.] EUV, auf jeden Fall für die Europäische Union.

Ob sich daraus auch eine unmittelbare Bindung der Europäischen Gemeinschaften an die EMRK herleiten ließ, ist fraglich. Zunächst ist festzustellen, daß eine vergleichbare Vorschrift in den EG-Vertrag nicht aufgenommen wurde. Da die Europäischen Gemeinschaften, wie noch zu zeigen sein wird, gegenüber der Europäischen Union rechtlich selbständige internationale Organisationen darstellen,[188] kann aus der Bindung der Europäischen Union nicht ohne weiteres auf die Bindung der Europäischen Gemeinschaften geschlossen werden.

Aufschluß über diese Frage können deshalb nur die Regelungen des Unionsvertrages in der Fassung des Maastrichter Vertrages geben, die das Verhältnis der Union zu den Europäischen Gemeinschaften beschreiben. Dabei ist zum einen der Art. M [Art.47 n.F.] EUV zu erwähnen. Dort heißt es: "vorbehaltlich der Bestimmungen zur Änderung der Gemeinschaftsverträge sowie dieser Schlußbestimmungen läßt der vorliegende Vertrag die Verträge zur Gründung der Europäischen Gemeinschaften sowie die nachfolgenden Verträge [...] unberührt."

Diese Regelung spricht dafür, daß der Unionsvertrag und die Gemeinschaftsverträge gesondert zu betrachten sind.[189] Regelungen wie Art. F.2 [Art.6 Abs.2 n.F.] EUV, die

---

Bewahrung, FS Bernhardt, S.1269 ff. (1281); C.Vedder, Die verfassungsrechtliche Dimension, EuR 1996, S.309 ff. (316)

[188] Vgl. dazu die Ausführungen unter C.II.

[189] So im Prinzip auch E. Pache, in: Grabitz/Hilf, Kommentar zur Europ. Union, Art. L EUV, Rdnr.15

nur die Europäische Union ausdrücklich nennen, haben keine Auswirkungen auf den EGV. Da der EGV aber selbst keine vergleichbare Bestimmung enthält, d.h. eine entsprechende Vertragsänderung i.S.d. Art. G [Art.8 n.F.] EUV nicht stattfand, folgt daraus, daß die EG nicht an Art. F Abs.2 [Art.6 Abs.2 n.F.] EUV und deshalb auch nicht unmittelbar an die EMRK gebunden sein konnte.

Etwas anderes könnte sich nur ergeben, wenn man eine Änderung der Gemeinschaftsverträge durch solche Regelungen des Unionsvertrages für möglich hält, die den Text des EG-Vertrages implizit ändern wollen.[190] Dafür, daß dies für Art. F Abs.2 [Art.6 Abs.2 n.F.] EUV der Fall sein könnte, spricht, daß diese Vorschrift unter dem Titel "Gemeinsame Bestimmungen" steht. Unter "Gemeinsame Bestimmungen" könnte man immerhin solche Regelungen des Unionsvertrages verstehen, die auch für die Europäischen Gemeinschaften gelten sollen.[191] Ausweislich des Wortlauts wenden sich die Art. A bis Art. F a.F. EUV, die unter dem Titel „Gemeinsame Bestimmungen" aufgeführt sind, jedoch ausschließlich an die Union. Daß dies auch wörtlich gemeint ist, wird durch Art. M [Art.47 n.F.] EUV bestätigt.[192] Nach dieser Vorschrift sollen sich nur die Schlußbestimmungen des Unionsvertrags, also die Art.L bis S a.F. EUV, nicht aber auch die „Gemeinsamen Bestimmungen" auf den EG-Vertrag auswirken. Als Zwischenergebnis ist damit festzuhalten, daß die „Gemeinsamen Bestimmungen" und damit auch Art. F Abs.2 [Art.6 Abs.6 n.F.] EUV nur die Tätigkeitsbereiche der Europäischen Union wie die Gemeinsame Außen- und Sicherheitspolitik und die Zusammenarbeit in den Bereichen Justiz und Inneres betreffen.[193]

Selbst wenn man mit Teilen der Literatur[194] annimmt, daß die Gemeinsamen Bestimmungen des EU-Vertrages auch für die Gemeinschaftsverträge gelten, führt

---

[190] Bejahend: Koenig/Pechstein, Die Europäische Union, Kap.2, Rdnr.26 ff.; ablehnend E. Pache in: Grabitz/Hilf (Hrsg.), Kommentar zur Europ. Union, Art.L EUV, Rdnr.23; O.Dörr, Zur Rechtsnatur der Europäischen Union, EuR 1995, S.334 ff. (346)

[191] So für Art. F EUV: v.Bogdandy/Nettesheim, Die Verschmelzung der Europäischen Gemeinschaften in der Europäischen Union, NJW 1995, S.2324 ff. (2325)

[192] So auch H.-J. Glaesner, Eine unendliche Geschichte in: Due/Lutter/ Schwarze (Hrsg.), FS Everling, S.327 ff. (330).

[193] Dafür spricht auch die Entscheidung des EuGH vom 7.4.1995 - Grau Gomis- C-167/94 , in der sich der EuGH in einem Verfahren nach Art.177 EGV wegen Art.L EUV für offensichtlich unzuständig zur Auslegung von Art. B EUV erklärt hat; unklar: M. Hilf in: Grabitz/Hilf (Hrsg.), Kommentar zur Europ. Union, Art. F EUV, Rdnr.40, 42

[194] so z.B. C. Vedder, Die verfassungsrechtliche Dimension, EuR 1996, S.309 ff. (316); G.C.R. Iglesias, Zur Stellung der Europäischen Menschenrechtskonvention im Europäischen

dies nicht dazu, daß Art. F Abs.2 [Art.6 Abs.2 n.F.] EUV in die Zuständigkeit des EuGH fällt. Insoweit wird nämlich die allgemeine Zuständigkeitsregel des Art.164 [Art.220 n.F.] EGV durch Art.L a.F. EUV verdrängt.

Art. L a.F. EUV gehört zu den in Art. M [Art.47 n.F.] EUV genannten Schlußbestimmungen, die die Gemeinschaftsverträge gerade **nicht** unberührt lassen. Die Schlußbestimmungen richten sich im Gegensatz zu den Gemeinsamen Bestimmungen nicht ausschließlich an die Union, sondern geben Auskunft über das Verhältnis zwischen den Gründungsverträgen und dem Unionsvertrag und ersetzen teilweise auch Bestimmungen der Gründungsverträge[195], so wurde z.B. die frühere, jetzt weggefallene Beitrittsregel in Art.237 EGV durch Art.O [Art.49 n.F.] EUV und Art.236 EGV durch Art. N [Art.48 n.F.] EUV substituiert. Da diese Schlußbestimmungen unmittelbar wie mittelbar in den Rechtskreis der Gemeinschaftsverträge einwirken, sind sie gemäß Art.L lit. c a.F. EUV auch der Gerichtsbarkeit des EuGH unterstellt. Daraus folgt, daß Art.L bis S a.F. EUV Teile des EG-Rechts darstellen und demnach Art. L a.F. EUV den Art.164 [Art.220 n.F.] EGV modifiziert.

Art.L a.F. EUV bestimmt, daß die Zuständigkeit des EuGH und die Ausübung der diese Zuständigkeit regelnden Bestimmungen der Gemeinschaftsverträge "nur für folgende Bestimmungen dieses Vertrages [...]" gelten sollen. Aus diesem Wortlaut ergibt sich eindeutig, daß die Aufzählungen in Art. L lit. a-c a.F. EUV abschließend sind. Umgekehrt sind damit die Bestimmungen des Unionsvertrages, die nicht in Art.L a.F. EUV genannt sind, dem Zuständigkeitsbereich des EuGH entzogen. Art.L a.F. EUV klammert dabei die Art.A bis F a.F. EUV aus seinem Regelungsinhalt aus. Diese Vertragsbestimmungen unterliegen deshalb nicht der Zuständigkeit des EuGH. Der Umstand, daß die Mitgliedstaaten erst im Amsterdamer Vertrag, wie unter III.8.c) dd. noch zu zeigen sein wird, ausdrücklich vertraglich geregelt haben, daß sich die Zuständigkeit des EuGH auch auf Art.6 Abs.2 [Art. F Abs.2 a.F.] EUV in Bezug Handlungen der EG-Organe erstreckt, spricht dafür, daß nach dem Vertrag von

---

Gemeinschaftsrecht in: Beyerlin u.a. (Hrsg.), Recht zwischen Umbruch und Bewahrung, FS Bernhardt, S.1269 ff. (1281); J.Schwarze geht in: Europäischer Grundrechtsschutz - Grundfragen, aktuelle Rechtsentwicklung, künftige Perspektiven, Zeitschrift für Verwaltung 1993, 1 ff. (9) sogar noch weiter, indem er den formellen Beitritt der EG zur EMRK wegen Art.F Abs.2 a.F. EUV für überflüssig ansieht.

[195] Vgl. R. Streinz, Europarecht, Rdnr.332a

Maastricht die Rechtslage noch nicht entsprechend war. Denn mit der Neufassung von Art.L EUV wird deutlich, daß Art.F Abs.2 [Art.6 Abs.2 n.F.] EUV nur im Wege ausdrücklicher Vertragsänderung für die Gemeinschaftsverträge Bedeutung erlangen sollte.

Damit bestätigt Art. L a.F. EUV, daß aus Art. M [Art.47 n.F.] EUV gewonnene Ergebnis, daß Art. F Abs.2 [Art.6 Abs.2 n.F.] EUV nicht für die Gemeinschaftsverträge gilt. Es wäre nämlich vollständig unverständlich, wenn der EuGH im Rahmen des EG-Vertrags zukünftig von der Judikatur von Grundrechtsfragen ausgeschlossen wäre. Immerhin ist dieser Grundrechtsschutz nach dem EG-Vertrag alleine das Produkt der Rechtsprechung des EuGH. Deshalb kann man die Regelungen des Unionsvertrages nur so deuten, daß die Zuständigkeit des EuGH nur für die Tätigkeit der Union ausgeschlossen worden ist, für die dann aber folgerichtig Art. F Abs.2 [Art.6 Abs.2 n.F.] EUV alleine Geltung beanspruchen kann.

Dies wird auch durch die Rechtsprechung des EuGH bestätigt. Sowohl der EuGH als auch das Gericht erster Instanz (EuG), haben sich für unzuständig erklärt, zu Fragen der Gültigkeit und Auslegung des EU-Vertrages Stellung zu nehmen.[196] Nach Auffassung des EuGH ist eine Klage, die auf Feststellung der Nichtigkeit des Vertrages über die Europäische Union gerichtet ist, unzulässig. Deshalb hat sich der EuGH in einem Vorabentscheidungsverfahren nach Art.177 [Art.234 n.F.] EGV, in dem es u.a. auf die Auslegung von Art. B Abs.1 a.F. EUV ankam, unter Berufung auf Art. L a.F. EUV für offensichtlich unzuständig erklärt. Auch die Bezugnahme des EuG auf Art. F Abs.2 [Art.6 Abs.2 n.F.] EUV in seinem Urteil vom 14.4.1994[197] läßt keine andere Deutung zu. Der Gerichtshof erster Instanz hat dort Art. F Abs.2 [Art.6 Abs.2 n.F.] EUV lediglich als Beleg dafür herangezogen, daß die Grundrechte, wie sie die EMRK regelt, als allgemeine Rechtsgrundsätze im Gemeinschaftsrecht Geltung finden.

Weiterhin spricht gegen die These der impliziten Vertragsänderung, daß durch den Maastrichter-Vertrag ausdrückliche Vertragsänderungen der EG-Verträge nach den Titeln II-IV a.F. (Art. G -I EUV) des Unionsvertrages vorgenommen worden sind. Wäre

---

[196] EuG, Entscheidung v.14.7.1994 - Roujanski/Rat- T-584/93, Slg.1994 II-585; EuGH - Bonnamy/Rat -, C-264/94 P, EuZW 1995, S.253
[197] EuG, Urt. v. 14.4.1994 -A/Kommission- Rs.T-10/93, Slg.1994, II-179, 201.

eine Bindung auch an Art. F Abs.2 [Art.6 Abs.2 n.F.] EUV beabsichtigt gewesen, so ist kein Grund dafür ersichtlich, dies nicht im EG-Vertrag ausdrücklich zu dokumentieren. Sieht man die Art. G bis I im Zusammenhang mit Art. M [Art.47 n.F.] EUV, so folgt daraus, daß die Bestimmungen des Unionsvertrages nur dann eine Bindungswirkung gegenüber der EG entfalten, wenn der EG-Vertrag entsprechend geändert wurde, wie dies z.B. bei Art.199 Abs.2 [Art.268 Abs.2 n.F.] und Art.228a [Art.301 n.F.] EGV der Fall ist.

dd. Nach dem Vertrag von Amsterdam

Eine Bindung der EG an die EMRK könnte aber mit Inkrafttreten des Amsterdamer Vertrages[198] vollzogen worden sein. Dort verweist Art.46 lit. d n.F. EUV ausdrücklich auf Art.6 Abs.2 [Art. F Abs.2 a.F.] EUV. Durch Art.46 lit. d n.F. EUV wird Art.6 Abs.2 [Art. F Abs.2 a.F.] EUV von der Zuständigkeit des EuGH mitumfaßt und zwar auch im Hinblick auf die Handlungen der Organe der Europäischen Gemeinschaften. Daraus folgt, daß auch die Organe der EG zur Achtung von Art.6 Abs.2 [Art. F Abs.2 a.F.] EUV und damit zur Achtung der EMRK verpflichtet sind.

Dabei ist jedoch zu beachten, daß auch aus Art.6 Abs.2 [Art. F Abs.2 a.F.] EUV nicht deutlich wird, inwieweit mit der vertraglichen verankerten Pflicht zur Achtung der Grundrechte, wie sie in der Europäischen Konvention zum Schutze der Menschenrechte und Grundfreiheiten gewährleistet sind, die Gemeinschaften an die EMRK gebunden sein sollen. Der Wortlaut von Art.6 Abs.2 [Art. F Abs.2 a.F.] EUV läßt zwei Möglichkeiten der Interpretation zu.[199] Durch die zweimalige Verwendung des Wortes "wie" könnte zum Ausdruck gebracht worden sein, daß der Zusatz "als allgemeine Grundsätze des Gemeinschaftsrechts" nur auf die gemeinsamen Verfassungsüberlieferungen der Mitgliedstaaten Bezug nimmt, nicht dagegen auf die Grundrechte, wie sie sich aus der EMRK ergeben. Das würde im Umkehrschluß bedeuten, daß die EMRK gegenüber dem Gemeinschaftsrecht Direktwirkung entfaltet und eine uneingeschränkte Achtung beansprucht. Die Wirkung, die damit die EMRK

---

[198] Vertragstext abgedruckt in: ABl. der EG, 1997 C 340, S.1 ff.; der Amsterdamer Vertrag ist von allen 15 Mitgliedstaaten unterzeichnet worden und am 1.5.1999 in Kraft getreten, vgl. BGBl. 1999 II S.296

[199] Vgl. M.Hilf, Kommentierung zu Art. F EUV, in Grabitz/Hilf (Hrsg.), Komm. zum EU - Vertrag, Rdnr.24 ff.; ders., Europäische Union und Europäische Menschenrechtskonvention, FS Bernhardt , S.1193 ff. (1205 f.)

innerhalb der Gemeinschaft erfährt, würde sich dann im Innenverhältnis der Gemeinschaften von der Geltung durch Inkorporation der EMRK im Wege eines formellen Beitritts nicht unterscheiden.

Auf der anderen Seite kann Art.6 Abs.2 [Art. F Abs.2 a.F.] EUV auch so gedeutet werden, daß sich der Zusatz "als allgemeine Grundsätze des Gemeinschaftsrechts" auch auf die EMRK bezieht. In diesem Fall stünde die Geltung der EMRK auch nach Art.6 Abs.2 [Art. F Abs.2 a.F.] EUV unter dem Vorbehalt der Ziele und Zwecke des Gemeinschaftsrechts. Mit Rücksicht auf die besondere Bedeutung, die der Konvention im Hinblick auf die Rechtmäßigkeit der Handlungen der Gemeinschaftsorgane zukommt, hätte Art.6 Abs.2 [Art. F Abs.2 a.F.] EUV im Falle einer unmittelbaren Anwendung der EMRK eindeutiger formuliert werden müssen.

Außerdem läßt Art.6 Abs.2 [Art. F Abs.2 a.F.] EUV offen, ob unter "Grundrechte" auch diejenigen zu verstehen sind, die in den Zusatzprotokollen der EMRK aufgeführt und nicht von jedem Mitgliedstaat ratifiziert worden sind. Überdies müßte, um von einer Direktwirkung der EMRK im Gemeinschaftsrecht auszugehen, in Art.6 Abs.2 [Art. F Abs.2 a.F.] EUV geschrieben stehen, die Union achtet die "Grundrechte, die" anstatt "die Grundrechte, wie sie" die EMRK gewährleistet.[200] Der Wortlaut von Art.6 Abs.2 [Art. F Abs.2 a.F.] EUV spricht deshalb eher dafür, daß die Einbindung der EMRK nicht über den momentan erreichten Stand der Rechtsprechung des EuGH hinausgehen soll. Art.6 Abs.2 [Art. F Abs.2 a.F.] EUV ist dem Grunde nach nur die Festschreibung dessen, was der EuGH bisher in seiner ständigen Grundrechtsprechung anerkannt hat.[201]

Damit erfolgt durch Art.6 Abs.2 [Art. F Abs.2 a.F.] EUV keine vollständige Einbindung der EMRK in das Gemeinschaftsrecht. Dem EuGH wird kein aus sich heraus zu bestimmender Normenkomplex an die Hand gegeben, wie dies bei einem geschriebenen Grundrechtskatalog im Gemeinschaftsrechts oder durch einen formalen Beitritt zur EMRK der Fall wäre.

---

[200] A.A. C.Vedder, Die "verfassungsrechtliche Dimension" -die bisher unbekannte Grenze für Gemeinschaftshandeln?, in: EuR 1996, S.309 ff. (316)

Deshalb bleibt es ohne Beitritt der Gemeinschaften zur EMRK dabei, daß dem EuGH, dem nach Art.220 [Art.164 a.F.] EGV das Auslegungsmonopol des EG-Vertrages zukommt, die Entscheidung darüber vorbehalten bleibt, inwieweit die EMRK in seine Entscheidung einfließt[202]. Der EuGH besitzt insoweit einen weiträumigen Wertungs- und Entscheidungsspielraum, der für den Einzelnen nicht konkret abschätzbar ist.

Durch den Amsterdamer Vertrag, der Änderungen des EU-Vertrags, EG-Vertrags, EAG-Vertrags und EGKS-Vertrags zum Gegenstand hat, wird die bestehende Rechtslage zwar geändert, zugleich wird aber das Auslegungsergebnis für die bestehende Rechtslage bestätigt.

ee. Bindung der EG an die EMRK über Art.307 [Art.234 a.F.] EGV

Eine denkbare rechtliche Konstruktion für eine gemeinschaftsrechtliche Bindung der EG an die EMRK könnte sich aber aus Art.307 Abs.1 [Art.234 Abs.1 a.F.] EGV ergeben. Art.307 [Art.234 a.F.] EGV regelt das Verhältnis der Rechte und Pflichten aus völkerrechtlichen Verträgen der Mitgliedstaaten, die vor dem Inkrafttreten des EWG-Vertrags am 1.1.1958 geschlossen wurden zu den Rechten und Pflichten aus dem EG-Vertrag. Dort heißt es in Abs.1: „Die Rechte und Pflichten aus Übereinkünften, die vor Inkrafttreten dieses Vertrages zwischen einem oder mehreren Mitgliedstaaten einerseits und einem oder mehreren dritten Ländern andererseits geschlossen wurden, werden durch diesen Vertrag nicht berührt."

Nach der Auffassung des EuGH stellt Art.307 Abs.1 [Art.234 Abs.1 a.F.] EGV klar: "daß die Geltung des EG-Vertrages die Verpflichtung des betreffenden Mitgliedstaates, die aus einer früheren Übereinkunft resultierenden Rechte dritter Länder zu achten und die ihnen entsprechenden Pflichten zu erfüllen, nicht berühre." Die in Art.307 Abs.1 [Art.234 Abs.1 a.F.] EGV erwähnten **Rechte** sollen sich auf die Rechte der Drittstaaten und die **Pflichten**, auf die Pflichten der Mitgliedstaaten beziehen.[203]

---

201 So auch J.Kokott, Der Grundrechtsschutz im europäischen Gemeinschaftsrecht, AöR 121 (1996), S.599 ff. (602); R.Streinz, Europarecht, Rdnr.358, 361

202 so auch M.Hilf, Art.F EUV, in: Grabitz/Hilf, Kommentar zum EU-Vertrag, Rdnr.25; J.P.Jacque, a.a.O., S.889 ff. (894).

203 EuGH, Urt. v. 27.2.1962 - Rundfunkgeräte - Rs.10/61, Slg.1962, S.1 ff. (2.LS); EuGH, Urt. v. 14.10.1980 - Burgoa - Rs.812/79, Slg.1980, S.2787 ff. (2802)

Entscheidend kommt es jedoch auf die Formulierung: ... werden **durch den Vertrag nicht berührt** an. Daraus könnte man den Schluß ziehen, daß der EG-Vertrag einschließlich der darin vorgesehenen Kompetenzen zum Erlaß von Sekundärrecht nicht im Widerspruch zu Altverträgen stehen darf. Gegen eine solche Schlußfolgerung könnte jedoch Art.307 Abs.2 [Art.234 Abs.2 a.F.] EGV sprechen, der die Mitgliedstaaten zur Anpassung von Altverträgen verpflichtet, falls diese nicht mit dem EG-Vertrag vereinbar sind. Aus der Konzeption des Art.307 Abs.2 [Art.234 Abs.2 a.F.] EGV kann nur folgen, daß es Regelungen des EG-Vertrages geben kann, die den Altverträgen zuwiderlaufen. Art.307 Abs.2 [Art.234 Abs.2 a.F.] EGV will dabei auch ersichtlich erreichen, daß die Regelungen des EG-Vertrages Bestand haben sollen.

Zur Lösung dieses scheinbaren Widerspruchs bieten sich folgende Differenzierungen an. Soweit das EG-Primärrecht mit Altverträgen kollidiert, ist aus der Formulierung des Art.307 Abs.1 [Art.234 Abs.1 a.F.] EGV "werden durch diesen Vertrag nicht berührt" nur zu schließen, daß eine Durchsetzung abweichenden EG-Rechts nicht in Betracht kommt. D.h. das EG-Primärrecht ist materiell wirksam und die Mitgliedstaaten sind zur Anpassung der Altverträge verpflichtet. Solange dies aber noch nicht geschehen ist, kann das Primärrecht nicht in einer die Mitgliedstaaten in den Vertragsbruch treibenden Weise vollzogen bzw. durchgesetzt werden.[204]

Für das Sekundärrecht, das erst noch auf der Grundlage des EG-Vertrages zu schaffen ist, kann Art.307 Abs.1 [Art.234 Abs.1 a.F.] EGV allerdings nur bedeuten, daß ein Handeln gegen Altverträge auf jeden Fall unzulässig ist. Sonst wären die Mitgliedstaaten bei einer entsprechenden Sekundärrechtspraxis zur permanenten Anpassung ihrer Altverträgen gezwungen.

Schließlich kommt für die EMRK eine Anpassung nach Art.307 Abs.2 [Art.234 Abs.2 a.F.] EGV gar nicht in Betracht. Die EG selbst versteht sich als eine den Menschenrechten verpflichtete Gemeinschaft. Nach der ständigen Rechtsprechung des EuGH gehören die Grundrechte zu den allgemeinen Rechtsgrundsätzen, deren Wahrung der

---

[204]So auch E.-U. Petersmann, Auswärtige Gewalt, Völkerrechtspraxis und Völkerrechtsbindungen der EWG, ZaöRV 35 (1975), S.213 ff. (257); so wohl auch R. Bernhardt, Die Europäische Gemeinschaft als neuer Rechtsträger im Geflecht der traditionellen zwischenstaatlichen Rechtsbeziehungen, EuR 1983, S.199 ff. (214).

Gerichtshof zu sichern hat.[205] Die Maßnahmen und Entscheidungen der Gemeinschaftsorgane unterliegen damit einer gerichtlichen, am Maßstab der Grundrechte und der in der EMRK niedergelegten Grundsätze orientierten Kontrolle. Darüber hinaus ist das Bekenntnis zur Achtung und Wahrung der Grund- und Menschenrechte Gegenstand einer Vielzahl von politischen Erklärungen der Gemeinschaftsorgane.[206] Das Menschenrechtsverständnis der EG als Rechtsgemeinschaft steht deshalb im Einklang mit der EMRK. Insoweit besteht im Verhältnis zum EG-Vertrag kein Dissens, der zur Anpassung nach Art.307 Abs.2 [Art.234 Abs.2 a.F.] EGV zwingt.

Deshalb kommt für das Verhältnis zur EMRK nur die Klausel des Art.307 Abs.1 [Art.234 Abs.1 a.F.] EGV zum Tragen. Daraus folgt, daß die Organe der EG nichts unternehmen dürfen, was es den Mitgliedstaaten unmöglich machen würde, ihre Verpflichtungen aus diesem Altvertrag zu erfüllen. Art.307 Abs.1 [Art.234 Abs.1 a.F.] EGV statuiert dabei über die bestehenden vertraglichen Verpflichtungen der Mitgliedstaaten hinaus auch eine Verpflichtung der Gemeinschaft.

Der EuGH selbst bringt dies in seinem Urteil *Burgoa*[207] zum Ausdruck, indem er feststellt: "Die Vorschrift würde ihren Zweck verfehlen, wenn mit ihr nicht stillschweigend eine Verpflichtung der Gemeinschaftsorgane begründet würde, die Erfüllung der Pflichten, die sich für die Mitgliedstaaten aus früheren Übereinkünften ergeben, nicht zu behindern. Durch diese Verpflichtung der Gemeinschaftsorgane soll es dem betreffenden Mitgliedstaat lediglich ermöglicht werden, seinen Verpflichtungen aus den früheren Übereinkünften nachzukommen, ohne daß damit die Gemeinschaft dem fraglichen Drittland gegenüber gebunden werden soll."

Aus Art.307 [Art.234 a.F.] EGV ergibt sich folglich eine Bindung im Innenverhältnis zwischen EG und den Mitgliedstaaten an die EMRK.[208] Ob deshalb aber gleichzeitig

---

[205] vgl. Ausführungen unter III. 3.
[206] Zu nennen sind hier insbesondere: Erklärung vom 5.4.1977 über die Grundrechte, EuGRZ 1977, S.157; Demokratieerklärung vom 8.4.1978, Bull.EG 3-1978, S.5; Erklärung vom 11.6.1986 gegen Rassismus und Fremdenfeindlichkeit, EuGRZ 1986, S.469; die Erklärung über die Menschenrechte vom 11.12.1993, Bull.EG 12-1993, Ziff.1.4.12; etc.
[207] Vgl. EuGH, Urt. v. 14.Oktober 1980 - Strafverfahren gegen Juan C. Burgoa-, Rs.812/79, Slg.1980, S.2787 ff.
[208] Vgl. dazu auch E.-U. Petersmann, Auswärtige Gewalt, Völkerrechtspraxis und Völkerrechtsbindungen der EWG, ZaöRV 35 (1975), S.213 ff. (257 f.); a.A. C. Vedder, in: Grabitz/Hilf (Hrsg.), Kommentar zur Europ. Union, Art.234 EGV, Rdnr.5

davon auszugehen ist, daß die EG bei der Ausübung der ihr übertragenen Rechte die Regelungen, wie sie sich aus dem Vertragstext der EMRK ergeben, zu beachten hat, ist fraglich. Eine Bindung der EG an die EMRK ist nur insoweit anzunehmen, als es der Gemeinschaft bzw. den EG-Organe nicht möglich sein soll, konventionswidriges Gemeinschaftsrecht durchzusetzen. Denn aus Art.307 [Art.234 a.F.] EGV läßt sich ohne weiteres nicht ableiten, daß die EG selbst zum Schutze der EMRK beizutragen verpflichtet ist, d.h. daß sie selbst den Vorschriften der EMRK in der Gemeinschaftsrechtsordnung Geltung verschaffen müßte. Art.307 [Art.234 a.F.] EGV regelt nicht, wie die Europäischen Gemeinschaften konkret ihrer Verpflichtung zur Achtung der Menschenrechtskonvention nachkommen sollen. Insoweit liegt es in der Hand des EuGH, der gemäß Art. 220 [Art.164 a.F.] EGV alleine zur Auslegung der Gemeinschaftsverträge berechtigt ist, der Achtung der EMRK im Gemeinschaftsrecht Wirksamkeit zu verleihen.

Im Nachfolgenden wird dargestellt, ob durch einen Beitritt der EG zur EMRK ein Mehr an Grundrechtsschutz im EG-Recht gewonnen werden kann.

IV. Effektuierung des Gemeinschaftsrechts

1. Begrenzung des Spielraums des EuGH

So "beruhigend" aus der Sicht nationalen Grundrechtsschutzes die Ausführungen des Bundesverfassungsgerichts im Maastricht-Urteil bzgl. des dadurch gewährleisteten Schutzniveaus auch klingen mögen[209], es darf nicht verkannt werden, daß der Europäischen Gemeinschaft und damit dem EuGH ein beträchtliches Maß an Einfluß auf die durch die nationalen Grundrechte geschützte Freiheit der Gemeinschaftsbürger bleibt, d.h. mit der Übertragung von Hoheitsrechten an eine supranationale Organisation wie die EG geht notwendig ein Stück nationaler Grundrechtsschutz verloren. Es ist aus der Natur der Sache bedingt, daß auf europäischer Ebene nicht der gleiche Grundrechtsschutz gelten kann wie auf nationaler Ebene. Eine allzu große Rücksichtnahme auf national gewährten Grundrechtsschutz würde das Funktionieren einer supranationalen Organisation so wie es die Europäischen Gemeinschaften sind, unmöglich machen bzw. erheblich erschweren, weil in den Mitgliedstaaten das Grundrechtsverständnis nicht überall gleich ist.

Um dies zu kompensieren, sollte man, auch wenn das Bundesverfassungsgericht über einen gänzlichen Verlust des Grundrechtsschutzes "wacht", darüber nachdenken, ob auf europäischer Ebene ein geschriebener Grundrechtskatalog sinnvoll wäre, der unter Berücksichtigung der Rechtstraditionen aller Mitgliedstaaten europaweit einen homogenen Schutz der Bürger gewährleistet. Dies würde der Berechenbarkeit und damit der Rechtssicherheit und dienen und für den Rechtssuchenden bestünde nicht die Ungewißheit, ob und wie der EuGH durch seine notwendig kasuistisch geprägte Rechtsprechung diesen Schutz gewährleistet. Der Einzelne könnte damit auch im Vorhinein die Entscheidungen des EuGH besser abschätzen.

Ein durch die Rechtsprechung des EuGH entstandener Grundrechtsstandard auf Gemeinschaftsebene kann sich ohne kodifizierte Grundrechtsverbürgungen systembedingt nur fallweise fortentwickeln, so daß der Grundrechtsschutz was Art, Inhalt und Reichweite von Grundrechten betrifft, die noch nicht Gegenstand einer Entscheidung des EuGH waren, im Verhältnis zu den auf nationaler Ebene bestehenden Grundrechtsstandards noch lückenhaft ist.[210] Darüber hinaus, und das ist der wichtigste Punkt, wäre der Grundrechtsschutz nicht mehr allein von der Rechtsprechung des EuGH bzw. von dessen Haltung zur Grundrechtsgebundenheit der Gemeinschaft abhängig, sondern der EuGH wäre rechtlich verpflichtet, die Grundrechte bei seinen Entscheidung über die Rechtswidrigkeit von Handlungen der Gemeinschaftsorgane zu beachten. Dies ist um so dringlicher, wenn man sich die fortschreitende Integration bewußt macht, die dazu führt, daß das Gemeinschaftsrecht zunehmend weite Bereiche der nationalen Rechtsordnung verdrängt.

Auch wenn das Bundesverfassungsgericht sozusagen als "Garant" dafür Sorge trägt, d.h. es letztlich den Mitgliedstaaten überlassen wird, daß der Grundrechtsschutz gegenüber EG-Recht nicht generell versagt, würde damit gerade das bewirkt, was im Sinne des Funktionierens der Gemeinschaft vermieden werden sollte, nämlich die uneinheitliche Anwendung des EG-Rechts in den Mitgliedstaaten.[211] Die Kodifizierung von Grundrechten auf Gemeinschaftsebene würde aber eine einheitliche Anwendung

---

[209] Vgl. obige Ausführungen zu A.II.1.d)

[210] so auch U. Fink, Die Auswirkung der Fernsehrichtlinie der Europäischen Gemeinschaften auf die Rundfunkfreiheit nach Art.5 Abs.1 GG, Veröffentlichungen der Hanns Martin Schleyer-Stiftung, S.188 ff. (193 f.)

[211] Vom gedanklichen Ansatz ebenso: K. Bahlmann, Der Grundrechtsschutz in der Europäischen Gemeinschaft, EuR 1982, S.1 ff. (7 ff.)

des EG-Rechts sicherstellen. Angesichts der Tatsache, daß sämtliche Mitgliedstaaten der Europäischen Gemeinschaft auch Vertragsparteien der EMRK sind, wäre ein Beitritt der Europäischen Gemeinschaft zur EMRK dafür ein denkbarer Weg.

Die Rechte aus der EMRK finden zwar, wie gesehen im Gemeinschaftsrecht durch die Rechtsprechung des EuGH Beachtung als allgemeine Rechtsgrundsätze des Gemeinschaftsrecht. Dabei wird die EMRK, wie auch die gemeinsamen Verfassungstraditionen der Mitgliedstaaten jedoch nur insoweit in Betracht gezogen, als sie sich in die Struktur und die Ziele der Gemeinschaft einfügt. [212] Dadurch wird der Grundrechtsschutz zum Ergebnis eines Abwägungsprozesses von Rechtsprinzipien verschiedenen Ursprungs und verschiedener rechtlicher Qualität. Da diese Abwägung auch nicht generell vorgezeichnet ist, sondern nur vom EuGH von Fall zu Fall geleistet werden kann, sind Umfang und Grenzen des Grundrechtsschutzes in den Gemeinschaften kaum hinreichend bestimmt. Dabei kann der Vorbehalt der Einfügung in die Struktur und Ziele der Gemeinschaft außerdem dazu führen, daß der Menschenrechtsschutz, wenn er nicht mit den Zielen der Gemeinschaft in Einklang zu bringen ist, hinter dem Grundrechtsschutz der EMRK und dem der nationalen Verfassungsmaßstäben deutlich zurück bleibt.[213]

Besonders deutlich wird dies am Beispiel der Rechtsprechung des EuGH zum Eigentumsschutz und der Berufsfreiheit. Vor allem in dem Urteil zur Bananenmarktverordnung[214] ist festzustellen, daß den Interessen der Vermarkter gegenüber dem Gemeinschaftsinteresse wenig Gewicht beigemessen wird. Dies obgleich durch die Marktumschichtung Privatinteressen in gravierendem sogar bis zum Konkurs führenden Maße tangiert wurden. Vielmehr beschränkt der EuGH seine Prüfung der Rechtmäßigkeit des Eingriffs in das Eigentumsrecht und die Berufsfreiheit darauf, daß die Verordnung, die im Rahmen der gemeinsamen Marktorganisation erlassen wurde, zur Erreichung des verfolgten Zieles nicht offensichtlich ungeeignet sei. Ein

---

[212]vgl. auch R. Streinz, Europarecht, Rdnr.360; M. Hilf, Ein Grundrechtskatalog in der Perspektive einer europäischen Verfassung, in J. Iliopoulos-Strangas (Hrsg.) Grundrechtsschutz im europäischen Raum, S.320 ff. (324 f.).

[213]vgl. auch: J.P.Jacqué; The Convention and the Communities, in: R.St.J. Macdonald et. al. (eds.), The European System for the Protection of Human Rights, 1993, S.889 ff. (894 f.)

[214]EuGH, Urt. v. 5.10.1994 -Bundesrepublik Deutschland/Rat, Rs. C 280/93, NJW 1995, S.945 ff. (Ziff. 90)

Wirtschaftsteilnehmer habe kein wohlerworbenes Recht oder auch nur ein berechtigtes Vertrauen auf die Beibehaltung einer bestehenden Situation.

Den Gemeinschaftsorganen wird damit offensichtlich im Bereich der Regelung wirtschaftlicher Sachverhalte ein großzügiger Gestaltungsspielraum eingeräumt, der der Berufung auf die Berufsfreiheit und das Eigentum von vorne herein wenig Aussichten auf Erfolg gibt.[215]

Der momentan erreichte Stand der Grundrechtsprechung des EuGH macht deshalb einen formellen Beitritt der EG zur EMRK nicht gegenstandslos. Durch den Beitritt der EG zur EMRK wäre diese zur Anwendung der Rechte, so wie sie sich aus dem systematischen und teleologischen Kontext der EMRK ergeben, verpflichtet. Die Einbeziehung der EMRK in das EG-Recht erfolgte dann nicht mehr über den Weg der allgemeinen Rechtsgrundsätze, sie würde als solche unmittelbar im EG-Recht gelten. Der EuGH könnte dann die Gewährung von Grundrechtsschutz nicht mehr ohne weiteres von den Gemeinschaftszielen abhängig machen. Er hätte die Rechte, die sich aus dem Vertragstext der EMRK ergeben, direkt anzuwenden. Andernfalls liefen die Gemeinschaften Gefahr, sich vertragsbrüchig zu verhalten.

Im folgenden werden die sich durch den Beitritt ergebenden Vorteile im Außenverhältnis aufgezeigt.

2. Harmonisierung von EuGH und Europäischer Gerichtshof für Menschenrechte

a) Die externe Kontrolle der EG-Organe einschließlich des EuGH

Für einen Beitritt der EG zur EMRK spricht weiterhin, daß dadurch eine Verpflichtung zur Beachtung der EMRK nicht nur innerhalb des EG-Rechts, sondern auch im Außenverhältnis begründet wird. Vor allem in Anbetracht der Entscheidung der Straßburger Kommission im Fall Melchers & Co.[216], die, wie gesehen, die Rechtsprechung des EuGH nahezu unangreifbar macht, scheint auch eine Verpflichtung der Gemeinschaft

---

[215] So auch J. Kokott, Der Grundrechtsschutz im europäischen Gemeinschaftsrecht, AöR 121 (1996), S.599 ff. (608 f.)
[216] Vgl. dazu ausführlich obige Ausführungen A.II.2.

nach außen mehr als wünschenswert, um den Grundrechtsschutz des Einzelnen zu effektuieren.[217]

Die Entscheidungen des EuGH würden dann nämlich als Akte der Gemeinschaft der Kontrolle der Straßburger Organe unterliegen. Dem Einzelnen wäre dadurch auf jeden Fall der Weg nach Straßburg eröffnet, wenn es um die Frage der Vereinbarkeit von Maßnahmen der EG mit der EMRK geht.

Mit dem Beitritt und der damit verbundenen außenrechtlichen Verpflichtung der Gemeinschaft würde auch das für die Mitgliedstaaten möglicherweise entstehende Kollisionsproblem zwischen der Bindung an Entscheidungen des EuGH und diesen eventuell widersprechenden Entscheidungen der Organe der EMRK vermieden. Die ständig wachsenden Kompetenzbereiche der Gemeinschaft, vorallem durch den Unionsvertrag, berühren immer mehr auch die Fundamentalrechte der Bürger. Dadurch wird der EuGH in Zukunft auch immer mehr mit Problemen der Auslegung der EMRK konfrontiert werden. Diese Aufgabe erweist sich vorallem dann als schwierig, wenn der Straßburger Gerichtshof dazu noch keine Rechtsprechung entwickelt hat.[218] Insoweit besteht das Problem, daß, wenn die Interpretation durch den Europäische Gerichtshof für Menschenrechte nicht mit der des EuGH zusammenfällt, es zu unterschiedlichen Menschenrechtsstandards kommen kann.

b) Die Kollision der Verpflichtungen der Mitgliedstaaten aus den Gemeinschaftsverträgen und aus der EMRK

Falls die Gemeinschaft selbst Mitglied der EMRK würde, hätte über die Vereinbarkeit von EG-Recht mit der EMRK nicht mehr "letztinstanzlich" der EuGH zu entscheiden, sondern das Straßburger Gericht, wie dies auch für die Überprüfung von Rechtsakten der Mitgliedstaaten der Fall ist. Der Einzelne könnte sich also mit einer Beschwerde an die Straßburger Organe mit der Behauptung wenden, daß der EuGH die EMRK falsch ausgelegt hat. Das Problem divergierender Menschenrechtsstandards auf EG- und EMRK-Ebene würde damit vermieden.

---

[217] So auch J. Illiopoulos-Strangas, Der Beitritt der EG zur EMRK aus der Sicht der Mitgliedstaaten, in: ders. (Hrsg.), Grundrechtsschutz im Europäischen Raum, 1993, S.343 ff. (347 f., 368)

[218] Vgl. dazu EuGH, verb. Rs.46/87 und 227/88 -Hoechst-, Slg.1989, S.2859 ff; EGMR, Urt. v. 16.12.1992, Rs.72/1991/ 324/396, Niemitz ./.Bundesrepublik Deutschland, EuGRZ 1993, S.65, Ziff.29-33

Dagegen spricht auch nicht die Tatsache, daß sich die Europäische Menschenrechtskommission im Fall Melchers & Co. offensichtlich bemüht hat, einen Konflikt divergierender Menschenrechtsstandards nicht entstehen zu lassen, wenn sie die Mitgliedstaaten aus ihrer grundsätzlichen Verantwortlichkeit gegenüber der EMRK ausnimmt, solange auf EG-Ebene ein der EMRK vergleichbarer Menschenrechtsschutz besteht. Das ist schon deshalb keine überzeugende Lösung, weil dadurch der Konflikt zu Lasten der Individuen gelöst wird. Außerdem ist nach dem Inkrafttreten des 11. Zusatzprotokolls zur EMRK diese Auffassung der EKMR nicht mehr maßgebend. Entscheidend wird es in dieser Frage darauf ankommen, wie sich der zukünftig allein zuständige Europäische Gerichtshof für Menschenrechte dazu verhält.[219]

Im übrigen würde der Beitritt der EG zur EMRK dazu beitragen, das Vertrauen der Unionsbürger in die rechtsstaatlichen und freiheitlichen Sicherungen einer immer mehr an Bedeutung gewinnenden supranationalen Gemeinschaft zu stärken und ihnen damit ein Stück Unsicherheit gegenüber dem ständig anwachsenden Aufgabenbereich der Gemeinschaft zu nehmen.

Deshalb soll nun untersucht werden, ob der Beitritt der EG zur EMRK nach dem jetzigen Stand des EG-Rechts rechtlich möglich ist.

C. Beitritt der EG zur EMRK

I. Zulässigkeit des Beitritts nach geltendem Gemeinschaftsrecht

1. Gutachtenverfahren

Der EuGH hat in dem Gutachten 2/94 vom 28.März 1996 bereits zur Frage des Beitritts der EG zur EMRK Stellung genommen.[220] Dies geschah auf Antrag des Rats der Europäischen Union vom 26.April 1994. Der EuGH sollte zu folgender Frage gutachten:

„Ist der Beitritt der Europäischen Gemeinschaft zur Konvention zum Schutze der Menschenrechte und Grundfreiheiten vom 4.November 1950 mit dem Vertrag zur Gründung der Europäischen Gemeinschaft vereinbar ? “

---

[219] Vgl. dazu 11. Zusatzprotokoll zur EMRK vom 11.5.1994, daß von allen Konventionsstaaten ratifiziert worden und am 1.11.1998 in Kraft getreten ist, BGBl. 1995 II, S.579

[220] abgedruckt: Slg.1996, S. I -1763 ff.

a) Statthaftigkeit des Gutachtenantrags

Bereits über die Frage der Statthaftigkeit des Gutachtens herrschte im Verfahren gemäß Art.228 Abs.6 S.1 [Art.300 Abs.6 S.1 n.F.] EGV zwischen den Mitgliedstaaten geteilte Auffassung. Art.228 Abs.6 S.1 [Art.300 Abs.6 S.1 n.F.] EGV sieht vor:

Der Rat, die Kommission oder ein Mitgliedstaat kann ein Gutachten des Gerichtshofes über die Vereinbarkeit eines geplanten Abkommens einholen.

Gegen die Zulässigkeit des Gutachtenantrags sprachen sich vor allem die Regierung des Vereinigten Königreichs und die irische Regierung aus. Sie waren u.a. der Auffassung, daß noch kein konkreter Vorschlag bzw. kein Entwurf für das Beitrittsabkommen vorliege. Angesichts der Vielzahl mit dem Beitritt verbundener technischer Probleme, könne der Gerichtshof kein sachdienliches Gutachten abgeben.

Die dänische Regierung führte dazu an, daß noch nicht einmal im Rat eine Verständigung über die Aufnahme von Verhandlungen erreicht worden sei.

Dieser Argumentation traten die Kommission, das Parlament sowie die deutsche, die französische, die italienische und die portugiesische Regierung entgegen. Sie wiesen darauf hin, daß die Vereinbarkeit des Beitritts mit dem Gemeinschaftsrecht im Grundsatz feststehen müsse, bevor Verhandlungen aufgenommen würden. Nach Ansicht der Kommission und des Parlaments, sei es mit Art.228 Abs.6 [Art.300 Abs.6 n.F.] EGV vereinbar, vor Abschluß eines geplanten Abkommens ein Gutachten des EuGH einzuholen.

Der EuGH untersuchte im Hinblick auf die Bestimmtheit des Antrags zunächst den Antragsgegenstand und unterschied zwischen dem Problem der Zuständigkeit der Gemeinschaft zum Abschluß eines solchen Abkommens und seiner Vereinbarkeit mit den Bestimmungen des EG-Vertrages, insbesondere den Bestimmungen über die Befugnisse des Gerichtshofes.

Im Ergebnis stellte der EuGH unter Auslegung des Art.228 Abs.6 [Art.300 Abs.6 a.F.] EGV fest, daß der Gutachtenantrag, was die Zuständigkeit der Gemeinschaft zum Abschluß des Abkommens über den Beitritt zur EMRK betrifft, zulässig ist. Dies obgleich noch keine Verhandlungen über einem möglichen Beitritt aufgenommen wurden und der genaue Inhalt des Abkommens noch nicht feststand. Bei der

Auslegung von Art.228 Abs.6 [Art.300 Abs.6 n.F.] EGV orientierte sich der EuGH an Sinn und Zweck der Vorschrift. Nach Auffassung des EuGH soll diese Bestimmung dazu dienen, vorab Konflikte zu beseitigen, die dadurch entstehen können, daß die Gemeinschaft verpflichtende, völkerrechtliche Abkommen später wegen ihres Inhalts oder der Form ihres Zustandekommens mit dem EG-Vertrag für unvereinbar erklärt würden. Art.228 Abs.6 [Art.300 Abs.6 n.F.] EGV ermöglicht es folglich, vor Abschluß eines geplanten Abkommens, dessen Vereinbarkeit mit dem EG-Vertrag durch den EuGH klären zu lassen. Dabei legte der EuGH das Merkmal „ geplantes Abkommen" weit aus. Er ließ es unter Hinweis auf das Gutachten 1/78[221] ausreichen, daß der Gegenstand des geplanten Abkommens vor Eröffnung der Verhandlungen bekannt ist.[222] Da im Fall des Beitritts zu einem bereits existierenden multilateralen Vertrag, wie hier der EMRK, der allgemeine Gegenstand des geplanten Abkommens bekannt ist, hatte der EuGH die Statthaftigkeit bejaht. Der EuGH stellte trotz fehlender Beschlußfassung des Rates über die Aufnahme der Verhandlungen fest, daß es sich um ein geplantes Abkommen i.S.d. Art.228 Abs.6 [Art.300 Abs.6 n.F.] EGV und nicht um eine abstrakte Rechtsfrage handelt. Er ging aufgrund der Tatsache, daß der Beitritt der Gemeinschaft zur Konvention bereits Gegenstand verschiedener Untersuchungen und Vorschlägen der Kommission war, und vom Rat auf die Tagesordnung gesetzt wurde, davon aus, daß der Rat den Abschluß eines solchen Abkommens in Aussicht genommen hat. [223]

Dagegen verneinte der EuGH die Zulässigkeit im Hinblick auf die sich aus dem Antragsgegenstand ergebenden Frage der Vereinbarkeit des Abkommens mit den Bestimmungen des EG-Vertrags. Der Antrag sei insoweit nicht begutachtungsfähig, solange dem EuGH die Modalitäten der Unterwerfung der Gemeinschaft unter die gerichtlichen Kontrollmechanismen der Konvention noch nicht bekannt seien.[224]

b) Zuständigkeit der Gemeinschaft für einen Beitritt zur EMRK

Der EuGH stellte zunächst allgemein fest, unter welchen Voraussetzungen die Gemeinschaft zu völkerrechtlichem Handeln befugt ist. Der EuGH verwies dabei auf das in Art.3 b [Art. 5 Abs.1 n.F.] EGV zum Ausdruck kommende Prinzip der

---

[221] EuGH, Gutachten vom 4.10.1979, Slg.1979, S.2871, Rdnr.35 =EuGRZ 1996, S.197 ff.
[222] EuGH, Gutachten 2/94 v. 28.3.1996, EuGRZ 1996, S.197 ff. (205, Rdnr.10 f.)
[223] EuGH, Gutachten 2/94 v. 28.3.1996, EuGRZ 1996, S.197 ff. (205 f. Rdnr.13 f.)
[224] EuGH, Gutachten 2/94 v. 28.3.1996, EuGRZ 1996, S.197 ff. (206, Rdnr.20 ff.)

begrenzten Einzelermächtigung, das sowohl für internes als auch für völkerrechtliches Gemeinschaftshandeln gelte. Unter Hinweis auf seine ständige Rechtsprechung seit der AETR-Entscheidung bis hin zum Gutachten 2/91[225] machte er deutlich, daß sich die Befugnis der Gemeinschaft zum Abschluß völkerrechtlicher Verträge nicht nur aufgrund ausdrücklicher Bestimmung im EG-Vertrag, sondern auch implizit aus diesen Bestimmungen ergeben könne. Die Zuständigkeit zum Abschluß eines völkerrechtlichen Vertrages auch ohne ausdrückliche Zuweisung solle immer dann gegeben sein, wenn das EG-Vertragsrecht den Gemeinschaftsorganen innergemeinschaftlich Kompetenzen zur Rechtsetzung an die Hand gibt und die Erreichung des darin festgelegten Ziels das Eingehen einer völkerrechtlichen Verpflichtung erforderlich macht. Der EuGH kam hier ohne nähere Prüfung zum Ergebnis, daß keine Bestimmung im Gemeinschaftsvertrag den Organen die Befugnis verleihe, „Vorschriften auf dem Gebiet der Menschenrechte zu erlassen" oder völkerrechtliche Verträge auf diesem Gebiet zu schließen.

Der EuGH verneinte also das Vorliegen von ausdrücklichen und impliziten Kompetenzen und beschäftigte sich folgerichtig mit der Frage, ob Art.235 [Art.308 n.F.] EGV Rechtsgrundlage für den Beitritt sein kann. Art.235 [Art.308 n.F.] EGV ermöglicht es den Gemeinschaftsorganen im Falle des Fehlens ausdrücklicher oder impliziter Kompetenzbestimmungen, Vorschriften zu erlassen, ohne die die Wahrnehmung ihrer Aufgaben hinsichtlich der Erreichung der im Vertrag festgelegten Ziele nicht möglich wäre. Nach Auffassung des EuGH findet diese Ermächtigungsnorm jedoch ihre Grenze darin, daß sie nicht dazu dienen kann, die Gemeinschaftsbefugnisse über den sich aus der Gesamtheit der Vertragsvorschriften ergebenden allgemeinen Rahmen auszudehnen. Der EuGH stellte darauf ab, daß Art.235 [Art.308 n.F.] EGV keine taugliche Rechtsgrundlage für den Erlaß von Bestimmungen sein könne, wenn es dabei auf eine Vertragsänderung ohne Einhaltung des dafür im EG-Vertrags vorgesehenen Verfahrens hinausliefe.[226]

Letztlich verneinte jedoch der EuGH eine Kompetenz zum Beitritt der Gemeinschaft zur EMRK auf der Rechtsgrundlage des Art.235 [Art.308 n.F.] EGV. Er verwies zwar auf die Bedeutung der Wahrung der Menschenrechte, was in den Erklärungen der

[225] EuGH, Gutachten2/91 v. 19.3.1993, Slg.1993, I-1061, Rdnr.7
[226] EuGH, Gutachten 2/94 v.28.3.1996, EuGRZ 1996, S.197 ff. (206 Rdnr.30)

Gemeinschaftsorgane und Mitgliedstaaten, der Präambel der Einheitlich Europäischen Akte (EEA), der Präambel, Art.F Abs.2 [Art.6 Abs.2 n.F.] und anderen Vorschriften des EU-Vertrags zum Ausdruck komme. Insbesondere hob er hervor, daß die Grundrechte nach seiner ständiger Rechtsprechung zu den allgemeinen Rechtsgrundsätzen gehörten und die Konvention für den Grundrechtsschutz eine Rolle spiele. Jedoch diskutierte der EuGH nicht, ob die Normierung von Grundrechten im Rahmen der Verwirklichung der Aufgaben und Ziele der Gemeinschaft liegen. Immerhin muß hier gesehen werden, daß die Kommission, das Parlament und acht Regierungen die Anwendungsvoraussetzungen des Art.235 [Art.308 n.F.] EGV als erfüllt ansahen. Sie gingen davon aus, daß der Schutz der Menschenrechte ein wirkliches Ziel der Gemeinschaft darstelle und ein allgemeiner horizontaler Grundsatz sei, der für die Gemeinschaft bei der Ausübung ihrer Tätigkeit gelte und daß dieser Schutz für das gute Funktionieren des Gemeinsamen Marktes wesentlich sei.

Trotz dieses Vorbringens sah sich der EuGH nicht veranlaßt auch nur ansatzweise die Frage zu behandeln, ob die Kodifizierung von Grundrechten als Ziel der Gemeinschaft angesehen werden kann und ob dazu ein Beitritt zur EMRK erforderlich ist. Es erweckt den Anschein, daß der EuGH mit dem Argument, der Beitritt zur Konvention hätte eine „wesentliche Änderung des gegenwärtigen Gemeinschaftssystems des Schutzes der Menschenrechte" zur Folge[227], also mit einem Hinweis auf die Grenzen des Art.235 [Art.308 n.F.] EGV sich hat aus der Affäre ziehen wollen. Eine Gefahr schien er in der durch den Beitritt bedingten „Einbindung der Gemeinschaft in ein völkerrechtliches, andersartiges institutionelles System" und in der damit verbundenen „Übernahme sämtlicher Bestimmungen der Konvention in die Gemeinschaftsrechtsordnung"[228] erblickt zu haben. Damit setzt sich aber der EuGH in Widerspruch zu seiner Entscheidung hinsichtlich der Statthaftigkeit des Gutachtenantrags.[229] Der EuGH hatte dort selbst festgestellt, daß ihm der Umfang der Bedingungen, zu denen sich „die Gemeinschaft den gegenwärtigen und künftigen gerichtlichen Kontrollmechanismen der Konvention zu unterwerfen beabsichtigt", nicht bekannt seien und hat deshalb die Frage der Vereinbarkeit der Konvention mit den Art.164 [Art.220 n.F.] und Art.219 [Art.292] EGV ausgeklammert bzw. seine

[227] EuGH, Gutachten 2/94 v.28.3.1996, EuGRZ 1996, S.197 ff. (206 Rdnr.34)
[228] EuGH, Gutachten 2/94 v.28.3.1996, EuGRZ 1996, S.197 ff. (207 Rdnr.34)
[229] so auch C.Vedder, Die „verfassungsrechtliche Dimension" - die bisher unbekannte Grenze für Gemeinschaftshandeln?, EuR 1996, S.308 ff. (314)

Zuständigkeit dahingehend verneint. Deshalb drängt sich der Verdacht auf, daß der EuGH lediglich um eine Beschneidung seiner Kompetenz fürchtete. Ansonsten ließe sich nicht erklären, weshalb der Beitritt eine Änderung des Systems des Schutzes der Menschenrechte mit sich brächte, wenn die Menschenrechtsgarantien der EMRK bereits in der Rechtsprechung des EuGH als allgemeine Rechtsgrundsätze Beachtung finden.

Als nächstes soll untersucht werden, welche Konsequenz die ablehnende Entscheidung des EuGH für den Beitritt der EG zur EMRK hat.

2. Rechtliche Bindung des Gutachtens

Art.308 Abs.6 S.2 [Art.228 Abs.6 S.2 a.F.] EGV bestimmt, daß im Falle eines ablehnenden Gutachtens, das Abkommen nur nach Maßgabe des Art.48 [Art.N a.F.] EU, d.h. im Wege der Vertragsänderung, in Kraft treten kann. Daraus folgt, daß dem Gutachten ein bindender Charakter zukommen muß, und es sich nicht nur um eine unverbindliche Stellungnahme des EuGH handelt kann. Stellt der EuGH fest, daß der Abschluß eines geplanten Abkommens beispielsweise nicht von der Zuständigkeit der EG gedeckt ist, so wäre ein im Widerspruch gegen diese Feststellung geschlossenes Abkommen innergemeinschaftlich unwirksam bzw. undurchführbar. Aus der Vorschrift wird jedoch nicht ganz klar, unter welchen Voraussetzungen ein ablehnendes Gutachten ergehen darf. Art.300 Abs.6 S.2 [Art.228 Abs.6 S.2 a.F.] EGV muß wohl im Zusammenhang mit Art.300 Abs.6 S.1 [Art.228 Abs.6 S.1 a.F.] EGV gelesen werden. D.h. dürfte nur dann zu einem ablehnenden Gutachten kommen, wenn er die Unvereinbarkeit des Abkommens mit den Vorschriften des EG-Vertrags festgestellt hat.

Das EG-Recht kann jedoch nicht regeln, wie es mit der völkerrechtlichen Bindung solcher Abkommen bestellt ist. Insoweit muß zwischen dem Außen- und Innenverhältnis unterschieden werden. Überwiegend wird die Auffassung vertreten, daß Abkommen, die außerhalb der Zuständigkeiten der EG geschlossen werden, *ultra vires* und deshalb völkerrechtlich unwirksam bzw. nichtig sind.[230] Dabei soll die völkerrechtliche Handlungsfähigkeit der EG ihre Begrenzung in den durch den Vertrag

[230] so z.B. R. Geiger, Außenbeziehungen der EWG und auswärtige Gewalt der Mitgliedstaaten, ZaöRV 37 (1977), S.640 ff. (650)

gesetzten Aufgaben und Zielen finden und nicht identisch mit den konkreten Kompetenzen sein. Folglich wären Handlungen der EG innerhalb ihrer Aufgaben und Ziele dann nicht *ultra vires*, auch wenn sie unter Mißachtung ihrer Kompetenzen vorgenommen würden.[231]

Teilweise wird dagegen angenommen, daß Gemeinschaftsverträge, die unter Verstoß gegen Kompetenznormen zustande gekommen sind, völkerrechtlich wirksam seien, wenn die Verletzung nicht offensichtlich ist. [232] Dabei wird wohl wie bei den Staaten von einer außenrechtlichen Allzuständigkeit ausgegangen.[233] Gerade eine solche ergibt sich aber nicht für Internationalen Organisationen. Internationale Organisationen besitzen nur im beschränkten Umfang Außenkompetenzen; sie haben nur eine partielle Völkerrechtspersönlichkeit. Deshalb ergibt sich für diese nach außen hin gerade nicht der Anschein einer unbeschränkten völkerrechtlichen Handlungsfähigkeit.

Selbst wenn man davon ausgeht, daß mit dem Primärrecht unvereinbare Abkommen völkerrechtliche bindend sind, kann nicht angenommen werden, daß diese innergemeinschaftliche Wirkung entfalten. Selbst wenn der Widerspruch erst nach Vertragsschluß, z.B. im Wege der Nichtigkeitsklage (Art.230 = Art.173 a.F. EGV) oder im Vorabentscheidungsverfahren (Art. 234 Abs.1 lit. b = Art. 177 Abs.1 lit. b a.F. EGV)[234] durch den EuGH festgestellt wird, kann nichts anderes gelten. Der völkerrechtlich verbindliche Vertrag wird dann innerhalb des Gemeinschaftsrechts undurchführbar.[235] Vorab kann der EuGH im Wege des Gutachtenverfahrens gemäß Art.300 Abs.6 [Art.228 Abs.6 a.F.] EGV einen solchen Vertragsabschluß verhindern. Ein ablehnendes Gutachten des EuGH wirkt wie ein Verbot, völkerrechtlich tätig zu

---

[231] Vgl. IGH, Gutachten v. 20.7.1962, ICJ Reports 1962, S.150 ff. (168); M. Bothe, Die Stellung der EG im Völkerrecht, ZaöRV 37 (1977), S.122 ff. (134)

[232] so E.U. Petersmann, Auswärtige Gewalt, Völkerrechtspraxis und Völkerrechtsbindungen der EWG, ZaöRV 35 (1975), S.213 ff. (276); T. Oppermann, Europarecht, § 6 S.225 Rdnr.603

[233] so Seyersted, Treaty-Making Capacity of Intergouvernmental Organizations, ÖZöffR 1983/84, S.261 ff. $

[234] Art.300 Abs.6 [Art.228 Abs.6] EGV schließt es nicht aus, im Wege der Nichtigkeitsklage oder des Vorabentscheidungsverfahrens Gemeinschaftsabkommen auf ihre Vereinbarkeit mit dem EG-Vertrag hin überprüfen zu lassen, vgl. EuGH, Gutachten 1/75 v.11.11.1975, Slg. 1975, 1355 ff., Rdnr.11

[235] E.U. Petersmann, Auswärtige Gewalt, Völkerrechtspraxis und Völkerrechtsbindungen der EWG, ZaöRV 35 (1975), .213 ff. (274).

werden. Art.300 Abs.6 [Art.228 Abs.6 a.F.] EGV ermächtigt insoweit den EuGH vorab die Ausübung der auswärtigen Gewalt zu kontrollieren.

Bedenklich stimmt allerdings, daß selbst wenn das Gutachten fehlerhaft sein sollte, ohne eine Vertragsänderung keine Möglichkeit besteht das konkrete völkerrechtliche Abkommen abzuschließen. Die gerichtliche Kontrolle von Akten auswärtiger Gewalt ist aber nicht ungewöhnlich. Auch in der Bundesrepublik Deutschland kann das Bundesverfassungsgericht im Wege der Vorabkontrolle als ein Fall der abstrakten Normenkontrolle gemäß Art.93 Abs.1 Nr.2 GG das Zustimmungsgesetz (i.S.d. Art.59 Abs.2 GG) hinsichtlich seiner Vereinbarkeit mit der Verfassung zu überprüfen, auch wenn es noch nicht in Kraft getreten ist. Allerdings übt sich das Bundesverfassungsgericht dabei in großer Zurückhaltung.[236]

Als Ergebnis ist festzuhalten, daß ein Beitritt der EG zur EMRK aufgrund des ablehnenden Gutachtens des EuGH ohne eine Vertragsänderung gemäß Art.48 [Art.N a.F.] EUV auf der Rechtsgrundlage von Art. 308 [Art. 235 a.F.] EGV nicht möglich ist.

Das gefundene Ergebnis ist zwar praktisch unumstößlich macht es aber theoretisch nicht entbehrlich, einige Kritikpunkte am Gutachten des EuGH aufzuzeigen und zwar anhand einer eingehenden Prüfung der Tatbestandsvoraussetzungen des Art.308 [Art.235 a.F.] EGV .

II. Kritik am Gutachten des EuGH

1. Die Befugnis der EG zum Beitritt gemäß Art.308 [Art.235 a.F.] EGV

a) Die Funktion von Art.308 [Art.235 a.F.] EGV

Wie oben bereits festgestellt, kann nach der Rechtsprechung des EuGH, wenn im EG-Vertrag eine ausdrückliche Befugnis zum Abschluß völkerrechtlicher Verträge fehlt, der Gemeinschaft allenfalls dann eine Vertragsabschlußkompetenz zukommen, wenn ihr im internen Bereich Zuständigkeiten auf dem entsprechenden Gebiet übertragen wurden.[237] Was die Regelungskompetenz auf dem Gebiet der Menschenrechte anbelangt, so findet sich im EG-Vertrag keine ausdrückliche Rechtsetzungsbefugnis für die EG

---

[236] BVerfGE 55, 349 ff. (367 f.) Das BVerfG selbst bezeichnet in BVerfGE 35, 257 ff. (262) seine Haltung als judicial self-restraint.
[237] Vgl. B I 1.b)

oder die Gemeinschaftsorgane. Auch aus dem Umstand, daß der EuGH Grundrechte als Allgemeine Rechtsgrundsätze entwickeln kann, kann sich keine Befugnis zur Kodifizierung von Grundrechten für die Recht setzend tätig werdenden Gemeinschaftsorgane ergeben.

Weder aus Art. F Abs.2 EUV in der Fassung des Maastrichter Vertrages noch aus Art.6 Abs.2 EUV in der geltenden Fassung des Amsterdamer Vertrages ergibt sich eine Kompetenz zur Schaffung von Grundrechten durch Sekundärrecht. Diese Vorschriften kodifizieren lediglich eine bereits in den Gründungsverträgen angelegte Grundrechtsbindung der Gemeinschaft, keinesfalls kann daraus eine implizite Kompetenz zum Abschluß völkerrechtlicher Verträge abgeleitet werden. Die EG könnte deshalb ohne Änderung des EG-Vertrages der EMRK nicht beitreten. Fraglich ist aber, ob ein Beitritt der EG zur EMRK nur im Wege eines förmlichen Vertragsänderungsverfahrens nach Art.48 [Art. N a.F.] EUV, so wie es der EuGH in seinem Gutachten[238] sieht, möglich ist.

Dem Prinzip der begrenzten Einzelermächtigung folgend, bleibt für die EG de lege lata nur über Art.308 [Art.235 a.F.] EGV die Möglichkeit, sich weitere Außenkompetenzen zu verschaffen. Insoweit nahm die früher in der Literatur vertretene Meinung mit Recht an, daß Art.235 [Art.308 n.F.] EGV der einzige Weg sei, über den sich die Gemeinschaft eine Kompetenz zum Abschluß völkerrechtlicher Verträge schaffen könne. Eine Zuständigkeit der Gemeinschaft zum Beitritt zur EMRK könnte deshalb durch autonome Vertragsergänzung aufgrund der in Art.235 [Art.308 n.F.] EGV enthaltenen Lückenfüllungskompetenz geschaffen werden.

Gemäß Art.308 [Art.235 a.F.] EGV kann der Rat einstimmig auf Vorschlag der Kommission und nach Anhörung des Europäischen Parlaments Vorschriften erlassen, die zur Verwirklichung der Gemeinschaftsziele im Rahmen des Gemeinsamen Marktes erforderlich erscheinen und die erforderlichen Befugnisse hierfür im Vertrag nicht vorgesehen sind.

Das mit der Gründung der Europäischen Gemeinschaften verfolgte Ziel einer immer enger werdenden wirtschaftlichen Zusammenarbeit in Europa kann über kurz oder lang nur weiterverfolgt werden, wenn der Gemeinschaft Handlungsmöglichkeiten an die Hand gegeben werden, um sich der wirtschaftlichen und politischen Entwicklung anzupassen. Es war abzusehen, daß die bei Vertragsschluß erfolgte Zuordnung von Einzelkompetenzen an die Organe der Gemeinschaft nicht ausreichen konnte, um ein Funktionieren auf Dauer zu gewährleisten.[239] Um zu verhindern, daß die Ziele der Gemeinschaft nur deshalb nicht erreicht werden können, weil die Gründerstaaten die politischen und wirtschaftlichen Entwicklungen nicht entsprechend voraussahen, sah der EG-Vertrag ursprünglich in Art.236 EGV die heute in Art.48 [Art. N a.F.] EUV geregelte Möglichkeit einer formellen Vertragsänderung oder die Möglichkeit einer Kompetenzergänzung gemäß Art.308 [Art.235 a.F.] EGV ohne ein formelles Vertragsänderungsverfahren vor. Damit sollte der Gemeinschaft, unter bestimmten Voraussetzungen ermöglicht werden, Rechtsakte zum Zwecke der Verwirklichung von Vertragszielen zu erlassen, selbst wenn der Vertrag dafür keine konkrete Handlungsermächtigung vorsieht.

b) Die Abgrenzung zu Art.48 [Art. N a.F.] EUV

Zwar kommt die Vertragsergänzung nach Art.308 [Art.235 a.F.] EGV wegen des Einstimmigkeitserfordernisses im Rat einer Vertragsrevision sehr nahe. Der Unterschied liegt aber darin, daß eine Kompetenzergänzung im Wege des Art.308 [Art.235 a.F.] EGV ohne den meist sehr langwierigen Prozeß des Verhandlungs- und Ratifikationsverfahrens einer Vertragsänderung vonstatten geht.

Als problematisch erweist sich hingegen die Abgrenzung der Anwendungsbereiche von Art.48 [Art. N a.F.] EUV und Art.308 [Art.235 a.F.] EGV. Art.308 [Art.235 a.F.] EGV unterscheidet sich von den Einzelermächtigungen des Gemeinschaftsrechts insofern, als hier die Ziele und die möglichen Handlungsform nicht konkret ausgeführt werden. Deshalb ist es schwierig, den Umfang der potentiell bestehenden Rechtssetzungsbefugnisse näher einzugrenzen.[240]

---

[238] EuGH, Gutachten 2/94 v. 28.3. 1996, EuGRZ 1996, S.197 ff.

[239] vgl. W.Hallstein: "Bei der Abfassung des Vertrages waren wir uns bewußt, daß das damit entworfene Instrumentarium für diese Tätigkeiten sich im Lichte der Erfahrung als unzulänglich herausstellen würde", Die Europäische Gemeinschaft, S.319

[240] vgl. E.Klein, Der Verfassungsstaat als Glied einer europäischen Gemeinschaft, VVdStRL, Bd.50 (1991), S.56 ff. (62 ff.)

Was die Reichweite der Anwendung von Art.308 [Art.235 a.F.] EGV anbelangt, werden in der Literatur unterschiedliche Auffassungen vertreten. So wird in einer engen Auslegung Art.308 [Art.235 a.F.] EGV teilweise als bloße Lückenfüllungskompetenz angesehen, die nur dann Anwendung finden kann, wenn es um die Ergänzung von fehlenden Befugnissen auf einem bereits durch Einzelermächtigungen der Gemeinschaft unterstellten Sachgebiet geht. Ein Rückgriff auf Art.308 [Art.235 a.F.] EGV für den Erlaß von Vorschriften wäre demnach nicht möglich, wenn damit der Gemeinschaft Sachgebiete zugeordnet würden, die ihr nicht auf anderem Wege bereits ausdrücklich durch die Gemeinschaftsverträge zugewiesen sind.[241]

Demgegenüber wird von anderer Seite vertreten, daß es sich bei Art.308 [Art.235 a.F.] EGV um ein von den bereits übertragenen Sachgebieten unabhängiges Instrumentarium zur Sicherung der Funktionsfähigkeit des Gemeinsamen Marktes handelt. Art.308 [Art.235 a.F.] EGV weise der Gemeinschaft im "praktischen Sinne" eine Kompetenz-Kompetenz zu.[242] Zur Begründung wird angeführt, daß, wenn es um die Schaffung von nicht ausdrücklich im Vertrag zugewiesene Annexkompetenzen ginge, die Gemeinschaft sich schon mit der im Gemeinschaftsrecht anerkannten Auslegungsregel der "implied powers" helfen könne. Deshalb müsse Art.308 [Art.235 a.F.] EGV eine über diesen Bereich hinausgehende Funktion zukommen. Nach dieser Auffassung bedarf es, um eine angestrebte Maßnahme auf Art.308 [Art.235 a.F.] EGV gründen zu können, nur eines losen Zusammenhangs mit den der Gemeinschaft im Vertrag zugewiesenen Handlungsgegenständen.

Wenn schon die Frage des Umfangs von Art.308 [Art.235 a.F.] EGV nicht einheitlich beantwortet wird, so könnte vielleicht die Frage nach der Grenze der Anwendbarkeit dieser Vorschrift Aufschluß für das Verhältnis von Art.308 [Art.235 a.F.] EGV zu Art.48 [Art. N a.F.] EUV bringen. Insoweit besteht jedoch nur Einigkeit darüber, daß Art.308

---

[241]vgl. C. Tomuschat, Die Rechtsetzungsbefugnisse der EWG in Generalermächtigungen, insbesondere in Art.235 EWGV, EuR Beiheft 1976, S.45 ff. (64 ff.); H.v.Meibom, Lückenfüllung bei den Europäischen Gemeinschaftsverträgen -Zur Anwendung des Art.235 des EWG-Vertrages-, NJW 1968, S.2165 ff. (2167); vgl. dazu D.W. Dorn, Art.235 EWGV-Prinzipien der Auslegung, S.18 ff. m.w.N.; C.Hillgruber, Grenzen der Rechtsfortbildung durch den EuGH - Hat Europarecht Methode? in: T.v.Danwitz u.a. (Hrsg.), Auf dem Weg zu einer Europäischen Staatlichkeit, S.31 ff. (42)

[242]vgl. M.Zuleeg, Der Verfassungsgrundsatz der Demokratie und die Europäischen Gemeinschaften, Der Staat, Bd.17, 1978, S.27 ff. (42 f.)

[Art.235 a.F.] EGV nicht zu einer ausdrücklichen Wortlautänderung von Vertragsvorschriften ermächtigt. Sonst würde für Art.48 [Art. N a.F.] EUV kein eigenständiges Anwendungsfeld mehr bestehen bleiben.[243]

Angesichts dieser Unsicherheiten in der Interpretation der Reichweite von Art.308 [Art.235 a.F.] EGV bleibt nichts anderes übrig, als am konkreten Fall des Beitritts der EG zur EMRK zu prüfen, ob die tatbestandlichen Voraussetzungen von Art.308 [Art.235 a.F.] EGV erfüllt sind. Dabei können der Tatbestand und die zu einer Auslegung anerkannten Prinzipien auch eine Hilfe für die Lösung der Frage bieten, inwieweit materielle Abweichungen von einer vertraglichen Regelung aufgrund Art.308 [Art.235 a.F.] EGV nicht mehr zulässig sind.[244]

c) Die tatbestandlichen Voraussetzungen von Art.308 [Art.235 a.F.] EGV

aa. Der Schutz der Menschenrechte als Ziel der Gemeinschaft

Nach der Rechtsprechung des EuGH im AETR-Urteil ist Art.308 [Art.235 a.F.] EGV auch auf dem Gebiet der Außenbeziehungen anwendbar und kann damit als Rechtsgrundlage für den Abschluß völkerrechtlicher Verträge dienen.[245]

Voraussetzung für Art.308 [Art.235 a.F.] EGV als Rechtsgrundlage für den Beitritt der EG zur EMRK ist zunächst einmal, daß es sich bei den Menschenrechten um erklärte Ziele der Gemeinschaft i.S.d. Art.308 [Art.235 a.F.] EGV handelt. Was unter Zielen der Gemeinschaft zu verstehen ist, definiert der EG-Vertrag in Art.308 [Art.235 a.F.] nicht. Da aber der EGKS-Vertrag eine Art.308 [Art.235 a.F.] EGV entsprechende Vorschrift bereithält (Art.95 EGKSV), die zum Zwecke der Definition der Gemeinschaftsziele ausdrücklich auf Art.2,3 und 4 EGKSV verweist, zählt der dem Art.2 EGKSV vergleichbare Art.2 EGV zu den Zielbestimmungen des EG-Vertrages. Nach überwiegender Auffassung in der Literatur sind sowohl die in den Einzelvorschriften zugewiesenen als auch die in Art.3 und 4 [3a a.F.] genannten Aufgaben Ziele

[243]so E.Grabitz in: Grabitz/Hilf (Hrsg.), Kommentar zur Europ. Union, Art.235, Rdnr.5 f.; U.Everling, Die allgemeine Ermächtigung der Europäischen Gemeinschaft zur Zielverwirklichung nach Art.235 EWG-Vertrag, EuR Sonderheft 1976, S.2 ff., spricht auf S.16 davon, daß durch Art.235 EGV der "Charakter des Vertrages" nicht geändert werden dürfe.
[244]Vgl. E.Grabitz in: Grabitz/Hilf, Kommentar zur Europ. Union, Art.235, Rdnr.6
[245]EuGH, Urt. v. 31.3.1971, Rs 22/70 -AETR-, Slg.1971, S.263 ff. Rdnr.95

i.S.d. Art.308 [Art.235 a.F.] EGV.[246] In Art.2 EGV werden die allgemeinen Aufgaben der Gemeinschaft beschrieben, die in Art.3 EGV ihre Konkretisierung erfahren.

In diesen Vorschriften findet sich jedoch kein Hinweis dafür, daß die Menschenrechte ein Ziel der Gemeinschaft darstellen. Lediglich in Art.177 Abs.2 [Art.130 u Abs.2 a.F.] EGV steht geschrieben, daß die Politik der Gemeinschaft in dem Bereich der Entwicklungszusammenarbeit dazu beiträgt, das allgemeine Ziel einer Fortentwicklung und Festigung der Demokratie und des Rechtsstaats sowie das Ziel der Wahrung der Menschenrechte zu verfolgen. Diese Vorschrift bezieht sich aber in erster Linie darauf, eine Verbesserung des Schutzes der Menschenrechte außerhalb der Gemeinschaft zu erreichen.[247] Der Gemeinschaft wird durch Art.177 i.V.m. Art.181 [Art.130 u Abs.2 i.V.m. Art.130 y a.F.] EGV deshalb die Zuständigkeit verliehen, Menschenrechtsklauseln in die Verträge auf dem Gebiet der Entwicklungspolitik aufzunehmen.[248]

Die von der Konvention verbürgten Rechte könnten aber unter das in Absatz 8 der Präambel des EG-Vertrages dokumentierte Ziel der Wahrung von Frieden und Freiheit fallen. Insoweit muß vorab untersucht werden, ob zu den Zielen i.S.d. Art.308 [Art.235 a.F.] EGV auch die Zielvorstellungen in der Präambel zählen. Diese Frage wird in der Literatur nicht einheitlich beantwortet.[249] Dabei gehen die Vertreter der extensive Auslegung von Art.308 [Art.235 a.F.] EGV davon aus, daß auch die Präambel ein Tätigwerden der Gemeinschaftsorgane gemäß Art.308 [Art.235 a.F.] EGV ermöglicht.[250] Zur Begründung wird angeführt, daß die in der Präambel aufgeführten

---

[246]so M.Röttinger in: Lenz (Hrsg.), Kommentar EG/EU, Art.235, Rdnr.5; J.H.Kaiser, Grenzen der EG-Zuständigkeit, EUR 1980, S.97 ff. (115); E. Grabitz in: Grabitz/Hilf (Hrsg.), Komm. Zur Europ. Union, Art.235, Rdnr.25;

[247] K.Schmalenbach, in: Calliess/Ruffert (Hrsg.), Komm. Zu EU-Vertrag und EG-Vertrag, Art.177 Rdnr.14 ff.

[248]so auch J.Kokott, Der Grundrechtsschutz im europäischen Gemeinschaftsrecht, AöR 121 (1996), S.599 ff.(637); G.Ress, Menschenrechte, Gemeinschaftsrecht und nationales Verfassungsrecht in: Haller u.a. (Hrsg.), Staat und Recht, FS Winkler, S.897 ff. (925 ff.)

[249]bejahend: M.Röttinger in: Lenz (Hrsg.), Kommentar EG/EU, Art.235, Rdnr.5; I.Schwartz in: Groeben/Thiesing/Ehlermann (Hrsg.), Kommentar zum EU-/EG-Vertrag, Art.235, Rdnr 140 ff. m.w.N. ; a.A. E.Grabitz in: Grabitz/Hilf (Hrsg.), Komm. Zur Europ. Union, Art.235, Rdnr.25; C.Tomuschat, Die Rechtsetzungsbefugnis der EWG in Generalermächtigungen, insbesondere in Art.235 EWGV, EuR Sonderheft 1976, S.45 ff. (61); R.H.Lauwaars, Art.235 als Grundlage für die flankierenden Politiken im Rahmen der Wirtschafts- und Währungsunion, EuR 1976, S.100 ff. (102)

[250]vgl. F.Behrens, Rechtsgrundlagen der Umweltpolitik der EG, Beiträge zur Umweltgestaltung, S. 268; I.Schwartz in: Groeben//Thiesing/Ehlermann, Komm. zum EU-/EG-Vertrag, Art.235, Rdnr.140

Ziele der Mitgliedstaaten bei Vertragsschluß mit denen der Gemeinschaft weitgehend identisch seien, so daß diese als Beweggründe bei der Bestimmung des Aufgabenkreises der Gemeinschaft angesehen werden können.

Dagegen behaupten die Vertreter einer eher restriktiven Interpretation, daß die abstrakten Zielvorstellungen der Präambel keinen konkreten Bezug zu den Aufgabengebieten der EG haben und deshalb nicht dazu dienen können, der Gemeinschaft über Art.308 [Art.235 a.F.] EGV Kompetenzen zu verschaffen. Die Präambel drücke nur die "Motive" der Mitgliedstaaten beim Abschluß der Verträge zur Gründung der EG aus. Gegen eine Einbeziehung der Präambel spreche schon, daß der EG-Vertrag in seinen ersten Artikeln bereits ausdrücklich die Aufgaben und Tätigkeiten der Gemeinschaft festgeschrieben habe.[251] Die Bedeutung der Präambel liege dagegen vielmehr in ihrer Funktion als Auslegungsmaßstab zur Zielbestimmung des Vertrages bzw. einzelner Kompetenzvorschriften, da sie den Willen der vertragsschließenden Parteien widerspiegele.[252]

Letztlich wird man der engeren Auffassung zustimmen müssen. In Anbetracht des der Gemeinschaft zugrundegelegten Prinzips der begrenzten Einzelermächtigung und der nur mittelbaren demokratischen Legitimation der Organe der Gemeinschaft muß die Kompetenzordnung der Gemeinschaft hinreichend konkret bestimmbar bleiben.[253] Würde man Ziele i.S.d. Art.308 [Art.235 a.F.] EGV ohne Bezug zu den sonstigen der EG zugewiesenen Aufgaben interpretieren, also ohne Rücksicht auf ihre Verbandskompetenz, so würde das zu einer Aushöhlung des Prinzips der begrenzten Einzelermächtigung führen. Gerade im Hinblick auf die demokratischen Defizite der Rechtssetzungskompetenzen der EG, kann eine Kompensation durch die zustimmende Entscheidung der nationalen Parlamente zu den Gründungsverträgen nur dann erreicht werden, wenn Gegenstand und Umfang der Kompetenzübertragungen feststehen.[254]

---

[251] vgl. D.W. Dorn, Art.235 EWG- Prinzipien der Auslegung, S.114

[252] Vgl. E.Grabitz in: Grabitz/Hilf (Hrsg.), Komm. zur Europ. Union, Art.235, Rdnr. 26

[253] Zur mittelbaren demokratischen Legitimation der Mitglieder im Rat vgl. W. Kluth, Die demokratische Legitimation der Europäischen Union, S.78 ff.

[254] vgl. dazu auch BVerfGE 89, 155 (181,187 f.); so auch E.Grabitz in: Grabitz/Hilf (Hrsg.), Komm. zur Europ. Union, Art.235, Rdnr.24

Diese Ansicht widerspricht auch nicht der Rechtsprechung des EuGH. Der EuGH zählt zwar die Bestimmungen in der Präambel zu den grundlegenden Zielen der Gemeinschaft, doch hat der EuGH bisher die in der Präambel beschriebenen Zielvorstellungen lediglich zur Interpretation anderer Vertragsvorschriften herangezogen.[255] Eine ausdrückliche Feststellung darüber, daß die in der Präambel genannten Ziele auch Ziele i.S.d. Art.308 [Art.235 a.F.] EGV sind, hat der EuGH hingegen nicht getroffen.

Wenn es um die Frage geht, was zu den Zielen der Gemeinschaft gehört, muß zwischen Erwartungen und Aufgaben der Gemeinschaft unterschieden werden. Als Erwartungen lassen sich nur solche Motive bezeichnen, die sich nicht konkret auf ein bestimmtes Tätigkeitsfeld der Gemeinschaft beziehen. Von den Zielen des Vertrages i.S.d. Art.308 [Art.235 a.F.] EGV dürften daher die in der Präambel und in Art.2 enthaltenen allgemeinen und wirtschaftlichen Erwartungen an die Gemeinschaft ausgenommen sein.[256] Denn die durch Art.308 [Art.235 a.F.] EGV möglich werdende Vertragsergänzung muß sich im Rahmen des der Gemeinschaft vertraglich zugewiesenen Aufgabenbereichs und des damit inhaltlich bestimmten und begrenzten Integrationszwecks bewegen. Eine Ausdehnung des Tätigkeitsfeldes der Gemeinschaft auf neue Sachbereiche wäre auf der Grundlage von Art.308 [Art.235 a.F.] EGV nicht möglich und bedürfte einer Vertragsrevision gemäß Art.48 [Art. N a.F.] EUV.[257]

Der EuGH läßt in seinem Gutachten zum Beitritt der EG zur EMRK die Frage, ob die Kodifizierung von Grundrechten ein Ziel der Gemeinschaft ist, die den Beitritt der EG zur EMRK erforderlich macht, unbeantwortet. [258]

Fraglich ist aber, ob als Ziele i.S.d. Art.308 [Art.235 a.F.] EGV nur solche in Betracht kommen, die in den Art.2,3 und 4 [Art.2, 3 und 3 a a.F.] EGV und in den Einzelvorschriften ausdrücklich genannt sind. Zu denken wäre hier an implizite Ziele, die zwar im Vertrag selbst nicht formuliert und festgeschrieben sind, jedoch durch

---

[255]vgl. EuGH, Urt. v. 8.4.1976, Rs.43/75 -Defrenne./.Sabena, Slg.1976, S.455 ff. (473); Rs.56 und 58/64 -Grundig./.Kommission, Slg.1966, S.321 ff. (388).
[256]vgl. dazu E.Grabitz in: Grabitz/Hilf (Hrsg.), Kommentar zur Europ.Union, Art.235, Rdnr.12 ff.
[257]vgl. dazu D.W.Dorn, Art.235 EWGV -Prinzipien der Auslegung, S.116 f.
[258]EuGH, Gutachten 2/94 v. 28.3.1996, EuGRZ 1996 S.197 ff., Rdnr.31 ff.

nachfolgende Praxis der Mitgliedstaaten, im Wege einer stillschweigenden Vertragsänderung als Zielbestimmungen der Gemeinschaft anzusehen sind.

Die Menschenrechte könnten deshalb als Ziel i.S.d. Art.308 [Art.235 a.F.] EGV gelten, weil die Mitgliedstaaten die Grundrechtsprechung des EuGH im Hinblick auf die Heranziehung ihrer gemeinsamen Verfassungstraditionen und der EMRK als allgemeine Rechtsgrundsätze trotz fehlender ausdrücklicher Kompetenz insgesamt gebilligt haben.[259] Damit ist dem EuGH eine Kompetenz zugewachsen, die ihn zur Feststellung und Anwendung von Gemeinschaftsgrundrechten berechtigt. Da sämtliche Mitgliedstaaten das Vorgehen des EuGH durch *subsequent practice* sanktioniert haben, sind die Grundrechte als allgemeine Rechtsgrundsätze Teil der Gemeinschaftsrechtsordnung geworden und ihr Schutz gehört deshalb heute auch zum Tätigkeitsfeld der Gemeinschaft.

Verstärkt wird dieser Gedanke, wenn man auf die einschlägigen Regelungen des Amsterdamer Vertrages[260], insbesondere auf die dort geregelte Neufassung des Art.46 [Art.L a.F.] EUV blickt. Damit haben die Staaten die bereits im Vertrag von Maastricht statuierte Geltung der Grundrechte für die Europäische Union ausdrücklich in die Zuständigkeit des EuGH aufgenommen. Die Mitgliedstaaten geben damit zu erkennen, daß nicht nur die Grundrechte selbst, sondern auch deren effektive Durchsetzung durch den EuGH zum Aufgabenbestand der europäischen Integration gehört.

Die Achtung der Menschenrechte kann insoweit als Ziel der Gemeinschaft i.S.d. Art.308 [Art.235 a.F.] EGV qualifiziert werden.[261] Denn es ist schwerlich vorstellbar, daß etwas zum Teil der Gemeinschaftsordnung wird, ohne damit gleichzeitig die Verwirklichung eines Gemeinschaftsziels zu verbinden. Umgekehrt wäre es auch nicht

---

[259]so auch G.Ress, Menschenrechte, Gemeinschaftsrecht und nationales Verfassungsrecht in: Haller u.a. (Hrsg.), Staat und Recht, FS Winkler, S.897 ff. (927); zur Frage des Akzepts der Mitgliedstaaten vgl. obige Ausführungen unter III. 6. e).
[260]vgl. Vertragstext, ABl. der EG, 1997, C 340, S.1 ff.
[261]so auch die Kommission der EG, Mitteilung über den Beitritt der Gemeinschaft zur EMRK, Dok. SEK (90) 2087 v. 19.11.1990, Anhang II, S.4 Rdnr.7, die davon ausgeht, daß der Schutz der Grundrechte ein horizontales Ziel der Gemeinschaft sei; vgl. auch Kommission der EG, Der Beitritt der Gemeinschaft zur EMRK, Dok. SEK (93) 1679 v.26.10.1993, S. 2-4, dort bewertet sie die Achtung der Menschenrechte als integrierender Bestandteil der Ziele der

nachzuvollziehen, weshalb die Tätigkeit auf dem Gebiet des Menschenrechtsschutzes Teil der Gemeinschaftsrechtsordnung sein soll, wenn dies gar kein Ziel der Gemeinschaft wäre. Die Wahrnehmung von Gemeinschaftsaufgaben müssen mit der Verwirklichung der Gemeinschaftsziele korrespondieren.

In der Literatur wird jedoch teilweise vertreten, daß der Schutz der Menschenrechte den Tätigkeiten der EG-Organe eine Grenze setzt und deshalb nicht eines der Ziele der Gemeinschaft darstellt.[262] Grundsätzlich werden mit der Schaffung von Internationalen Organisation, wie hier den Europäischen Gemeinschaften, gewisse Aufgabenbereiche, die den Mitgliedstaaten zustanden, auf solche Internationalen Organisationen übertragen, die sie dann anstelle der Mitgliedstaaten wahrnehmen.

Was den Schutz der Menschenrechte betrifft, so werden damit in der Regel keine eigentlichen Tätigkeitsfelder durch die Internationale Organisation besetzt, die Menschenrechte markieren vielmehr eine rechtliche Grenze für die Rechtmäßigkeit der Handlungen der Organisation. Anders verhält es sich jedoch beim Europarat. Für den Europarat stellt die Wahrung der Menschenrechte nicht nur eine negative Kompetenz dar, sondern die Sicherung der Menschenrechte ist positive Aufgabe und gilt als eines der wichtigsten Ziele des Europarates.

Es ist deshalb durchaus vorstellbar, den Schutz der Menschenrechte auch als Ziel der Gemeinschaft anzusehen. Als Beleg dafür können die Beitrittsvoraussetzungen für die Neuaufnahme von Drittstaaten in die Europäischen Gemeinschaften dienen. Denn der Beitritt zu den Europäischen Gemeinschaften als Zusammenschluß parlamentarisch rechtsstaatlicher Demokratien[263] setzt u.a. voraus, daß der antragende Staat ein demokratisch verfaßter Rechtsstaat ist, wozu gemäß der gemeinsamen Erklärung der

---

Gemeinschaft; a.A. H.-J.Glaesner, Eine unendliche Geschicht in: Due/Lutter/Schwarze (Hrsg.), FS Everling, S.327 ff. (331)

[262]vgl. F.Capotorti, A propos de l'adhésion eventuelle des Communautés à la Convention européene des droits de l'homme in: Bieber/Bleckmann/Capotorti u.a. (Hrsg.), Gedächtnisschrift Sasse, Bd.II, S.703 ff. (705); H.-J.Glaesner, Eine unendliche Geschichte in: Due/Lutter/Schwarze (Hrsg.), FS Everling, 1995, S.327 ff. (331), nach dessen Auffassung, die Wahrung der Grundrechte kein horizontales Ziel, sondern ein horizontales Rechtsstaatsprinzip in der Gemeinschaftsrechtsordnung, ähnlich dem Subsidiaritäts- und Verhältnismäßigkeitsprinzip.

[263]vgl. dazu T.Oppermann, Europarecht, Rdnr.205 ff.

Gemeinschaftsorgane vom 5.April 1977 auch der Schutz der Grund- und Menschenrechte gehört.[264]

Deshalb ist die Achtung der Menschenrechte Ziel i.S.d. Art.308 [Art.235 a.F.] EGV. Zwar haben Frankreich, Irland und das Vereinigte Königreich in ihren schriftlichen Stellungnahmen zu dem Gutachtenantrag betreffend den Beitritt zur EMRK[265] behauptetet, daß die Menschenrechte nicht unter die Zielbestimmungen des Art.2 und 3 EGV fallen. Dies steht jedoch mit dem hier gefundenen Ergebnis nicht in Widerspruch, weil die Menschenrechte nicht kraft geschriebenen, sondern kraft ungeschriebenen Gemeinschaftsrechts zum Ziel der Gemeinschaften geworden sind.

bb. Die Verwirklichung der Menschenrechte im Rahmen des Gemeinsamen Marktes

Neben der Ausrichtung auf ein Gemeinschaftsziel verlangt Art.308 [Art.235 a.F.] EGV die Verwirklichung eines dieser Ziele im Rahmen des Gemeinsamen Marktes. Über die Auslegung dieses Tatbestandsmerkmals sowohl im Hinblick auf den Begriff "Gemeinsamer Markt" als auch hinsichtlich der Bedeutung von "im Rahmen" besteht jedoch bis heute keine einheitliche Auffassung. Dies findet seinen Grund darin, daß im Vertrag weitere Anhaltspunkte fehlen, um den Inhalt dieses Tatbestandsmerkmals zu bestimmen.

Was den Begriff „Gemeinsamer Markt" angeht, so wird in der Literatur überwiegend die Ansicht vertreten, daß dieser weiter zu fassen sei als der Begriff in Art.2 EGV. Unter "Gemeinsamer Markt" i.S.d. Art.308 [Art.235 a.F.] EGV seien auch die Grundfreiheiten des EG-Vertrages, die Marktgleichheit und die Wettbewerbsfreiheit i.S.v. Art.2 EGV sowie die Annäherung der Wirtschaftspolitik der Mitgliedstaaten und die gemeinsamen Politiken zu verstehen. Damit soll dieser Begriff das gesamte vom

[264] ABl. 1977, C 103, S.1 ff. und Kopenhagener Erklärung der Staats- und Regierungschefs, Bull. der EG, 1978, Nr.3, S.5, wo sie feierlich erklären, daß die Achtung und die Aufrechterhaltung der parlamentarischen Demokratie und der Menschenrechte in allen Mitgliedstaaten wesentliche Elemente ihrer Zugehörigkeit zu den Europäischen Gemeinschaften sind.

[265] vgl. EuGH, Gutachen 2/94 v. 28.3.1996, EuGRZ 1996, S.197 ff. (202)

EG-Vertrag angesprochene ökonomische, politische und institutionelle System umfassen.[266]

Was die Bestimmung des Begriffs "Im Rahmen des Gemeinsamen Marktes" betrifft, werden in der Literatur verschiedene Ansatzpunkte gewählt. Einerseits wird in Anlehnung an den französischen Wortlaut[267] angenommen, daß Art.308 [Art.235 a.F.] EGV sich nur auf solche Regelungen beschränke, die der Sicherung der Funktionsfähigkeit des Gemeinsamen Marktes diene bzw. hierfür geboten erscheine.[268] Eine solche Auslegung würde es unmöglich machen, über Art.308 [Art.235 a.F.] EGV die Ziele des Vertrages wirksam zu verfolgen, was offensichtlich dem Zweck der Regelung zuwiderläuft.[269]

Von anderer Seite wird gefolgert, daß die Bedeutung des Merkmals "im Rahmen" auf die Tätigkeiten und Kompetenzen der Gemeinschaft Bezug nehme und Art.308 [Art.235 a.F.] EGV deshalb nur die Schaffung solcher Befugnisse erlaube, die im Rahmen der Zuständigkeiten der Gemeinschaft liegen. Demnach wäre eine Ausdehnung auf fremde Sachbereiche von Art.308 [Art.235 a.F.] EGV nicht gedeckt.[270] Eine solche Kompetenzverschiebung zugunsten der Gemeinschaft wäre nur im Wege einer Vertragsrevision gemäß Art.48 [Art. N a.F.] EUV möglich.[271] Auch diese Auffassung ist abzulehnen, denn es ist schwer zu bestimmen, inwieweit Sach-

---

[266] so eingehend D.-W. Dorn, Art.235 EWGV - Prinzipien der Auslegung, S.120 ff.; U.Everling, Die allgemeine Ermächtigung der Europäischen Gemeinschaft zur Zielverwirklichung nach Art.235 EWG-Vertrag, EuR, Sonderheft 1976, S.2 ff. (11); R.H.Lauwaars, Art.235 als Grundlage für die flankierenden Politiken im Rahmen der Wirtschafts- und Währungsunion, EuR 1976, S.100 ff. (103); a.A. E.Grabitz in: Grabitz/Hilf (Hrsg.), Kommentar zur Europ.Union, Art.235, Rdnr.57

[267] "dans le fonctionement du marché commun", was von H. v.Meibom, Lückenfüllung bei den Europäischen Gemeinschaftsverträgen -Zur Anwendung des Art.235 des EWG-Vertrages, NJW 1968, S.2165 ff. (2166); mit Funktionieren des Gemeinsamen Marktes übersetzt wird.

[268] so z.B. Graf Henkel v. Donnersmarck, Planimmanente Krisensteuerung in der Europäischen Wirtscxhaftsgemeinschaft -Funktion und Bedeutung des Art.235 EWGV-, S.43 f.; C.Tomuschat, Die Rechtsetzungsbefugnisse der EWG in Generalermächtigungen, insbesondere in Art.235 EWGV, EuR Sonderheft 1976, S.45 ff. (65)

[269] so auch U.Everling, Die allgemeine Ermächtigung der Europäischen Gemeinschaft zur Zielverwirklichung nach Art.235 EWG-Vertrag, EuR Sonderheft 1976, S.2 ff. (10); I.Schwart in: Groeben/Thiesing/Ehlermann (Hrsg.), Kommentar zum Eu/EG-Vertrag, Art.235 Rdnr.189 f.

[270] D.-W.Dorn, Art.235 EWGV -Prinzipien der Auslegung-, S.30, 122 ff.

[271] so R.H.Lauwaars, Art.235 als Grundlage für flankierende Politiken im Rahmen der Wirtschafts- und Währungsunion, EuR 1976, S.100 ff. (103);

bereiche aus dem Vertrag abgeleitet werden können, die noch im Zusammenhang mit dem Kompetenzsystem des EG-Vertrages stehen.[272]

Letztlich wird man deshalb das Tatbestandsmerkmal "im Rahmen des Gemeinsamen Marktes" so auslegen müssen, daß alle Regelungen gemäß Art.308 [Art.235 a.F.] EGV zulässig sind, die die Grundelemente des Gemeinsamen Marktes, wie Martfreiheit, Marktgleichheit, Wettbewerbsfreiheit etc. in ihrer Wirkung und Funktionsweise nicht beseitigen oder aufheben.

Dabei läßt sich sagen, daß der Bereich des Menschenrechtsschutzes einen engen Bezug zu den vom EG-Vertrag geregelten Materien hat. Viele Grundrechte weisen auch eine wirtschaftliche Relevanz auf, wie die Berufsfreiheit, das Eigentum und die Freizügigkeit und dienen damit der Verwirklichung der Vertragsfreiheiten. Außerdem gehen die Kompetenzen der Gemeinschaft heute weit über den wirtschaftlichen Bereich hinaus und erfassen auch die geistigen und kulturellen Dimensionen des Menschen. Deshalb fügen sich auch solche Grundrechte, wie die Meinungsfreiheit, die Rundfunkfreiheit, die Pressefreiheit und die Religionsfreiheit in den Gemeinsamen Markt ein. Dies zeigt auch die Rechtsprechung des EuGH, wo alle diese Grundrechte im Zusammenhang mit Maßnahmen der Gemeinschaften, die sich ipso iure auf dem Gebiet des Gemeinsamen Marktes abspielen, von Bedeutung waren. Dabei dienen die Grundrechte in besonderer Weise der Funktionsfähigkeit des Gemeinsamen Marktes, denn es bedarf einer rechtsstaatlich bestimmten Rechtsordnung, die auf die Freiheiten und Belange des Marktbürgers Rücksicht nimmt, um die Prinzipien des freien Austauschs wirtschaftlicher und kultureller Güter zu sichern, denen sich die Gemeinschaften verschrieben haben.[273]

cc. Erscheint ein Tätigwerden der Gemeinschaft erforderlich

Viel schwieriger ist die Frage zu beantworten, ob ein etwaiger Beitritt der EG zur EMRK auch erforderlich erscheint. Zunächst ist fraglich, ob unter dem in Art.308 [Art.235 a.F.] EGV enthaltenen Tatbestandsmerkmal „Tätigwerden der Gemeinschaft" auch der Abschluß eines völkerrechtlichen Vertrages verstanden werden kann. Als erstes ist

[272]ähnliche Kritik: D.-W. Dorn, Art.235 EWGV -Prinzipien der Auslegung, S.30 f.
[273]so auch D.Feger, Die Normsetzung auf dem Gebiet der Grundrechte in den Europäischen Gemeinschaften -Der Europäische Gerichtshof (EuGH) als Rechtsetzungsorgan, DÖV 1987, S.322 ff. (331)

festzustellen, daß "Tätigwerden der Gemeinschaft" sich auf ein Handeln der Organe der Gemeinschaft bezieht.[274] Bei der Frage, ob "Tätigwerden der Gemeinschaft" nur den Erlaß interner Rechtsakte oder auch solche mit Außenwirkung umfaßt, muß berücksichtigt werden, daß es bei der Auslegung des Begriffs nicht darauf ankommen kann, ob die der Gemeinschaft zustehenden Handlungsmöglichkeiten "geeignet" im Sinne von Art.308 [Art.235 a.F.] EGV sind. Dies ist ein Problem der Rechtsfolgenseite. Erst auf dieser Ebene kann eine Beschränkung der der EG an sich zur Verfügung stehenden Handlungsformen erfolgen.

Die Feststellung jedoch, ob ein "Tätigwerden der Gemeinschaft erforderlich erscheint", ist Voraussetzung dafür, daß Art.308 [Art.235 a.F.] EGV überhaupt zur Anwendung kommen kann und zählt damit zu den Tatbestandsvoraussetzungen dieser Vorschrift. Bei der Auslegung des Tatbestandsmerkmals "Tätigwerden der Gemeinschaft" kann es demnach keine Rolle spielen, ob die für die Gemeinschaft zulässigen Handlungsmöglichkeiten auch gleichzeitig den erstrebten Erfolg herbeiführen. Dieser Begriff muß weit ausgelegt werden, so daß darunter alle zulässigen Handlungsmöglichkeiten der EG zu subsumieren sind,[275] also auch der Abschluß völkerrechtlicher Verträge.

Weiterhin muß dieses Tätigwerden der Gemeinschaft zur Zielverwirklichung „erforderlich" sein. Nach einhelliger Auffassung in der europarechtlichen Literatur sind demnach Maßnahmen nach Art.308 [Art.235 a.F.] EGV nur zulässig, wenn eine Diskrepanz zwischen dem Anspruch an die Zielbestimmung und dem Grad der Verwirklichung des Gemeinschaftszieles besteht.[276] Da die Feststellung der Erforderlichkeit teilweise auch Wertungen und Prognosen erfordert, muß den Gemeinschaftsorganen bei der Beurteilung der Erforderlichkeit ein Entscheidungsspielraum zustehen. Das bestätigt der Wortlaut von Art.308 [Art.235 a.F.] EGV, der mit der Verwendung "erscheint" ein subjektives Tatbestandselement in den Vertragstext einfügt.

---

[274]D.-W. Dorn, Art.235 EWGV -Prinzipien der Auslegung, S.126

[275]so auch D.-W. Dorn, Art.235 EWGV -Prinzipien der Auslegung-, S.126 f.; E.Klein, in: Hailbronner/Magiera/ u.a. (Hrsg.), Handkommentar EUV/EGV, Art.235, Rdnr. 20.

[276]F.Behrens, Rechtsgrundlagen der Umweltpolitik der Europäischen Gemeinschaften, S.278; H.-P. Gericke, Allgemeine Rechtsetzungsbefugnisse nach Art.235 EWG-Vertrag, S.45; E.Grabitz in: Grabitz/Hilf, Kommentar zur Europ.Union, Art.235 Rdnr. 63

In der Literatur ist es deshalb unbestritten, daß die Gemeinschaftsorgane bei der Feststellung der Erforderlichkeit sogar einen weiten Entscheidungsspielraum haben.[277] Nicht unbestritten ist dagegen die Frage, ob den handelnden Gemeinschaftsorganen, also in diesem Fall dem Rat bei der Auslegung dieses unbestimmten Begriffes ein gerichtlich nicht nachprüfbarer Beurteilungsspielraum zukommt.[278] Mit Recht gehen die meisten Stimmen in der Literatur davon aus, daß das Merkmal " erforderlich" gleichzeitig dem Entscheidungsspielraum eine Grenze setzt und zwar dahingehend, daß ein Tätigwerden der Gemeinschaft nur dann erforderlich ist, wenn es der Verwirklichung eines Vertragsziels dient und nicht das Funktionieren des Gemeinsamen Marktes beeinträchtigt. In diesem Rahmen sei der Entscheidungsspielraum justiziabel.[279]

Auf das teilweise in der Literatur[280] angeführte Problem, ob auch dann, wenn die Mitgliedstaaten, sei es durch Vertrag, Beschluß oder durch bloßes gleichgerichtetes Handeln, Regelungen getroffen haben, die der Zielverwirklichung dienen, ein Handeln der Gemeinschaft noch erforderlich sein könne, braucht hier nicht weiter eingegangen werden.[281] Denn Ziel i.S.d. Art.308 [Art.235 a.F.] EGV ist es, daß die Menschenrechte auf das Handeln der Gemeinschaftsorgane insgesamt Einfluß nehmen sollen, d.h. einen Schutz der Grundrechte gerade in der als autonom geltenden Gemeinschaftsrechtsordnung zu organisieren, so daß die Tatsache, daß die Mitgliedstaaten allesamt auch Konventionsmitglieder sind, nicht zur Verwirklichung dieses Ziels beitragen kann.[282] Die Feststellung der Diskrepanz zwischen Zielanspruch und

---

[277]D.-W. Dorn, Art.235 EWGV -Prinzipien der Auslegung, S.36 f., 131 ff.; U.Everling, Die allgemeine Ermächtigung der Europäischen Gemeinschaft zur Zielverwirklichung nach Art.235 EWG-Vertrag, EuR Sonderheft 1976, S.2 ff. (12) m.w.N.

[278]vgl. zum Streitstand: D.-W. Dorn, Art. 235 EWGV -Prinzipien der Auslegung, S.36 ff.

[279]vgl. dazu E.Grabitz in: Grabitz/Hilf, Kommentar zur Europ.Union, Art.235 Rdnr. 65 ff. m.w.N.

[280]so z.B.: H.-P. Gericke, Allgemeine Rechtsetzungsbefugnisse nach Art.235 EWG-Vertrag, S.44 f.; I.Schwartz, EG-Rechtsetzungsbefugnisse, insbesondere nach Artikel 235 - ausschließlich oder konkurrierend?, EuR Sonderheft 1976, S.27 ff. (32)

[281]im übrigen ist die Auffassung abzulehnen, da es sich bei der Verwirklichung der vertraglich festgelegten Ziele um Aufgaben der Gemeinschaftsorgane und nicht um solche der Mitgliedstaaten handelt. Weiterhin widerspräche eine gegenteilige Ansicht dem Wortlaut von Art.235 EGV, der lediglich darauf abstellt, daß die "in diesem Vertag" zur Erreichung des Ziels erforderlichen Befugnisse fehlen und nicht zur Voraussetzung macht, daß die Mitgliedstaaten das Ziel schon erreicht hätten, Vgl. dazu auch D.-W. Dorn, Art.235 EWGV -Prinzipien der Auslegung, S.34 ff., 129.

[282]so dem Grunde nach auch U.Everling, Die allgemeine Ermächtigung der Europäischen Gemeinschaft zur Zielverwirklichung nach Art.235 EWG-Vertrag, EuR Sonderheft 1976, S.2 ff. (12)

Zielverwirklichung ist in diesem Fall allein vom Standpunkt der Gemeinschaft aus zu beurteilen.

Um aber bewerten zu können, ob eine Diskrepanz zwischen dem Zielanspruch und der aktuellen Zielverwirklichung vorliegt, muß zunächst geprüft werden, ob das erstrebte Ziel nicht bereits in vollem Umfang innerhalb der Gemeinschaften verwirklicht ist. Dies hängt wiederum von den Anforderungen an die Zielbestimmung ab.

dd. Die Verwirklichung des Zielanspruchs

Davon ausgehend, daß der Schutz der Menschenrechte als ein Ziel der Gemeinschaft i.S.d. Art.308 [Art.235 a.F.] EGV anzusehen ist, und daß sich die Europäische Gemeinschaft nicht nur als eine Wirtschaftsgemeinschaft, sondern auch als eine Rechtsgemeinschaft versteht, muß der Achtung der Menschenrechte wie in den Mitgliedstaaten so auch innerhalb der Gemeinschaft ein hoher Stellenwert zukommen. Dies gilt vor allem unter dem Aspekt, daß der EuGH in seiner Costa/E.N.E.L.-Entscheidung[283] zu der Feststellung gekommen ist, daß Gemeinschaftsrecht jeglichem, d.h. auch dem nationalen Verfassungsrecht vorgeht. Da mit der Übertragung von Hoheitsrechten auf die EG, die Mitgliedstaaten selbst die Organisation von Grundrechtsschutz aufgegeben haben, muß es im Interesse der Unionsbürger das Ziel der Gemeinschaft sein, dem jeweiligen nationalen Recht vergleichbare Grundrechte zu gewährleisten.

Ein weiterer Zielanspruch ergibt sich ferner aus der Tatsache, daß sämtliche Mitglieder der Gemeinschaft Mitglieder der EMRK sind. Dies macht es erforderlich, auf eine im Gemeinschaftsrecht einheitliche Geltung der Regelungen der EMRK hinzuwirken. Dies ergibt sich auch aus Art.307 [Art.234 a.F.] EGV. Durch die Übertragung von Hoheitsrechten auf die Europäischen Gemeinschaften können sich die Mitgliedstaaten nicht von den Verpflichtungen aus der EMRK als Altvertrag lösen. Um zu verhindern, daß die Gemeinschaftsorgane die Erfüllung der Pflichten, die sich für die Mitgliedstaaten aus der EMRK ergeben, behindern, muß sichergestellt werden, daß diese Gemeinschaftsrecht nicht in einer die Mitgliedstaaten zum Vertragsbruch zwingenden Weise durchsetzen.

Wie oben bereits festgestellt, ergibt sich jedoch aus Art.307 Abs.1 [Art.234 Abs.1 a.F.] EGV, daß die Gemeinschaftsorgane verpflichtet sind, auf vertragliche Pflichten der Mitgliedstaaten, die vor der Gründung der Gemeinschaft entstanden sind, Rücksicht zu nehmen.[284] Gemäß Art.307 Abs.2 [Art.234 Abs.2] EGV sind Unvereinbarkeiten zwischen den fortbestehenden völkerrechtlichen Verpflichtungen der Mitgliedstaaten und dem Gemeinschaftsrecht im Zusammenwirken der Mitgliedstaaten zu beheben. Ein Weg, um Kollisionen zwischen Gemeinschaftsrecht und den vorgemeinschaftlichen Verpflichtungen der Mitgliedstaaten zu beseitigen, wäre die Übernahme der Rechte und Pflichten durch die EG.

ee. Die Diskrepanz zwischen Zielanspruch und Zielverwirklichung

Ob diese Zielansprüche mit der vom EuGH unter Einbeziehung der EMRK entwickelten Grundrechtsprechung im vollen Umfang bereits verwirklicht sind, erscheint fraglich. Hier gilt zu berücksichtigen, daß der EuGH Grundrechte nur fallweise entwickelt, so daß der Grundrechtsschutz was Art, Inhalt und Reichweite betrifft, noch lückenhaft ist. Hinzu kommt, daß für einen Rechtssuchenden nicht abzusehen ist, welche Freiheitsrechte die Gemeinschaftsorgane auf keinen Fall beeinträchtigen dürfen. Wie der EuGH Grundrechte feststellt und anwendet, wird aber ohne eine Kodifizierung von Grundrechten für den Bürger nicht sichtbar.[285]

Außerdem findet sich im EG-Vertrag keine ausdrückliche Rechtsgrundlage dafür, in welchem Umfang und in welcher Art und Weise die Heranziehung der EMRK zu erfolgen hat. Weiterhin muß gesehen werden, daß unter dem Aspekt der grundrechtlichen Bindung der Gesetzgebung es für die Recht setzenden Organe der Gemeinschaft nur schwer zu handhaben ist, die vom EuGH in nicht vorhersehbarer Weise festgestellten Gemeinschaftsgrundrechte z.B. bei der Verordnungsgebung zu beachten.[286]

Die Verwirklichung des Ziels einer einheitlichen Geltung der EMRK ist letztlich auch durch die Grundrechtsprechung des EuGH nicht garantiert. So kann der EuGH im Verhältnis zum Europäischen Gerichtshof für Menschenrechte in ähnlich gelagerten Fällen

---

[283]vgl. EuGH, Urt. v. 15.7.1964, Rs. 6/64, Slg.1964, S.1251 ff., Ziff.9-13
[284]Vgl. Ausführungen zu III. 8. c) dd.
[285] Vgl. obige Ausführungen zu IV.
[286]vgl. dazu die Ausführungen unter VI.

zu einer unterschiedlichen Auslegungen und damit zu einer inhaltlich anderen Reichweite einzelner Grundrechte kommen.[287] Denn aus dem EG-Vertrag ergibt sich für den EuGH keine ausdrückliche Verpflichtung, die Rechtsprechung des Europäischen Gerichtshofes für Menschenrechte entsprechend anzuerkennen bzw. bei seinen Entscheidungen zu berücksichtigen. Gerade dies kann dazu führen, daß die einzelnen Rechte der EMRK im Gemeinschaftsrecht u.U. einen anderen Inhalt als im Außenverhältnis, d.h. im Verhältnis zu den Mitgliedern der EMRK erfahren. Dies könnte die Mitgliedstaaten bei der Befolgung der Entscheidungen des EuGH vor ein rechtliches Dilemma stellen.

Trotz der Entscheidung der Europäischen Kommission für Menschenrechte im Fall Melchers & Co. besteht weiterhin die Gefahr, daß die Straßburger Kontrollorgane von ihrer Befugnis zur Überprüfung der Vereinbarkeit zwar nicht von EG-Rechtsakten, wohl aber von nationalen Durchführungsmaßnahmen mit der EMRK Gebrauch machen, falls der Menschenrechtsschutz in der Gemeinschaftsrechtsordnung hinter dem Standard der Konvention zurückbleibt.[288]

Nach alledem muß man hier zum Ergebnis kommen, daß die momentane Grundrechtsprechung des EuGH nicht vollends zur Zielverwirklichung beiträgt und deshalb eine zwischen dem Zielanspruch und der Zielverwirklichung bestehende Diskrepanz zu bejahen ist. Die Tatbestandsmerkmale des Art.308 [Art.235 a.F.] EGV sind insgesamt erfüllt.

d) Die Rechtsfolge des Art.308 [Art.235 a.F.] EGV

Als Rechtsfolge bestimmt Art.235 EGV, daß der Rat einstimmig auf Vorschlag der Kommission und nach Anhörung des Europäischen Parlaments die geeigneten Vorschriften erläßt.

---

[287]vgl. z.B. EuGH, Urt. v. 21.9.1989, verb. Rs. 46/87 und 227/88 -Hoechst ./.Kommission-, Slg.1989, S.2919 ff., 2924, Ziff. 17, 18: "Der Schutzbereich (von Art.8 EMRK) betrifft die freie Entfaltung der Persönlichkeit und läßt sich daher nicht auf Geschäftsräume ausdehnen"; vgl. dagegen EGMR, Urt. v. 16.12.1992 , Rs.72/1991/324/396 -Niemitz ./. Bundesrepublik Deutschland- EuGRZ 1993, S.65, Ziff. 29-33, der davon ausgeht, daß Art.8 EMRK auch auf berufliche und geschäftliche Tätigkeiten und Lokale anwendbar ist.

aa. Die geeigneten Vorschriften

Zu prüfen ist, ob der Beitritt der EG zur EMRK ein geeignetes Mittel zur Verwirklichung des Ziels darstellt. Geeignet ist die Vorschrift dann, wenn sie zumindest dazu beitragen kann, dem erstrebten Ziel näher zu kommen. Deshalb muß hier die Frage gestellt werden, ob der Beitritt eine Verbesserung hinsichtlich des momentanen Menschenrechtsschutzes im Gemeinschaftsrecht mit sich bringt.

Dafür müßte der Abschluß völkerrechtlicher Verträge zunächst einmal eine zulässige Handlungsform i.S. einer "geeigneten Vorschrift" sein. Wie bereits gesehen, gehen sowohl die Literatur wie auch die Rechtsprechung des EuGH übereinstimmend davon aus, daß neben intern geltenden Vorschriften (vgl. Art.249 [Art.189 a.F.] EGV) auch völkerrechtliche Verträge auf Art.308 [Art.235 a.F.] EGV gestützt werden können.[289]

Weiterhin ist zu prüfen, ob auf Art.308 [Art.235 a.F.] EGV unmittelbar der Abschluß eines völkerrechtlichen Vertrages gestützt werden kann, oder, ob der Rat dem sogenannten zweistufigen Verfahren folgend erst eine Ermächtigungsnorm zum Erlaß völkerrechtlicher Verträge schaffen muß. Kernfrage ist demnach, ob Art.308 [Art.235 a.F.] EGV nur zum Erlaß Sekundärrecht oder auch zum Erlaß von Primärrecht ermächtigt. Dies ist in der Literatur umstritten.[290]

Ein Teil der Lehre geht davon aus, daß Art.308 [Art.235 a.F.] EGV der Systematik des EG-Vertrages nach nicht zur Schaffung von Primärrecht dienen kann, da die Organe der Gemeinschaft ausweislich aller anderen Vorschriften der Verträge nur zum Erlaß sekundären Gemeinschaftsrechts ermächtigt seien. Die Schaffung von Primärrecht sei ausschließlich den Mitgliedstaaten vorbehalten.

Dagegen ist ein anderer Teil der Literatur der Auffassung, daß Art.308 [Art.235 a.F.] EGV ein zweistufiges Verfahren, nämlich erstens die Schaffung der Befugnis und auf

---

[288]vgl. Ausführungen zu VIII. 2. d)

[289]EuGH, Urt. v. 31.3.1971, Rs.22/70 -AETR- Slg.1971, S.263 ff. Ziff.95; E.Grabitz in: Grabitz/Hilf, Kommentar zur Europ.Union, Art.235, Rdnr.78; D.-W. Dorn Art.235 EWGV - Prinzipien der Auslegung, S.50 f. m.w.N.; C.Vedder, Die "verfassungsrechtliche Dimension" - die bisher unbekannte Grenze für Gemeinschaftshandeln?, EuR1996, S.309 ff. (313).

[290]vgl. dazu D.-W.Dorn, Art.235 EWGV -Prinzipien der Auslegung-, S.143 ff.; I.Schwartz in: Groeben/Thiesing/Ehlermann (Hrsg.), Kommentar zum EU-/EG-Vertrag, Art.235 Rdnr.3, 29-34 m.w.N.

der zweiten Stufe dann die Ausnutzung dieser Befugnis vorsehe.[291] Letztlich wird man wohl der zweiten Auffassung zustimmen müssen, da vor allem dann, wenn es um den Abschluß völkerrechtlicher Verträge geht, der EG-Vertrag in Art.300 [Art.228 a.F.] EGV ausdrückliche Verfahrensvorschriften kennt. So werden gemäß Art.300 Abs.1 [Art.228 Abs.1 a.F.] EGV Abkommen der EG mit Drittstaaten oder anderen Internationalen Organisationen grundsätzlich von der Kommission ausgehandelt und durch den Rat, gegebenenfalls nach Anhörung des Europäischen Parlaments geschlossen. Wollte man der ersten Ansicht folgen, fänden diese Vorschriften keine Anwendung. Dann würde Art.308 [Art.235 a.F.] EGV für die Schaffung von Kompetenzen zum Vertragsschluß leerlaufen, was aber gerade von niemandem bestritten wird.

Der Beitritt der EG zur EMRK hätte zur Folge, daß die Heranziehung der EMRK zur Grundrechtsprechung des EuGH nunmehr auf eine vertragliche Grundlage gestützt werden könnte.

Nach einem Beitritt der Europäischen Gemeinschaften würde sich die Rechtslage insoweit ändern. Denn Art.300 Abs.7 [Art.228 Abs.7 a.F.] EGV stellt fest, daß die Gemeinschaftsabkommen für die Organe der Gemeinschaft und die Mitgliedstaaten verbindlich sind. Damit binden gemeinschaftsrechtliche Abkommen die EG nach dem Grundsatz *pacta sunt servanda* nicht nur im Außenverhältnis, sondern sie wirken auch unmittelbar im Innern der Gemeinschaftsordnung. Aufgrund der Regelung des Art.300 Abs.7 [Art.228 Abs.7 a.F.] EGV muß den Gemeinschaftsabkommen, wenn diese für die EG-Organe verbindlich sein sollen, Vorrang vor dem Sekundärrecht zukommen. Dagegen folgt aus Art.300 Abs.6 [Art.228 Abs.6 a.F.] EGV, wonach der Rat ein Gutachten des Gerichtshofs über die Vereinbarkeit eines geplanten Abkommens mit diesem Vertrag einholen kann, daß Internationale Abkommen, wenn eine Überprüfung am EG-Recht stattfinden kann, im Rang unter dem Primärrecht stehen müssen.

---

[291] H.v.Meibom, Lückenfüllung bei den Europäischen Gemeinschaftsveträgen -Zur Anwendung des Artikels 235 des EWG-Vertrages-, NJW 1968, S.2165 ff. (2168); P.Kirchhof, Das Maastricht-Urteil des Bundesverfassungsgerichts, in: Kirchhof/Hommelhoff (Hrsg.), Der Staatenverbund der Europäischen Union, S.11 ff. (15)

Nach der Rechtsprechung des EuGH bilden die von der Gemeinschaft geschlossenen Abkommen einen integrierenden Bestandteil des Gemeinschaftsrechts.[292] Das hat zur Folge, daß die völkerrechtlichen Abkommen ohne einen weiteren Transformationsakt, unmittelbare Wirkung im EG-Recht entfalten können.[293] Dies ist vor allem dann anzunehmen, wenn die darin enthaltenen Bestimmungen ihrem Charakter nach zur Direktwirkung geeignet sind, wie dies bei der EMRK der Fall ist.

Weiterhin stünde der Gemeinschaft damit ein geschriebener Grundrechtskatalog zur Verfügung, der durch die langjährige Interpretation des Europäischen Gerichtshofs und der Europäischen Kommission für Menschenrechte ausreichend gefestigt ist. Mit dem Beitritt zur EMRK und einer damit begründeten Außenverpflichtung würde auch das Verhältnis des EuGH zum Straßburger Gerichtshof geklärt. Das Problem eines divergierenden Menschenrechtsschutzes könnte beseitigt werden.

Außerdem ist zu erwähnen, daß sich der Unionsbürger mit einer Gemeinschaft, die sich ausweislich dem Menschenrechtsschutz widmet, besser identifizieren kann. Da die Gemeinschaft immer mehr einen staatsähnlichen Charakter zeigt, wäre es für die Herausbildung einer europäischen Identifikation der Unionsbürger von großem Vorteil, wenn diesen nunmehr die Möglichkeit gegeben würde, Rechtsschutz beim Europäischen Gerichtshof für Menschenrechte zu suchen. Damit stände ihnen außer dem EuGH, der traditionell die Interessen der Gemeinschaften, also das gleichsam staatliche Interesse betont, eine Instanz zur Verfügung, die sich ganz den Belangen des Menschenrechtsschutzes verpflichtet fühlt.

Im Ergebnis kann festgestellt werden, daß der Beitritt der EG zur EMRK zu einer besseren Verwirklichung der Ziele der Gemeinschaft beiträgt. Soweit bereits jetzt der EuGH einen weiten Grundrechtsschutz gewährt, wird dadurch das gefundene Ergebnis nicht in Frage gestellt. Denn gemäß Art.53 EMRK i.d.F. des Protokolls Nr.11 ist diese Konvention nicht so auszulegen, als beschränke oder beeinträchtige sie Menschenrechte und Grundfreiheiten, die in den Gesetzen einer Hohen Vertragspartei oder in einer anderen Übereinkunft, deren Vertragspartei sie sind, anerkannt werden.

---

[292] EuGH, Urt. v. 30.4.1974, Rs.181/73 -Haegeman ./. Belgischer Staat- Slg.1974, S.449 ff. (460); EuGH, Urt. v. 26.10.1982, Rs.104/81 -Kupferberg-Slg.1982, S.3641 ff. (3662, Ziff.13).

[293] vgl. EuGH, Urt.v.5.2.1976, Rs.87/75 -Bresciani- Slg. 1976, S.129 ff. Ziff. 25; T.Oppermann, Europarecht, Rdnr.1674;

Deshalb kann eine unmittelbare Bindung an die EMRK nur zu einer Erhöhung des Grundrechtsschutzes aber keinesfalls zu einer Verminderung führen.

Auch der Umstand, daß mit dem Beitritt die EMRK in der Gemeinschaftsrechtsordnung lediglich im Range zwischen Primär- und Sekundärrecht gelten würde, statt wie bisher als allgemeine Rechtsgrundsätze im Range von Primärrecht, kann nicht als "Rückschritt" angesehen werden. Die Heranziehung der EMRK wird ohnehin nur bei der Überprüfung der Rechtmäßigkeit von Sekundärrecht relevant, gegenüber dem aber die EMRK als über dem Sekundärrecht stehend immer zu beachten und als Geltungs- und Prüfungsmaßstab für autonomes Gemeinschaftsrecht heranzuziehen wäre.[294] Insoweit bewirkt dies rein tatsächlich gesehen keine Änderung. Im übrigen ist fraglich, ob die EMRK, wenn sie als Primärrecht gelten würde, Vorrang gegenüber anderem Primärrecht genießen könnte, denn im Gemeinschaftsrecht gibt es keine Vorrangregel innerhalb des Primärrechts.

Ergänzend ist festzustellen, daß neben dem Beitritt andere Maßnahme der EG-Organe zur Zielverwirklichung nicht in Betracht kommen können. Damit Grund- bzw. Menschenrechte als Prüfungsmaßstab für das Handeln der Gemeinschaftsorgane dienen können, müssen sie wegen der *lex posterior* Regel im Rang über dem sekundärem EG-Recht stehen. So scheidet eine autonome Kodifikation von Grundrechten, die nur im Rang von Sekundärrecht ergehen könnte, auf der Grundlage von Art.308 [Art.235 a.F.] EGV aus.

Der Rat könnte deshalb aufgrund des Vorliegens der Voraussetzungen des Art.308 [Art.235 a.F.] EGV eine Vorschrift erlassen, welche die EG zum Beitritt ermächtigt.

e) Das Problem der Vertragsänderung

Ein Handeln auf der Grundlage von Art.308 [Art.235 a.F.] EGV dürfte jedoch nicht zu einer Änderung der übrigen Vertragsbestimmungen führen. Denn in den Vorschriften der Gemeinschaftsverträge spiegelt sich der Wille der Mitgliedstaaten als Herren der Verträge wider und deshalb kann eine Änderung dieser Bestimmungen auch nur durch diese in dem dafür vorgesehenen Vertragsänderungsverfahren nach Art.48 [Art. N a.F.] EUV vorgenommen werden. Ließe man eine Vertragsänderung durch Art.308

[Art.235 a.F.] EGV zu, so würde das den Grundprinzipien der Gemeinschaft zuwiderlaufen. Da die Organe der Gemeinschaft nur mittelbar demokratisch legitimiert sind, fordert das demokratische Prinzip eine hinreichende Bestimmtheit der Gemeinschaftsakte, damit die Gemeinschaft ihre Zuständigkeit nicht uferlos zu Lasten der unmittelbar demokratisch legitimierten nationalen Parlamente ausweiten kann, was aber im Falle einer weiten Auslegung von Art.308 [Art.235 a.F.] EGV nicht gegeben wäre.[295] Deshalb muß geprüft werden, ob der Beitritt der EG zur EMRK trotz Vorliegen der sonstigen Voraussetzungen des Art.308 [Art.235 a.F.] EGV, so wie es der EuGH in seinem Gutachten zum Beitritt zur EMRK feststellt, tatsächlich eine Änderung des Systems des Schutzes der Menschenrechte in der Gemeinschaft, insbesondere grundlegende institutionelle Auswirkungen sowohl auf die Gemeinschaft als auch auf die Mitgliedstaaten zur Folge hätte. Der EuGH begründet dies damit, daß die EMRK ein völkerrechtlich andersartiges institutionelles System sei und der Beitritt die Übernahme sämtlicher Bestimmungen der Konvention in die Gemeinschaftsrechtsordnung mit sich brächte.

aa. Änderung der Verteilung der Kompetenzen zwischen den Gemeinschaften und den Mitgliedstaaten?

Als erstes soll untersucht werden, ob unter der Voraussetzung, daß die EG vorbehaltlos der EMRK beitritt und sämtliche Zusatzprotokolle unterzeichnet[296], sich tatsächlich das System des Schutzes der Menschenrechte im Hinblick auf die Gemeinschaft und die Mitgliedstaaten ändert. Es ist zwar nicht von der Hand zuweisen, daß die Konvention z.B. Regeln über die Verhaftung von Personen und deren Haftbedingungen oder über das Strafverfahren enthält, die für das jetzige Gemeinschaftsrecht noch nicht von Bedeutung sind. Dies hat aber nicht zur Folge, daß die Gemeinschaftskompetenzen auf diesem Weg verändert werden noch eine Erweiterung erfahren, denn die EMRK kann im Gemeinschaftsrecht nur dort Beachtung

---

[294]EuGH, Urt. v. 7.5.1991, Rs. C 69/89 -Nakajima- Slg.1991, S.2069, Ziff.13
[295]so auch D.-W.Dorn, Art.235 EWGV -Prinzipien der Auslegung-, S.148ff.
[296] ein Beitritt auch zu allen Zusatzprotokollen ist erstrebenswert, denn die dort beeinhalteten Garantien könnten durch den fortlaufenden Kompetenzzuwachs der EG durchaus gemeinschaftsrechtlich relevant werden.

finden, wo sie der Ausübung bestehender Befugnisse Grenzen setzen kann.[297] Der Beitritt wirkt sich also nur auf bereits vorhandene Gemeinschaftskompetenzen aus.[298]

Außerhalb der Gemeinschaftskompetenzen bleibt den Mitgliedstaaten der Schutz der Menschenrechte anvertraut und zwar soweit, wie sie sich in der EMRK unter Berücksichtigung eventueller Vorbehalte und Erklärungen verpflichtet haben. Ein vorbehaltloser Beitritt der EG zur EMRK kann auch nicht bewirken, daß die EMRK deshalb eine erweiterte Geltung in den Mitgliedstaaten erfährt. Ein auf der Ebene des Gemeinschaftsrechts bestehender, von den Mitgliedstaaten abweichender Geltungsbereichs der EMRK würde sich auf gemeinschaftliche Rechtsakte beschränken. Ansonsten verändert sich die Stellung der EMRK in den jeweiligen Rechtsordnungen der Mitgliedstaaten nicht.

Aus dem gleichen Grund ist auch die Befürchtung unbegründet, daß aufgrund des Beitritts die EG-Staaten, welche die EMRK nicht in ihre Rechtsordnung inkorporiert haben, wie das Vereinigte Königreich und Irland, veranlaßt wären, die EMRK zum Bestandteil ihrer Rechtsordnung zu machen.[299] Der Einzelne kann sich bereits nach der heutigen Rechtslage, wenn es um nationale Maßnahmen zur Anwendung bzw. Durchführung von Gemeinschaftsrecht geht, vor dem zuständigen nationalen Gericht auf die EMRK berufen, da diese dem EuGH als Erkenntnisquelle zur Feststellung der allgemeinen Rechtsgrundsätze dient, ohne daß darüber hinaus eine Änderung der Stellung der EMRK im nationalen Recht verbunden gewesen wäre.[300] Es kann insoweit nicht von einer substantielle Änderung des Systems gesprochen werden.

---

[297] vgl. EuGH, Urt. v. 4.10.1991, Rs. C159/90 -Grogan-, Slg.1991, I-4685 ff, Ziff.31: dort lehnte der EuGH mangels Gemeinschaftsbezugs eine grundrechtliche Kontrolle ab; G.Gaja, Annotation to Opinion 2/94, CMLRev. 1996, S.973 ff. (985)

[298] so auch: J.Iliopoulos-Strangas, Der Beitritt der Europäischen Gemeinschaft zur Europäischen Menschenrechtskonvention aus der Sicht der Mitgliedstaaten, in: ders. (Hrsg.), Grundrechtsschutz im europäischen Raum, S.343 ff. (350); J.P. Jacqué, The Convention and the European Communities, in R.St.J. Macdonald et al. (eds.), The European System for the Protection of Human Rights, S.889 ff. (902)

[299] so D.Grehan, Irland, in: E.Grabitz (Hrsg.), Grundrechte in Europa und USA, Bd.I, S.259 ff. (278)

[300] so auch J.P.Jacqué, The Convention and the European Communities, in R.St.J. Macdonald et. al. (eds.), The European System for the Protection of Human Rights, S.889 ff. (903 f.)

bb. Änderung des institutionellen Menschenrechtsschutzes?

Eine durch den Beitritt bestehende Bindung des EuGH an die Rechtsprechung des Europäischen Gerichtshofes könnte aber eine substantielle Änderung bedeuten. Es wäre im Falle des Beitritts dem EuGH nicht mehr selbst überlassen, die EMRK anzuwenden, sondern er wäre gemäß Art.46 EMRK i.d.F. des 11.Zusatzprotokolls rechtlich verpflichtet, bei seinen Entscheidungen die Rechtsprechung des Europäischen Gerichtshofs zu beachten. Eine solche Verpflichtung würde an der bisher bestehenden Situation jedoch faktisch nichts ändern, denn der EuGH hat niemals ausdrücklich noch implizit angedeutet, daß er nicht an der Rechtsprechung des Europäischen Gerichtshofes für Menschenrechte festhalten müsse, wenn es um die Anwendung der EMRK gehe. So bezieht sich der EuGH etwa in der Hoechst-Entscheidung[301] bei der Anwendung von Art.8 EMRK ausdrücklich auf die bestehende bzw. nicht bestehende Rechtsprechung des Europäischen Gerichtshofs für Menschenrechte.[302]

Der Beitritt der Gemeinschaft zur Konvention könnte jedoch mit Art.220 [Art.164 a.F.] und Art.292 [Art. 219 a.F.] EGV unvereinbar sein. Durch Art.220 [Art.164 a.F.] EGV, der die Sicherung der Wahrung des Rechts bei der Auslegung und Anwendung dieses Vertrages dem EuGH überträgt und durch Art.292 [Art.219 a.F.] EGV, der die Mitgliedstaaten verpflichtet, Streitigkeiten über die Auslegung oder Anwendung dieses Vertrages nicht anders als im Vertrag vorgesehen zu regeln, wird dem EuGH auf dem Gebiet des Gemeinschaftsrechts das Rechtsprechungsmonopol zugewiesen. Die Autonomie des EuGH könnte durch die sich für jede Vertragspartei der Konvention aus Art.33 EMRK i.d.F. des Protokolls Nr.11 ergebende Möglichkeit, den Europäischen Gerichtshof für Menschenrechte, der seit dem 11.Zusatzprotokoll[303] allein zuständig ist, wegen einer Verletzung der Konvention durch eine andere Vertragspartei anzurufen, in Frage gestellt werden. Denn durch die mit dem geplanten Beitritt der EG verbundene Unterordnung der Gemeinschaftsorgane unter die Zuständigkeit des Europäischen Gerichtshofs für Menschenrechte könnte die Gemeinschaft auch von ihren Mitgliedstaaten mit der Behauptung der Verletzung der Menschenrechte verklagt

---

[301] EuGH, Urt. v. 21.9.1989, Verb. Rs. 46/87 u. 227/88, Slg.1989, S.2859 ff., Ziff.18

[302] vgl. EuGH, Urt. v. 30.4.1996, Rs. C-13/94, Slg.1996, I-2143 =NJW 1996, S.2421 f. Ziff.16; auch hier hat sich der EuGH die einschlägige Rechtsprechung des Straßburger Gerichts zu eigen gemacht.

werden. Damit könnte deren Verpflichtung aus Art.292 [Art.219 a.F.] EGV zur ausschließlichen Lösung interner Streitigkeiten vor dem EuGH unterlaufen werden.

Da die EMRK ein eigenes Rechtsschutzsystem für die Regelung von Streitigkeiten zwischen den Vertragsparteien vorsieht (vgl. Art.32, 46 EMRK i.d.F. des Protokolls Nr.11), muß deshalb untersucht werden, inwieweit die Zuständigkeit des Europäischen Gerichtshofs für Menschenrechte zur Auslegung von Bestimmungen des Gemeinschaftsrechts, wenn sie die Menschenrechte betreffen, Auswirkungen auf die Autonomie des EuGH haben, um nicht von einer Vertragsänderung sprechen zu müssen. Wäre dies der Fall, so wären die Grenzen des Art.308 [Art.235 a.F.] EGV als Rechtsgrundlage für den geplanten Beitritt überschritten.

Fraglich ist, ob allein durch die Tatsache, daß völkerrechtliche Abkommen ein eigenes Gerichtssystem vorsehen, diese gleichzeitig als unvereinbar mit dem Gemeinschaftsrecht insbesondere im Hinblick auf Art.220, 292 [Art.164, 219 a.F.] EGV gelten müssen. Hier ist auf des Gutachten 1/91 des EuGH zum Europäischen Wirtschaftsraum zu verweisen. Der EuGH hat dort ausdrücklich festgestellt, daß die Zuständigkeit der Gemeinschaft im Bereich der internationaler Beziehungen und ihre Fähigkeit zum Abschluß internationaler Abkommen notwendig die Fähigkeit umfasse, sich den Entscheidungen eines durch solche Abkommen geschaffenen oder bestimmten Gerichts zu unterwerfen, soweit dieses die Aufgabe hat, die Regelung von Streitigkeiten zwischen den Vertragsparteien dieser Abkommen und damit die Auslegung und Anwendung seiner Bestimmungen vorzunehmen.[304]

Allerdings gelte dies nur dann, wenn die Autonomie der Gemeinschaftsrechtsordnung nicht in Frage gestellt würde. Der EuGH kam deshalb in diesem Fall zu dem Ergebnis, daß das ins Auge gefaßte Abkommen Art.220 [Art.164 a.F.] EGV und die Autonomie des Rechtssystems der Gemeinschaft beeinträchtige, da das Abkommen einen wesentlichen Teil der Regeln übernehme, die für die Wirtschafts- und Handelsbeziehungen innerhalb der EG gelten und bei denen es sich in ihrer Mehrzahl um grundlegende Bestimmungen der Rechtsordnung der Gemeinschaft handele.[305] Fest-

[303]Das Protokoll Nr.11 v.11.5.1994 (BGBl.1995 II, S.579) ist von allen Vertragsparteien unterzeichnet worden und am 1.11.1998 in Kraft getreten.
[304]EuGH, Gutachten 1/91 v.14.12.1991, Slg. 1991, S.6079 ff., LS 3 und Ziff.40
[305]EuGH, Gutachten 1/91 v.14.12.1991, Slg.1991, S.6079 ff, Ziff.41

zuhalten ist folglich, daß der EuGH ein Gerichtssystem, das dazu beitragen kann, Entscheidungen über **grundlegende** Bestimmungen des Gemeinschaftsrechts außerhalb des Rechtsschutzes des Gerichtshofes zu erreichen, mit dem Gemeinschaftsrecht für unvereinbar hält.

Will man diese Doktrin auf den Fall des Beitritts der EG zur EMRK übertragen, so muß man sich die Frage stellen, ob damit die Autonomie der Gemeinschaftsrechtsordnung beeinträchtigt würde. Die Vorschriften der Konvention, die durch den Beitritt in die Rechtsordnung der Gemeinschaft gemäß Art.300 Abs.7 [Art.228 Abs.7 a.F.] EGV Eingang fänden, würden anders als im Fall des Europäischen Wirtschaftsraumes (EWR) nicht die Mehrzahl der wesentlichen Bestimmungen des Gemeinschaftsrecht betreffen, sondern nur den Teilaspekt der Menschenrechte.

Was die durch die Konvention geschützten Rechte angeht, entscheidet der Europäische Gerichtshof für Menschenrechte zwar generell nicht über Streitigkeiten zwischen der Gemeinschaft und den Vertragsstaaten, die die Auslegung und Anwendung der Konvention betreffen, sondern er interpretiert und wendet die Konvention im Hinblick auf eine behauptete Verletzung der durch die Konvention geschützten Rechte an, was aber letztlich im Hinblick auf sein Tätigkeitsfeld keinen Unterschied macht. Für die Gemeinschaft folgt daraus, daß ein weiteres Rechtsmittel gegen Rechtsakte der EG geschaffen und dem Europäischen Gerichtshof für Menschenrechte die Zuständigkeit verliehen würde, die Anwendung der Konvention durch die EG-Organe zu überprüfen.

Indem der Europäische Gerichtshof für Menschenrechte die EMRK anwendet und interpretiert, würde er aber nur eine Außenverpflichtung der Gemeinschaft gemäß Art.43 EMRK i.d.F. des Protokolls Nr.11 festlegen. Ob durch die Konstituierung einer solchen Außenverpflichtung eine Verletzung der Rechtsstellung des EuGH als Alleininterpret des EG-Vertrages angenommen werden kann, erscheint fraglich.[306] Da durch den Beitritt die Vorschriften der EMRK gemäß Art.300 Abs.7 [Art.228 Abs.7 a.F.] EGV

---

[306]verneinend: M.Hilf, Europäische Union und Europäische Menschenrechtskonvention, in: Beyerlin u.a. (Hrsg.), Recht zwischen Umbruch und Bewahrung, FS Bernhardt, S.1193 ff. (1209); ebenso C.D.Ehlermann/E.Nöel, Der Beitritt der EG zur EMRK in: Bieber/Bleckmann/Capotorti u.a. (Hrsg.), Das Europa der zweiten Generation, Gedächtnisschrift Sasse, S.685 ff.(698).

unmittelbar im EG-Recht gelten würden, müßte der EuGH die EMRK in der Form, die sie gemäß Art.46 Abs.1 EMRK i.d.F. des Protokolls Nr.11 durch die verbindliche Rechtsprechung des Europäischen Gerichtshofs für Menschenrechte erhalten haben, anwenden.

Die Entscheidung aber, inwieweit die EMRK im EG-Recht gemäß Art.300 Abs.7 [Art.228 Abs.7 a.F.] EGV Anwendung findet, läge weiterhin alleine in der Hand des EuGH.[307] Denn die Zuständigkeit des Europäischen Gerichtshofs für Menschenrechte umfaßt gemäß Art.32 EMRK i.d.F. des Protokolls Nr.11 nur die Auslegung und Anwendung der Konvention. Dagegen fällt die Auslegung von Art.300 Abs.7 [Art.228 Abs.7 a.F.] EGV nicht in die Zuständigkeit des Straßburger Gerichts. Der EuGH würde, wenn er eine Bindung an die Vorschriften der EMRK und an die Rechtsprechung des Straßburger Gerichts feststellen würde, dies kraft eigener Rechtsprechungshoheit tun. Im Innenverhältnis der Gemeinschaft wäre der EuGH also nicht an die Rechtsprechung des Europäischen Gerichtshofes für Menschenrechte gebunden.

Nicht anders stellt sich bereits jetzt die Situation in den Mitgliedstaaten dar. Auch hier entscheiden die nationalen Gerichte autonom über die Anwendung und Auslegung der EMRK, die z.B. in der Bundesrepublik Deutschland gemäß vgl. Art.59 Abs.2 GG im Range eines einfachen Bundesgesetzes gilt. Diese Anwendung kann dann allenfalls zu einer Verletzung der Verpflichtungen aus der EMRK im Außenverhältnis führen, falls der Europäische Gerichtshof für Menschenrechte anders entscheidet. Dies hat aber wahrscheinlich gerade deshalb nicht dazu geführt, daß der in der EMRK vorgesehene Kontrollmechanismus als unvereinbar mit den Verfassungsprinzipien der Vertragsstaaten angesehen wurde. Was mit den Verfassungsgrundsätzen der Mitgliedstaaten vereinbar ist, kann insoweit nicht als unvereinbar mit den Prinzipien des Gemeinschaftsrechts angesehen werden.[308]

Es ist auch daran zur erinnern, daß der Europäische Gerichtshof für Menschenrechte nicht die Befugnis besitzt, einen angefochtenen nationalen oder gemeinschaftlichen

---

[307] vgl. dazu C.Vedder in: Grabitz/Hilf (Hrsg.), Kommentar zur Europ. Union, Art.228 Rdnr.49, 52 m.w.N.
[308] vgl. die Auffassung der Kommission, abgedruckt in EuGRZ 1996, S.202 f.

Rechtsakt aufzuheben oder gar für ungültig zu erklären.[309] Die Entscheidungen des Straßburger Gerichts entfalten im innerstaatlichen Recht keine unmittelbare Wirkung. Sie könnten deshalb auch nicht unmittelbar im EG-Recht wirken und dort die Gültigkeit von Rechtsakten in Frage stellen. Im Verhältnis der EMRK zu den Mitgliedstaaten entscheiden alleine die nationalen Kompetenzträger, wie Urteile des Europäischen Gerichtshofes für Menschenrechte vollstreckt werden. Denn es bleibt den Staaten überlassen, in welcher Form sie die EMRK in das nationale Recht umsetzen. Eine Pflicht zur Transformation enthält die EMRK nicht.[310]

In diesem Zusammenhang sei auf die Entscheidung Swedish Engine Drivers' Union des Europäischen Gerichtshofes für Menschenrechte[311] hingewiesen, wo klargestellt wurde, daß die Staaten keine Verpflichtung trifft, eine effektive Umsetzung der Vorschriften der Konvention im innerstaatlichen Recht zu garantieren bzw. diese vor den nationalen Gerichten angreifbar zu machen. Das gleiche würde auch für die Gemeinschaft im Falle des Beitritts gelten. Es bestünde insoweit nicht die Gefahr, daß die durch das Straßburger Gericht ausgeübte Kontrolle und die Autonomie des Gemeinschaftsrechts beeinträchtigen würde.

Geht man davon überdies aus, daß die Vorschriften der Konvention gemäß Art.53 EMRK i.d.F. des Protokolls Nr.11 nur einen Mindestschutz an Menschenrechten garantieren, so wäre es dem EuGH unbenommen, die durch ihn gefundenen Gemeinschaftsgrundrechte anhand der anderen von ihm anerkannten Erkenntnisquellen, wie z.B. die Verfassungsüberlieferungen der Mitgliedstaaten, weiter fortzuentwickeln. Der EuGH wäre auch in diesem Fall durch den Beitritt nicht gehindert, über die Anwendung und Auslegung von Gemeinschaftsrecht verbindlich zu entscheiden.

Die Tatsache, daß die Gemeinschaft durch den Beitritt gemäß Art.45 EMRK i.d.F. des Protokolls Nr.11 nach außen verpflichtet wäre, den Entscheidungen des Europäischen Menschenrechtsgerichtshof über die Auslegung und Anwendung der Konvention nachzukommen, stellt in diesem Fall die unausweichliche Konsequenz der vom EuGH in seinem Gutachten 1/91 für zulässig befundene Unterwerfung der Gemeinschaft

[309] vgl. auch R.Bernhardt, Probleme eines Beitritts der EG zur EMRK in: Due/Lutter/Schwarze (Hrsg.), FS Everling, S.103 ff. (109).
[310] T.Oppermann, Europarecht, § 2 ,Rdnr.69

unter ein außerhalb der Gemeinschaftsordnung bestehendes internationales Gerichtssystems dar. Da gemäß Art.300 Abs.7 [Art.228 Abs.7 a.F.] EGV jeder von der Gemeinschaft geschlossene völkerrechtliche Vertrag Eingang in die Gemeinschaftsrechtsordnung findet, würde ein darin vorgesehenes eigenes Gerichtssystem grundsätzlich auch Auswirkungen auf die Autonomie des EuGH bzw. der Gemeinschaftsrechtsordnung haben. Denn die Entscheidungen eines für die Auslegung und Anwendung des betreffenden Übereinkommens geschaffenen externen Gerichts müßte der EuGH bei einer eventuellen Prüfung der Vereinbarkeit des Gemeinschaftsrechts mit dem Abkommen berücksichtigen. Allein diese Tatsache kann jedoch nicht generell zu der Annahme führen, daß ein in dem betreffenden Abkommen vorgesehenes Gerichtsbarkeit immer mit dem EG-Vertrag unvereinbar wäre, denn das widerspräche der im Gutachten 1/91 entwickelten Doktrin, die gewisse Modifikationen der Zuständigkeit des EuGH zuläßt.

Der Beitritt würde damit auch den Verpflichtungen der Mitgliedstaaten aus Art.292 [Art.219 a.F.] EGV nicht entgegenwirken. Im übrigen sei darauf hingewiesen, daß es ohnehin zweifelhaft erscheint, ob die Mitgliedstaaten als Herren der Verträge, tatsächlich den Europäischen Gerichtshof für Menschenrechte mit der Behauptung einer Konventionsverletzung durch die Gemeinschaft anrufen könnten. Auf diesem Weg würden sie immerhin eine Organisation verklagen, auf die sie selbst einen Teil ihrer Hoheitsrechte übertragen haben. Insoweit kann man auf die WTO verweisen, dort hat die Praxis gezeigt, daß die Mitgliedstaaten, wenn sie zusammen mit der EG vertreten sind, ihre Rechtstellung nur im Einklang mit der Gemeinschaft ausüben bzw. ihre eigene Rechtstellung durch die Gemeinschaft ausüben lassen. Um alle Zweifel zu beseitigen, könnte aber die zwischenstaatliche Beschwerde durch eine Vorbehaltsklausel gemäß Art.57 EMRK i.d.F. des Protokolls Nr.11 ausgeschlossen werden.[312]

Allerdings könnte sich im Falle einer Individualbeschwerde der Europäische Gerichtshof für Menschenrechte veranlaßt sehen, über die Zuständigkeitsverteilung zwischen der Gemeinschaft und den Mitgliedstaaten zu entscheiden, wenn es um die

---

[311]European Court of Human Rights, Swedish Engine Drivers' Union, Jugdement of 6.2.1976, Publications, Series A Nr.20, at 50.

[312]vgl. dazu R.Bernhardt, Probleme eines Beitritts der EG zur EMRK, in: Due/Lutter/Schwarze (Hrsg.), FS Everling, S.103 ff. (110), der für die Frage der Staatenbeschwerde wenig Verständnis aufzubringen vermag.

Frage der Verantwortlichkeit für den behaupteten Verstoß geht. Der Europäische Gerichtshof für Menschenrechte würde folglich über die jeweiligen Befugnisse der Gemeinschaft und ihrer Mitgliedstaaten entscheiden. Dies könnte aber die in den EG-Verträgen festgelegte Zuständigkeitsordnung beeinträchtigen, deren Wahrung allein der EuGH gemäß Art.220, 292 [Art.164, 219 a.F.] EGV zu sichern hat.[313]

Zu bedenken gilt hier, daß der EuGH nur im Innenverhältnis zu seinen Mitgliedstaaten bestimmen kann, was in den Zuständigkeitsbereich der Gemeinschaft und seiner Mitgliedstaaten fällt. Außerhalb dieses Rechtsverhältnisses kommt dem EuGH keine Kompetenz zu, über die Zuständigkeitsverteilung zu entscheiden.[314] Denn nach Art.35 WüV können vertragliche Vereinbarungen im Außenverhältnis nur verpflichtend wirken, wenn dies akzeptiert worden ist. Im übrigen würde die objektive Zuständigkeit des EuGH nicht tangiert werden, denn die Entscheidung des Europäischen Gerichtshofs für Menschenrechte beträfe nur die Frage, wer für den behaupteten Verstoß gegenüber der EMRK verantwortlich ist. Auch wenn er fälschlicherweise einen Mitgliedstaat in Anspruch nehmen würde, würde das nichts an der Kompetenzverteilung innerhalb der Gemeinschaft ändern.

Um jedoch zu vermeiden, daß eine Partei der EMRK zur Verantwortung gezogen wird, die im Innenverhältnis nicht Träger der gerügten Kompetenz ist, könnte durch eine Regelung in Anlehnung an Art.6 Abs.2 der Anlage IX des Seerechtsübereinkommens der Vereinten Nationen vom 10. Dezember 1982 Abhilfe geschaffen werden. Danach kann eine internationale Organisation ihre Mitgliedstaaten um Auskunft ersuchen, wem für eine bestimmte Angelegenheit die Verantwortlichkeit zukommt, wobei die Verweigerung der begehrten Auskunft oder die Erteilung widersprüchlicher Auskünfte eine gesamtschuldnerische Haftung von Mitgliedstaat und Organisation zur Folge hat. Die Frage der Verantwortlichkeit könnte man also vorab im Wege eines Übereinkommens zwischen der Gemeinschaft und ihren Mitgliedstaaten regeln.

---

[313] vgl. dazu P.Wachsmann, L'avis 2/94 de la Cour de justice, in RTD eur.32, 1996, S.467 ff. (486 f.);

[314] so auch K.D.Stein, Der gemischte Vertrag im Recht der Außenbeziehungen der Europäischen Wirtschaftsgemeinschaft, Schriften zum Völkerrecht, S.77 ff. m.w.N.; wohl auch R.Arnold, Der Abschluß gemischter Verträge durch die Europäischen Gemeinschaften, AVR 1980/81, S.419 ff. (425).

Ein weiteres Problem, das dem Beitritt folgen könnte, wäre die in Art.35 EMRK i.d.F. des Protokolls Nr.11 vorgesehene vorherige Erschöpfung des internen Rechtsmittelverfahrens. Die Klagemöglichkeit des Einzelnen im Hinblick auf Grundrechtsverletzungen ist im Gemeinschaftsrecht wie auch in einigen Staaten, etwa dem Vereinigten Königreich[315] nur wenig bedacht worden.

Für den Einzelnen gibt es kein spezielles Gerichtsverfahren zur Durchsetzung seiner Grundrechte und die Erhebung der Nichtigkeitsklage gemäß Art.230 [Art.173 a.F.] EGV ist lediglich unter engen Voraussetzungen zulässig. Dem Wortlaut von Art.230 Abs.4 [Art.173 Abs.4 a.F.] EGV zufolge ist die Nichtigkeitsklage auf die Anfechtung von Entscheidungen i.S.d. Art.249 [Art.189 a.F.] EGV beschränkt und der Einzelne muß durch den angegriffenen Rechtsakt individuell und unmittelbar betroffen sein. Abstrakt generelle Regelungen, wie Verordnungen, werden grundsätzlich nicht von Art.230 Abs.4 [Art.173 Abs.4 a.F.] EGV erfaßt. Nur für Verordnungen, die einen nationalen Durchführungsakt erforderlich machen, besteht die Möglichkeit der Eröffnung des nationalen Rechtswegs mit der Möglichkeit der Vorlage zur Vorabentscheidung gemäß Art.234 [Art.177 a.F.] EGV. Ist eine innerstaatliche Durchführung nicht erforderlich besteht für den Einzelnen keine Möglichkeit, solche Normativakte anzugreifen.

Dies führt aber nicht dazu, daß der Europäische Gerichtshof nicht mit einem solchen Fall befaßt werden könnte, denn der Grundsatz der Erschöpfung des internen Rechtswegs findet dort seine Grenze, wo das nationale Rechtsmittel nicht effektiv bzw. von vornherein aussichtslos erscheint.[316] Die Frage, ob damit in die Vorrechte des EuGH eingegriffen wird, stellt sich als ein Scheinproblem dar. Denn der Europäische Gerichtshof für Menschenrechte kann nicht über die Gültigkeit von Gemeinschaftsrecht entscheiden, sondern kann lediglich feststellen, daß ein Konventionsverstoß vorliegt. Im übrigen haben die Gemeinschaftsverträge dem EuGH in diesem Fall keine allgemeine und ausschließliche Zuständigkeit übertragen. Der EuGH ist zur Ausübung einer solchen Kontrolle gar nicht in der Lage.

---

[315] dies ist eine Folge des aus der Parlamentssouveränität entwickelten Grundsatzes der gerichtlichen Unüberprüfbarkeit von Legislativakten.
[316] vgl. T.Oppermann, Europarecht, Rdnr.70

f) Das Erfordernis der Änderung der EMRK

Der Beitritt der EG zur EMRK bedarf zwar nach dem Ergebnis der Untersuchungen nicht der Änderung der Gemeinschaftsverträge. Im Verhältnis zur EMRK besteht jedoch kein Zweifel darüber, daß ohne eine Änderung der Konvention ein Beitritt der EG nicht möglich ist. Denn Art.59 EMRK i.d.F. des Protokolls Nr.11 sieht vor, daß die EMRK nur für Mitglieder des Europarats zur Unterzeichnung aufliegt, d.h. nur ein Mitglied des Europarats kann Konventionsmitglied werden. Wer die Mitglieder des Europarats sind, bestimmt Art.4 der Satzung des Europarates. Danach können nur Staaten Vertragsmitglieder sein. In Art.4 heißt es: "Jeder europäische Staat [...]". Da es sich bei der EG, wie oben festgestellt im Außenverhältnis nicht um einen Staat, sondern um eine Internationale Organisation handelt, ist eine Änderung der Satzung gemäß Art.41 (EuRat) notwendig. Dies kann dadurch geschehen, daß Vorschläge zur Änderung der Satzung dem Ministerkomitee unterbreitet werden, welches dann für die Aufnahme in ein Protokoll sorgt. Das Änderungsprotokoll bedarf gemäß Art.20 EuRat der Zustimmung aller Vertragsmitglieder.

Die Einleitung dieses Verfahrens setzt allerdings voraus, daß die Gemeinschaft auch beabsichtigt, Mitglied des Europarates zu werden. Wie sich aus dem Gutachten 2/94 des EuGH ergibt, ist der Rat bestrebt, daß die Gemeinschaften Konventionsmitglieder werden.[317] Wie ernst dieser politische Wille nach dem negativen Gutachten des EuGH noch ist, bleibt abzuwarten.

g) Fazit

Insgesamt ist festzustellen, daß entgegen der Auffassung des EuGH im Gutachten 2/94 die Voraussetzungen für den Beitritt der EG zur EMRK auf der Grundlage von Art.308 [Art.235 a.F.] EGV vorliegen. Der in der EMRK vorgesehene Kontrollmechanismus ist nicht geeignet, die Autonomie des Gemeinschaftsrechts und die des EuGH in Frage zu stellen. Denn der Europäische Gerichtshof für Menschenrechte kann selbst bei festgestellten Kollisionen mit der EMRK nicht über die Gültigkeit von Gemeinschaftsrecht entscheiden. Der Beitritt bewirkt somit nicht, wie vom EuGH angenommen, eine substantielle Änderung des Systems des Schutzes der Menschenrechte in der Gemeinschaft, was durch Art.308 [Art.235 a.F.] EGV nicht mehr gedeckt sein könnte. Dennoch bedarf es einer Vertragsänderung gemäß Art.48

[Art. N a.F.] EUV, da wie oben festgestellt, das Gutachten des EuGH bindend ist[318] und den Weg über Art.308 [Art.235 a.F.] EGV verbietet. Das Problem der Vertragsrevision könnte aber umgangen werden, wenn über einen Beitritt der EU auch eine Bindung der Organe der EG erfolgen könnte. Dies setzt zunächst voraus, daß die Union die zum Abschluß von völkerrechtlichen Abkommen erforderliche Völkerrechtssubjektivität besitzt. Im Anschluß wird deshalb der Völkerrechtliche Status der EU geprüft.

D. Der Beitritt der EU zur EMRK

I. Völkerrechtlicher Status der EU

1. Die Europäische Union als Internationale Organisation

Die Frage nach der Rechtsnatur der EU scheint auf den ersten Blick nicht ganz einfach zu beantworten zu sein. In der Literatur wird teilweise die Auffassung vertreten, die EU sei nicht mehr als ein geregeltes Verfahren einer bloßen Kooperation der Mitgliedstaaten, ähnlich wie die durch sie abgelöste "Europäische Politische Zusammenarbeit" (EPZ).[319] Auf der anderen Seite gibt es aber auch Stimmen im Schrifttum, die von der Völkerrechtssubjektivität der EU ausgehen.[320]

Das Bundesverfassungsgericht hat in seinem Maastricht-Urteil den Versuch unternommen, das komplizierte, durch den Maastrichter Vertrag neu geschaffene Gebilde rechtlich zu erfassen. Das Bundesverfassungsgericht bezeichnet die Europäische Union als "ein auf eine dynamische Entwicklung angelegter Verbund demokratischer Staaten."[321] Das Bundesverfassungsgericht ist mit der Beschreibung der Europäischen Union als Staatenverbund[322] jedoch in die Kritik geraten. Man wirft ihm vor, der Begriff Staatenverbund sage noch nichts über den rechtlichen Charakter und die Struktur der Union aus. Unklar bleibe insbesondere, ob die Europäische Union eine Internationale Organisation sei, d.h. ob sie Rechtspersönlichkeit besitze oder ob es sich lediglich um

---

[317] EuGH, Gutachten 2/94 v. 28.3.1996, EuGRZ 1996, S.197 (198).
[318] vgl. Ausführungen zu B.I.2.
[319] M.Seidel, Zur Verfassung der Europäischen Gemeinschaft nach Maastricht, EuR, 1992, 125 ff. (125f.); U.Everling, Überlegungen zur Struktur der Europäischen Union und zum neuen Europa-Artikel des Grundgesetzes, DVBl. 1993, S. 936 ff. (940 f.)
[320] so beispielsweise C.Hillgruber, Das Verhältnis der Europ. Gemeinschaften und der Europ. Union zu ihren Mitgliedstaaten, AVR 1996, S.347 ff.(349 ff.); G.Ress, Ist die Europäische Union eine juristische Person, EuR Beiheft 2, 1995, S.27 ff.
[321] BVerfGE 89, 155 (184)
[322] Der Begriff geht auf Paul Kirchhof zurück, der Berichterstatter des Verfahrens war.

einen multilateralen Vertrag ohne Organisationsstruktur und Rechtssubjektivität handele.[323]

Auszuschließen ist jedoch, daß das Gericht davon ausgegangen ist, daß mit dem Gründungsvertrag der Europäischen Union ein Staat gegründet werden sollte. Das Bundesverfassungsgericht hat herausgestellt, daß es für die Begründung eines Staates an der dafür erforderlichen staatlichen Souveränität fehle. Dies macht das Bundesverfassungsgericht insbesondere daran fest, daß der Europäischen Union die sogenannte Kompetenz-Kompetenz fehle.[324] Damit ist die Befugnis gemeint, über den Umfang der eigenen Kompetenzen selbst zu entscheiden. Diese Befugnis steht nach der Auffassung des Bundesverfassungsgerichts weiterhin den Mitgliedstaaten als den "Herren der Verträge" zu. Diese bestimmen im Wege der Vertragsänderung, welche Aufgaben weiterhin von ihnen selbst erledigt werden und welche Aufgaben auf die Europäische Union übertragen werden.[325] Dieses Ergebnis werde auch nicht durch die Rechtsprechung des EuGH in Frage gestellt, der unter Bezugnahme auf das *effet utile* Prinzip den Europäischen Gemeinschaften die Befugnisse zuschreibt, die sie zur Erfüllung ihrer Ziele benötigt. Da die Ziele in Art.2 EGV sehr weit gesteckt sind, würde diese Auffassung die Übertragung nahezu aller staatlichen Aufgaben decken. Dagegen betont das Bundesverfassungsgericht das Prinzip der begrenzten Einzelermächtigung, das nicht nur für die Gemeinschaftsverträge, sondern auch für den Unionsvertrag gelte. Dieses besagt, daß den Gemeinschaften nur diejenigen Befugnisse zustehen, die ihnen ausdrücklich in den Ermächtigungstatbeständen von Gemeinschaftsverträgen und Unionsvertrag zugestanden worden sind. Einen Rückgriff auf die Ziele der Gemeinschaft hält das Bundesverfassungsgericht für unzulässig.[326]

Nach Auffassung des Bundesverfassungsgerichts machen auch Art. B a.F., in dem die Ziele, die sich die Union unter gleichzeitiger Wahrung und Weiterentwicklung des gemeinsamen Besitzstandes gesetzt hat, aufgelistet sind und Art. F Abs.3 [Art.6 Abs.4 n.F.] EUV, der beinhaltet, daß die Union sich mit den Mitteln ausstattet, die zum Errei-

---

[323]so auch G.Ress, Ist die Europäische Union eine juristische Person in: EuR 1995, Beiheft 2, S.27 ff. (29 f.); Weiterhin H.-P.Ipsen, Zehn Glossen zum Maastricht-Urteil, EuR 1994, S.1 ff. (8 f.); Dagegen sieht P.M. Huber, Der Staatenverbund der Europäischen Union in: Ipsen/Rengeling/Mössner/Weber, Verfassungsrecht im Wandel, FS Heymans Verlags, S.349 ff, (359), die Kritik ohne nähere Begründung als überzogen.
[324]BVerfGE 89, 155 (195)
[325]BVerfGE 89, 155 (209 f.)

chen ihrer Ziele und zur Durchführung ihrer Politiken erforderlich sind, die Union nicht zu einem eigenständigen Rechtssubjekt im internationalen Recht. Diese Vorschriften regeln lediglich "das gemeinsame Handeln der Mitgliedstaaten; diese geben der Union Ziele und Mittel vertraglich vor." Der Unionsvertrag lasse an keiner Stelle den übereinstimmenden Willen der Vertragsparteien erkennen, mit der Union ein selbständiges Rechtssubjekt zu gründen, das Träger eigener Kompetenzen sein soll.[327] Das Bundesverfassungsgericht kommt deshalb zu der Feststellung: „Der Unions-Vertrag versteht hier die Union nicht als eigenständiges Rechtssubjekt, sondern als Bezeichnung für die gemeinsam handelnden Mitgliedstaaten; diese geben der Union Ziele und Mittel vertraglich vor".[328]

Auch die Kommission der Europäischen Gemeinschaften scheint der Auffassung zu sein, daß die Europäische Union keine juristische Person ist.[329] Die Anfrage des Abgeordneten des Europäischen Parlament Sotiris Kostopoulos (Question Écrite 3655/93) den Beitritt der Europäischen Union zur EMRK betreffend, beantwortete Kommissar van den Brook im Namen der Kommission so: "Nach dem Leitgedanken des Gutachtens des Gerichtshofes kann der Rat die Kommission ermächtigen, entsprechende Verhandlungen zu führen, um es der Gemeinschaft zu ermöglichen, Vertragspartei der Konvention zu werden, denn die EU hat keine internationale Rechtspersönlichkeit und kann somit als solche nicht beitreten."

Ob derartige Äußerungen eines Kommissars der EG-Kommission für die Beurteilung des Status der Union von Bedeutung sind, mag dahingestellt bleiben.[330] Die bloße Feststellung, die Union besitze keine Rechtspersönlichkeit[331] kann zumindest, wenn sie ohne eine nähere Begründung getroffen wird, für die rechtliche Diskussion keine brauchbaren Anhaltspunkte liefern. Vielmehr gilt es an Hand des Unionsvertrages zu

---

[326]BVerfGE 89, 155 (210)
[327]BVerfGE 89, 155 (195);
[328]BVerfGE 89, 155 (195)
[329]ABl. C 251/37 v. 8.9.94
[330]H.P. Ipsen, Zehn Glossen zum Maastricht-Urteil, EuR 1994, S.1 ff. (21): „[...] Rechtsansichten und Praxisbekundungen von Beamten der Gemeinschaften [...] eröffnen keine rechtliche Handhabe i.S. eines Venire contra factum proprium gegenüber künftiger gegenteiliger Haltung von Gemeinschaftsorganen".
[331]so geht z.B. auch P.M. Huber, Der Staatenverbund der Europ. Union in: Ipsen/Rengeling/Mössner/Weber, Verfassungsrecht im Wandel, FS Heymanns Verlag, S.349 ff. (358), ohne nähere Erläuterungen davon aus, daß die EU über keine eigene Rechtspersönlichkeit verfügt.

prüfen, ob nicht doch bei der Union von einer Internationalen Organisation mit eigener Rechtspersönlichkeit auszugehen ist.

Die Völkerrechtssubjektivität einer Internationalen Organisation kann sich einmal im Verhältnis zu ihren Mitgliedern und zum anderen gegenüber anderen, außerhalb des Vertrags stehenden Völkerrechtssubjekten ausdrücken.[332] Es muß also zunächst zwischen innerer und äußerer Völkerrechtssubjektivität unterschieden werden. Von einer Völkerrechtsfähigkeit im Innenverhältnis kann dann gesprochen werden, wenn die Union über eigene, vertraglich zuerkannte Rechte und Pflichten verfügt, die die Mitgliedstaaten für und gegen sich gelten lassen müssen. Im Verhältnis zu den Mitgliedern ist für die Feststellung von Völkerrechtssubjektivität in erster Linie auf den Gründungsvertrag abzuheben. So sehen etwa die Art.281, 282 [Art. 210, 211 a.F.] EGV für die Europäische Gemeinschaft ausdrücklich vor, daß die Gemeinschaft **gegenüber** den Mitgliedstaaten und **in** den Mitgliedstaaten Rechtspersönlichkeit besitzt. Eine vergleichbare Regelung findet sich jedoch im Unionsvertrag nicht. Das Fehlen einer solchen Regelung besagt aber noch nicht, daß die Gründung einer eigenständigen Organisation nicht gewünscht bzw. nicht gewollt war; es kann lediglich ein Indiz dafür sein. Die Rechtspersönlichkeit einer Internationalen Organisation kann sich auch ohne ausdrückliche Regelung aus der Zusammenschau aller Vorschriften des Gründungsvertrages ergeben. Dann müssen diese Regelungen die im Allgemeinen Völkerrecht geltenden Voraussetzungen einer Internationalen Organisation erfüllen.

Im allgemeinen wird die völkerrechtliche Kategorie "Internationale Organisation" wie folgt definiert. Unter dem Begriff "Internationale Organisation" versteht man üblicherweise einen durch völkerrechtliche Willenseinigung geschaffenen, auf Dauer angelegten mitgliedschaftlichen Verband, der zur Wahrnehmung bestimmter Aufgaben mit eigenen Organen ausgestattet und dem Völkerrecht unterstellt ist.[333]

Unter Zugrundelegung dieser Kriterien steht zunächst außer Zweifel, daß der Maastrichter-Vertrag zur Gründung der Europäischen Union bzw. der Amsterdamer

---

[332] Vgl. Reparations-Gutachten des Internationalen Gerichtshofes von 1949, ICJ Reports 1949, S.174 (178, 180 bzw. 184 f.)

[333] R. Bindschedler, Internationale Organisation in: Strupp/Schlochauer (Hrsg.), Wörterbuch des Völkerrechts, Bd.2, S.70; V.Epping, Internationale Organisationen in: K.Ipsen (Hrsg.), Völkerrecht, § 6, S.68 f.

Vertrag ein völkerrechtlicher Vertrag ist. Dies ergibt sich bereits aus dem Wortlaut des Art. 1 [Art.A a.F.] EUV, der das Wort "Vertrag" ausdrücklich benutzt. Desweiteren kann davon ausgegangen werden, daß es sich bei der Europäischen Union um einen auf Dauer angelegten mitgliedschaftlichen Verband handelt. Das ergibt sich aus Art. 3 Abs.1 [Art.C Abs.1 a.F.] EUV, der "die Kontinuität der Maßnahmen zur Erreichung ihrer Ziele" sicherstellen soll. Immerhin gilt der EUV auch - anders als der EGKSV (Art. 97)- nach Art. 51 [Art.Q a.F.] EUV auf unbegrenzte Zeit. Zwar legt der Wortlaut von Art.1 Abs.2 [Art. A Abs.2 a.F.] EUV , wonach die Union „eine neue Stufe bei der Verwirklichung einer immer engeren Union der Völker Europas dar(stellt)", nahe, daß dieser Vertrag in der vorliegenden Form nicht auf ewige Zeit Bestand haben soll.[334] Aber auch wenn die Europäische Union sich inhaltlich weiterentwickelt,[335] so steht das der Annahme einer verfestigten Institution nicht entgegen. Das Merkmal „auf Dauer angelegt" kann nicht so interpretiert werden, daß die Vereinigung auf ewig Bestand haben müßte.[336]

2. Die Organe der Europäischen Union

Die Internationale Organisation muß zumindest mit einem für sie als Verbandseinheit zum Handeln berechtigten Organ ausgestattet sein. Organe internationaler Organisationen sind formell als Entscheidungsgremien zu verstehen, die nach einer eigenen Verfahrensordnung einen Willen bilden, der nach außen einheitlich geäußert wird. Materiell zielt der so gebildete Wille darauf ab, Kompetenzen auszuüben, die aus der Zuständigkeit der Mitgliedstaaten ausgegliedert und auf die eigenständig wahrzunehmende Zuständigkeit des Organs übertragen worden sind.[337] Entscheidend ist dabei, daß die Übertragung der Zuständigkeit von den Mitgliedstaaten auf das Organ mit rechtlicher Verbindlichkeit erfolgt und dadurch das Organ in die Lage versetzt, seinerseits mit verbindlicher Wirkung für die Mitgliedstaaten und auch gegenüber Dritten die Aufgaben der Organisation wahrzunehmen.[338]

---

[334] P.M.Huber, Der Staatenverbund der Europ. Union in: Ipsen/Rengeling/Mössner/Weber, Verfassungsrecht im Wandel, FS Heymanns Verlag, S.349 ff. (355)
[335] vgl. BT-Drucks. 12/3334 S.81 ff. (82)
[336] Seidl-Hohenveldern/Loibl, Das Recht der Internationalen Organisationen, Rdnr.0112, 0208
[337] Seidl-Hohenveldern/Loibl, Das Recht der Internationalen Organisationen, Rdnr.0105
[338] R.Bindschedler, Internationale Organisation in: Strupp/Schlochauer, Wörterbuch des Völkerrechts, S.70 ff. (74 ff.)

Vom Bestehen einer gegenüber den Mitgliedstaaten selbständigen internationalen Organisation im Unterschied zu einem bloß gleichgerichteten Handeln von einzelnen Staaten in einer losen Organisationsstruktur ist dann unweigerlich auszugehen, wenn das die Organisation vertretende Organ Beschlüsse mit Mehrheit fassen kann, die für alle Mitgliedstaaten verbindlich sind. Kann allerdings nach der Satzung das handlungsfähige Organ z.B. der Rat nur im Konsens der dort vereinigten Vertreter der Mitgliedstaaten also im Wege des Einstimmigkeitsprinzips tätig werden, tritt der Wille zur Wahrnehmung eigener Organkompetenzen gegenüber einem koordinierten gemeinsamen zwischenstaatlichen Handeln der Mitglieder nicht eindeutig in Erscheinung.[339] Insoweit besteht die Möglichkeit, die so gefaßten Beschlüsse entweder der Organisation selbst oder aber den konzertiert handelnden Mitgliedstaaten zuzurechnen.[340] Grundsätzlich verbietet jedoch das in der Satzung vorherrschende Prinzip der Einstimmigkeit die Annahme einer internationalen Organisation nicht. So existieren Organisationen, wie z.B. die NATO, von deren Völkerrechtssubjektivität unstreitig ausgegangen wird, obgleich der Nordatlantikrat als willensbildendes Organ (Art.9 NATO-Vertrag) nur einstimmig beschließt.[341]

a) Der Europäische Rat

Gemäß Art.4 Abs.2 [Art. D Abs.2 a.F.] EUV kommen im Europäischen Rat die Staats- und Regierungschefs der Mitgliedstaaten sowie der Kommissionspräsident zusammen. Bereits die Zusammensetzung dieses Gremiums, das nicht nur aus Staatenvertretern, sondern auch aus einem Mitglied der Kommission als Organ der Europäischen Gemeinschaften besteht, zeigt, daß es sich um einen Entscheidungsträger handelt, der organisatorisch von den Mitgliedstaaten gesondert ist. Daraus ergibt sich, daß die Europäische Union mit dem Europäischen Rat - der vom Rat der Europäischen Gemeinschaften (vgl. Art. E EUV) zu unterscheiden ist - zumindest formell über ein eigenes Organ verfügt.[342]

---

[339] W. Meng, Das Recht der Internationalen Organisationen -eine Entwicklungsstufe des Völkerrechts, 1979, S.47 f.
[340] T.Oppermann, Europarecht, Rdnr.285
[341] Cottrell/Dougherty, The Atlantic Alliance, S.29
[342] so auch: H.Lecheler, Der Rechtscharakter der Europ. Union in: Ipsen/Rengeling/ Mössner/Weber (Hrsg.), Verfassungsrecht im Wandel, FS Heymanns Verlag, S.383 ff. (388); O.Dörr, Zur Rechtsnatur der Europ. Union, EuR 1995, S.334 ff. (337); Klein/Haratsch, Neuere Entwicklungen des Recht der Europ. Gemeinschaften, DÖV 1993, S.785 ff. (788); C.Hillgruber, Das Verhältnis der Europ. Gemeinschaften und der Europ. Union zu ihren Mitgliedstaaten, AVR 1996, S.347 ff. (350); a.A. Koenig/Pechstein, Die Europ. Union, Kap.3 Rdnr. 14;);

Um die materielle Organeigenschaft bejahen zu können, bleibt zu fragen, ob der Europäische Rat einen eigen von den Mitgliedstaaten zu unterscheidenden Willen bilden kann, und ob dadurch eine rechtliche Sonderung der Aufgaben des Organs und der Aufgaben der Mitgliedstaaten eintritt.

Davon kann jedoch nicht mehr gesprochen werden, wenn auch andere Mitglieder in dem betreffenden Organ zusammenkommen. Wie gesehen, setzt sich der Europäischen Rat nicht nur aus den Staats- und Regierungschefs der Mitgliedstaaten zusammen, sondern auch der Kommissionspräsident ist Mitglied des Europäischen Rates. Der Kommissionspräsident ist anders als die Staats- und Regierungschefs nicht den jeweiligen nationalen Parlamenten gegenüber verantwortlich (vgl. für Deutschland Art. 63, 67 GG). Gemäß Art.231 Abs.2 [Art.157 Abs.2 a.F.] EGV üben die Mitglieder der Kommission ihre Tätigkeit in voller Unabhängigkeit zum allgemeinen Wohl der Gemeinschaft aus. Sie dürfen bei der Erfüllung ihrer Pflichten Anweisungen von einer Regierung weder anfordern noch entgegennehmen. Der Kommissionspräsident ist deshalb kein Vertreter der Mitgliedstaaten.

Der Europäische Rat bestimmt gemäß Art.13 Abs.1 [Art. J 8 Abs. 1 a.F.] EUV die Grundsätze und die allgemeinen Leitlinien der Gemeinsamen Außen- und Sicherheitspolitik (GASP), die gemäß Art.13 Abs.3 als Grundlage von Beschlüssen des Rates im Bereich der GASP dienen. Ferner beschließt er gemäß Art.13 Abs.2 n.F. EUV gemeinsame Strategien, die in Bereichen, in denen wichtige gemeinsame Interessen der Mitgliedstaaten bestehen, von der Union durchzuführen sind. All dies spricht dafür, daß der Europäische Rat eigene, von den Kompetenzen der Mitgliedstaaten rechtlich gesonderte Entscheidungen treffen kann.

Als Ergebnis ist festzustellen, daß der Europäische Rat über eigene Kompetenzen verfügt.

b) Rat, Kommission, Parlament und Gerichtshof

Die Europäische Union verfügt gemäß Art.5 [Art. E a.F.] EUV über vier weitere Organe: Das Europäische Parlament, der Rat, die Kommission und der Gerichtshof.

P.M.Huber, Der Staatenverbund der Europ. Union in: Ipsen/ u.a. (Hrsg.), Verfassungsrecht im Wandel, FS Heymanns Verlag, S.349 ff. (358)

Dem Europäische Parlament kommt gemäß Art.21 Abs.1 EUV gegenüber dem Vorsitz im Bereich der GASP ein Unterrichtungs- und Anhörungsrecht zu, wobei seine geäußerte Auffassung gebührend zu berücksichtigen ist. Die Kommission wird an den Aufgaben im Bereich der GASP, d.h. bei der Durchführung der gefaßten Beschlüsse in vollem Umfang beteiligt (vgl. Art.18 Abs.4 n.F. EUV). Weiterhin besitzt sie gemäß Art.22 Abs.1 n.F. EUV ein umfassendes Initiativrecht.

Da es sich hierbei auch um Organe der drei Gemeinschaften handelt, wird teilweise vertreten, die Gemeinschaftsorgane würden in einer Art Organleihe für die Aufgaben der Union in Anspruch genommen.[343] Daneben gibt es andere Stimmen in der Literatur, die von einer Doppelstellung der Gemeinschaftsorgane ausgehen.[344]

Für die Annahme einer Doppelfunktion spricht in erster Linie der Wortlaut von Art.5 [Art. E a.F.] EUV, der besagt, daß die aufgeführten Organe ihre Befugnisse nach Maßgabe und im Sinne der Verträge zur Gründung der Europäischen Gemeinschaften [...] einerseits und der übrigen Bestimmungen des vorliegenden Vertrages andererseits ausüben. Desweiteren deutet auch die Überschrift des Art. E a.F. EUV "Befugnisse der Organe der Union" darauf hin, daß es sich bei den in Art.5 [Art. E a.F.] EUV aufgezählten Organe nicht um geliehene Organe, sondern um Organe der Union selbst handelt.

Ein weiterer Aspekt für die Doppelstellung der Organe ist, daß die Deckung der Verwaltungskosten von GASP und ZBJI, jetzt: polizeiliche und justizielle Zusammenarbeit in Strafsachen (PJZS) aus dem Haushalt der Gemeinschaften zu besorgen ist (vgl. Art.

---

[343]so P. M. Huber, Der Staatenverbund der Europ. Union in: Ipsen/Rengeling u.a. (Hrsg.), Verfassungsrecht im Wandel, FS Heymanns Verlag, S.349 ff. (358); O.Dörr, Zur Rechtsnatur der Europ. Union, EuR, 1995, S.334 ff. (337); außer im Falle des Rates: Koenig/Pechstein, Die Europ. Union, Kap.3, Rdnr.27., der behauptet, daß diese Organe außerhalb ihrer gemeinschaftsrechtlich festgelegten Befugnisse tätig würden und das Tätigwerden in einem anderen völkervertragsrechtlichen Zusammenhang für Organleihe spreche. Dabei wird jedoch übersehen, daß auch die Gemeinschaften aufgrund des Vertrages über gemeinsame Organe von 1957 und des Fusionsvertrages von 1965 einheitliche Organe haben, ohne daß in diesem Falle von einer Organleihe gesprochen worden ist.

[344]G.Ress, Ist die Europ. Union eine juristische Person, EuR, Beiheft 2/1995, S.27 ff. (36, 38f.); ders., Die Europ. Union und die neue juristische Qualität der Beziehungen zu den Europ. Gemeinschaften, JuS 1992, 985 ff. (987); C.Hillgruber, Das Verhältnis der Europ. Gemeinschaften und der Europ. Union zu ihren Mitgliedstaaten, AVR 1996, S.347 (350); Klein/-Haratsch, Neuere Entwicklungen des Rechts der Europ. Gemeinschaften, DÖV 1993, S.785 ff.

J 11 Abs.2 S.1 a.F. EUV und Art. K 8 Abs.2 S.1 a.F. EUV). Handelte es sich um geliehene Organe, wäre eine ausdrückliche Regelung nicht nötig gewesen; in diesem Falle wäre die Kostendeckung durch den EG-Haushalt selbstverständlich. Auch die Tatsache, daß sich der Rat durch Beschluß vom 8.November 1993[345] in "Rat der Europäischen Union" umbenannt hat, ist ein Indiz dafür. Wollte man hier nur von Organleihe sprechen, so wäre nicht erklärbar, weshalb sich der Rat jetzt Rat der Europäischen Union nennen sollte.[346]

Als Ergebnis ist daher festzuhalten, daß die Union mit dem Rat, der Kommission, dem Europäischen Parlament und dem Gerichtshof über eigene Organe verfügt. Diese sind auch zu einer eigenen Willensbildung fähig. Daß der Rat zu eigener Willensbildung fähig ist, ergibt sich bereits daraus, daß das primäre Vertragsrecht für die Mehrzahl der Beschlüsse lediglich eine qualifizierte Mehrheit vorsieht, so daß der so gebildete Wille nicht mehr der gemeinsame Wille der Mitgliedstaaten sein kann. Daran vermag auch der Umstand nichts zu ändern, daß nach dem Maastrichter Vertrag die Mehrheitsentscheidungen des Rates auf Verfahrensfragen und auf Durchführungsmaßnahmen bei den Gemeinsamen Aktionen unter der Voraussetzung der vorherigen einstimmigen Festlegung des konkreten Gegenstands beschränkt (vgl. Art.J 8 Abs.2 S.3, Art.J 3 Nr.2 a.F.; Art.K 4 Abs.3, Art.K 3 Abs.2 lit. b a.F. EUV) sind und nach dem Amsterdamer Vertrag grundsätzlich das Einstimmigkeitsprinzip (vgl. Art.23 Abs.1 n.F. EUV) fortgilt.

Nach dem Amsterdamer Vertrag beschließt der Rat gemäß Art.23 Abs.2 S.1 n.F.; für die PJZS Art.34 Abs.2 bis 4 n.F. EUV mit qualifizierter Mehrheit, wenn er auf der Grundlage einer vom Europäischen Rat festgelegten „gemeinsamen Strategie" (vgl. Art.13 Abs.2 n.F. EUV) gemeinsame Aktionen oder gemeinsame Standpunkte annimmt oder einen Beschluß zur Durchführung einer gemeinsamen Aktion oder eines gemeinsamen Standpunkts faßt. Im Gegensatz zu den gemeinsamen Standpunkten (vgl. Art.15 n.F. EUV) sind gemeinsame Aktionen auf operative Aktionen der EU

---

(788); M.Lecheler, Der Rechtscharakter der Europ. Union in: Ipsen/Rengeling u.a. (Hrsg.), Verfassungsrecht im Wandel, FS Heymanns Verlag, S.383 ff. (393);

345 ABl. EG 1993 Nr.L 281, S.18

346 Koenig/Pechstein, Die Europ. Union, Kap.3 Rdnr. 16 ff. gehen jedoch davon aus, daß der in Art.E EUV erwähnte Rat als ein vollständiges aliud zu dem EG-Ministerrat anzusehen ist. Dem ist aber entgegenzuhalten, daß der EUV in diesem Falle einen Rat hätte konstituieren müssen, was aber nicht geschehen ist.

ausgerichtet und für die Mitgliedstaaten bei Ihren Stellungnahmen und Ihrem Vorgehen bindend (vgl. Art.14 Abs.1 und 3 n.F.; Art.34 Abs.2 lit. b) n.F. EUV).

Das gleiche gilt hinsichtlich des Parlaments. Die Abgeordneten des Parlaments sind gemäß Art.2 der Geschäftsordnung des Europäischen Parlaments weder an Aufträge noch an Weisungen gebunden. Im übrigen ist auf die Ausführungen zum Punkt Europäischer Rat zu verweisen.

Als Ergebnis läßt sich festhalten, daß es sich bei der Union um eine internationale Organisation mit interner Rechtsfähigkeit handelt, die auf Dauer angelegt ist und über zur internen Willensbildung befähigte Organe verfügt.[347] Wie es sich mit der Völkerrechtsfähigkeit der Union im Verhältnis zu Drittstaaten und anderen internationalen Organisationen verhält, wird im folgenden geprüft.

3. Die Europäische Union als Trägerin völkerrechtlicher Rechte und Pflichten

a) Grundbedingungen der Rechtssubjektivität

Damit der Europäischen Union innerhalb der Völkerrechtsordnung eine eigene Rechtssubjektivität zukommt, müßte sie Zurechnungssubjekt internationaler Rechte und Pflichten sein. Die Wahrnehmung der übertragenen Aufgaben muß so verselbständigt sein, daß eine Verwechslung mit der Wahrnehmung durch die Mitgliedstaaten ausgeschlossen ist.[348]

Die Europäische Union ist, von einer notwendigen Änderung der Satzung des Europarates und der EMRK im Hinblick auf eine Öffnung für Internationale Organisationen einmal abgesehen, rechtlich nur in der Lage, der EMRK beizutreten, wenn ihr als organisierter Institution auch Völkerrechtssubjektivität zukommt. Denn durch den Abschluß völkerrechtlicher Verträge werden Rechte und Pflichten begründet, zu deren Wahrnehmung eine Internationale Organisation nur fähig ist, wenn sie Rechtspersönlichkeit besitzt. Für die Frage des Beitritts der EU zur EMRK ist vor allem die äußere Völkerrechtspersönlichkeit von Bedeutung. Damit die Europäische Union aber verbindliche Rechtshandlungen gegenüber Drittstaaten und

---

[347] So z.B. auch C.Hillgruber, Die Rechtsnatur der Europäischen Union nach dem Amsterdamer Vertrag in: W.Kluth (Hrsg.), Europ. Union nach dem Amsterdamer Vertrag, S.15 ff.

[348] H.Mosler, Die Erweiterung des Kreises der Völkerrechtssubjekte, ZaöRV 22 (1962), S.1 ff. (34 f.)

anderen Internationalen Organisationen vornehmen kann, müssen ihr entsprechende Kompetenzen durch die Mitgliedstaaten verliehen, d.h. der Europäische Union müßte von den Mitgliedstaaten ein Recht zum Vertragsschluß übertragen worden sein, welches sie berechtigt, im Außenverhältnis, also im Verhältnis zu Drittstaaten, für die Mitgliedstaaten verbindlich aufzutreten.

Die Mitgliedstaaten müssen folglich ihre Außenkompetenz auf die Organisation übertragen haben, damit diese anstelle der Mitgliedstaaten mit Drittstaaten paktieren kann. Wäre dies nicht der Fall, so würde der Abschluß eines völkerrechtlichen Vertrages zwischen einem Drittstaat und der Organisation eine unzulässige Intervention darstellen, weil dies dann ohne den Willen der Mitgliedstaaten geschehen wäre.

b) Die Kompetenz der Europäischen Union zur Außenvertretung

Ein Anhaltspunkt für die Trägerschaft von Rechten und Pflichten könnte sich in diesem Zusammenhang aus Art.49 [Art.O a.F.] EUV ergeben, wonach jeder Staat beantragen kann, Mitglied der Union zu werden; wobei der Antrag an den Rat zu richten ist. Auf den ersten Blick scheint dies ein eindeutiger Beleg für die Völkerrechtssubjektivität der Union zu sein. Beachtet man aber Absatz 2 der Vorschrift, so kommt der Beitritt gerade nicht durch einen völkerrechtlichen Vertrag der Union mit dem beitrittswilligen Staat zustande, sondern "die Aufnahmebedingungen und die durch die Aufnahme erforderlich werdenden Anpassungen der Verträge, auf denen die Union beruht, werden durch ein Abkommen zwischen den **Mitgliedstaaten** und dem antragstellenden Staat geregelt."

Aus Art.49 [Art.O a.F.] EUV kann somit nicht die sichere Schlußfolgerung gezogen werden, daß es sich bei der EU um eine eigenständige Rechtspersönlichkeit handelt.[349] An diesem Ergebnis ändert auch die Tatsache nichts, daß die alten Beitrittsklauseln der drei Europäischen Gemeinschaften, deren **rechtliche Selbständigkeit** unbestritten ist, in den Gründungsverträgen (Art.237 a.F. EWGV, Art.205 a.F.

[349] so auch Koenig/Pechstein, Die Europ. Union, Kap.2, Rdnr.7; O. Dörr, Zur Rechtsnatur der Europ. Union, EuR 1995, S.334 ff. (340); a.A. R.Streinz, Europarecht, Rdnr. 121b, der davon ausgeht, der Wortlaut des Art.O EUV lege den Beitritt zu einem Rechtssubjekt nahe; G.Ress, Ist die Europ. Union eine juristische Person, EuR -Beiheft 2-1995, S.27 ff. (33, 35 f.) will in Art.O EUV bereits eine Vertragsschließungsbefugnis der EU erkennen;

EAGV, Art.98 a.F. EGKSV) den gleichen Inhalt, wie die sie ersetzende Vorschrift des Art.49 [Art. O a.F.] EUV hatten. Das gleiche Verfahren sehen auch Verträge vor, die lediglich rein intergouvernementale Einrichtungen, wie z.B. die Organisation zur Sicherheit und Zusammenarbeit in Europa (OSZE, früher KSZE) betreffen. Entscheidend in diesem Zusammenhang ist vielmehr, ob im Unterschied zu rein intergouvernementalen Kooperationen mit dem Beitritt Rechte und Pflichten verbunden sind.

Im Unionsvertrag findet sich keine mit Art.300 [Art.228 a.F.] EGV vergleichbare allgemeine Regelung über das Verfahren zum Abschluß völkerrechtlicher Verträge. Auch in Art.28 Abs.1 und Art.41 [Art. J 11 Abs.1 und Art. K 8 Abs.1 a.F.] EUV, die die Anwendung bestimmter EG-Vorschriften zulassen, ist Art.300 [Art.228 a.F.] EGV ausgeklammert. Ausgeschlossen ist, daß die Europäische Union solche Kompetenzen aus den Gemeinschaftsverträgen herleiten kann. Dies würde nämlich voraussetzen, daß die Europäische Union bezüglich des Abschlusses völkerrechtlicher Verträge an die Stelle der Europäischen Gemeinschaften gerückt wäre. Dies wäre aber nur dann möglich, wenn die Europäische Union mit den drei Gemeinschaften fusioniert wäre.[350] Wie aber noch festzustellen sein wird, besteht die Völkerrechtssubjektivität der Europäischen Gemeinschaften fort.[351]

Folglich muß sich die Kompetenz zur Außenvertretung aus dem Unionsvertrag selbst ergeben. Zunächst soll dies auf der Grundlage des Maastrichter Vertrages untersucht werden. In Anbetracht des Fortbestands der Europäischen Gemeinschaften als Völkerrechtssubjekte muß die Suche nach einer solchen Kompetenz im Bereich der Gemeinsamen Außen- und Sicherheitspolitik und der Zusammenarbeit auf den Gebieten Justiz und Inneres (ZBJI) erfolgen.

Aus den Zuständigkeiten im Bereich der Zusammenarbeit auf den Gebieten Justiz und Inneres läßt sich eine Befugnis zur Außenvertretung nicht herleiten. Art.K 5 a.F. EUV sagt ausdrücklich, daß „die Mitgliedstaaten in Internationalen Organisationen und auf

---

[350] so auch R.Streinz, Europarecht, Rdnr. 121b; C.Hillgruber, Das Verhältnis der Europ. Gemeinschaften und der Europ. Union zu ihren Mitgliedstaaten, AVR 1996, S.347 ff. (352); ders., Die Rechtsnatur der Europäischen Union nach dem Vertrag von Amsterdam in: W. Kluth (Hrsg.), Europ. Union nach dem Amsterdamer Vertrag, S.15 ff.
[351] Vgl. C. II.

Internationalen Konferenzen, bei denen sie vertreten sind, die im Rahmen dieses Titels festgelegten gemeinsamen Standpunkte (vertreten)". Die Außenzuständigkeit verbleibt hier also ausschließlich bei den Mitgliedstaaten.

Einen Anhaltspunkt für eine Außenvertretungskompetenz könnte jedoch Art.J 4 Abs.2 a.F. EUV bieten. Danach "ersucht die Union die Westeuropäische Union (WEU), die Entscheidungen und Aktionen der Union, die verteidigungspolitische Bezüge haben, auszuarbeiten und durchzuführen"; der Rat trifft dazu im Einvernehmen mit den Organen der WEU die erforderlichen Regelungen. Die WEU wird dort zum „integralen Bestandteil der Entwicklung der Europäischen Union" erklärt. Unbestritten ist dabei, daß es sich bei der WEU um eine Internationale Organisation mit Völkerrechtssubjektivität handelt. Dies ergibt sich ausdrücklich aus Art.3 des Übereinkommens über den Status der Westeuropäischen Union, der nationalen Vertreter und des internationalen Personals.[352] Insoweit könnte der Schluß naheliegen, daß auch die Europäische Union, die durch das Ersuchen gemäß Art.J 4 Abs.2 a.F. EUV in Kontakt mit dieser Internationalen Organisation tritt, ein Völkerrechtssubjekt ist. **O. Dörr** spricht davon, daß zwar das Wort "ersuchen" eine rechtliche Verbindlichkeit nicht nahelege; wenn aber das mit diesem Ersuchen verfolgte Ziel, nämlich das quasi stellvertretende Handeln der WEU für die Union erreicht werden solle, so bedürfe es dafür wenigstens eines informellen Übereinkommens mit der WEU. Art.J 4 Abs. 2 a.F. EUV biete deshalb einen Ansatzpunkt für eine Ermächtigung der Union zum Vertragsschluß mit einem Völkerrechtssubjekt.[353]

Dazu ist zu bemerken, daß diese Argumentation nur dann zutreffend ist, wenn diese informellen Übereinkommen nicht nur politischer Natur sind. Hierfür ist entscheidend, was die Vertragsparteien mit Einführung dieses Artikels gewollt haben. Soll das Ersuchen der WEU zur Durchführung verteidigungspolitischer Entscheidungen für diese verbindlich sein, so würde der Rat der Westeuropäischen Union nicht mehr aus eigener Kompetenz gemäß Art. VIII des Brüsseler Vertrages[354] beschließen, sondern

---

[352]Art.3: Die Organisation besitzt Rechtspersönlichkeit; sie kann Verträge abschließen, bewegliches und unbewegliches Vermögen erwerben und veräußern sowie vor Gericht stehen; vgl. BGBl. 1959 II, S.705 ff.

[353]O.Dörr, Zur Rechtsnatur der Europ. Union, EuR, 1995, S.334 ff. (341 f.)

[354]Dort heißt es:" [...], setzen die Hohen Vertragsschließenden Teile des Brüsseler Vertrages einen Rat ein, der sich mit der Durchführung dieses Vertrages, seiner Protokolle und deren Anlagen befaßt.

er wäre rechtlich an die Entscheidungen der Europäischen Union gebunden. Wenn dies von den Vertragsparteien des Unionsvertrages gewollt gewesen wäre, so müßte das auch im Brüsseler Vertrag zum Ausdruck kommen.

Art. I des Brüsseler Vertrages könnte eine solche Öffnungsklausel darstellen. Dort heißt es in Abs.2: "Die in vorstehendem Absatz vorgesehene Zusammenarbeit, die durch den in Art. VIII genannten Rat erfolgt, soll weder eine Überschneidung noch eine Behinderung der Arbeit anderer wirtschaftlicher Organisationen zur Folge haben, in denen die Hohen Vertragsschließenden Teile vertreten sind oder vertreten sein werden; sie soll vielmehr die Arbeit dieser Organisationen unterstützen."

Durch Art. I Abs.2 WEU Vertrag wird zwar das Rechtsverhältnis zur Europäischen Union nicht eindeutig bestimmt. Die Mitgliedstaaten der WEU haben aber einer Einbeziehung der WEU als integraler Bestandteil des Prozesses der Entwicklung der Europäischen Union im Unionsvertrag zugestimmt. Dies ist insoweit unschädlich, da alle Mitgliedstaaten der WEU gleichzeitig auch Mitglieder der Union sind.[355] Eine solche Erklärung ist von den Mitgliedstaaten der WEU formell gegenüber der Konferenz in Maastricht abgegeben worden.[356] Darin gaben sie zum Ausdruck, daß die WEU stufenweise zur Vereidigungskomponenten der EU ausgebaut werden soll und daß die einschlägige Bestimmung des EUV zur Kenntnis genommen wurde. Gleichzeitig wurde die generelle Bereitschaft erklärt, auf Ersuchen der EU die konzeptionelle und operationelle Rolle zu übernehmen. Diese Erklärung kann entweder als authentische Interpretation von Art. I Abs. 2 WEU Vertrag gedeutet werden oder sie stellt eine stillschweigende Vertragsänderung dar. Beides ist möglich. Nimmt man eine Vertragsänderung an, so ist diese auch ohne ausdrückliche Änderung des Vertragstextes zulässig. Wenn sich alle Vertragsparteien einig sind, kann die Änderung eines Vertrages nicht nur schriftlich, sondern auch mündlich oder konkludent durch nachfolgende Praxis geschehen.[357]

---

[355]vgl. dazu näher: J.A.Frowein, Die Europäische Union mit WEU als Sicherheitssystem, in O.Due/M.Lutter/J.Schwarze (Hrsg.), FS Everling, Bd.I, S.315 ff. (322 f.).
[356]vgl. die 30. Erklärung zur Westeuropäischen Union, abgedruckt in Satorius II, Erklärungen zum Vertrag der Europäischen Union
[357]Vgl. W.Karl, Vertrag und spätere Praxis in Völkerrecht, 1983; W.Heintschel v. Heinegg, Abwandlung des Vertrages durch die Vertragsparteien in: K.Ipsen, Völkerrecht, Kap.3, § 13, S.144 f.

Auf der Grundlage von Art.J 4 Abs.2 a.F. EUV sind Vereinbarungen über die Möglichkeiten der Einschaltung der WEU im Auftrag der EU zwischen der EU, vertreten durch den Europäischen Rat, und der WEU, vertreten durch den WEU-Ministerrat geschlossen worden.[358] Die folgt aus einem Dokument, daß als Annex IV zu Kapitel IV der Beschlüsse des Rates der Europäischen Union für allgemeine Angelegenheiten vom 26.Oktober 1993 angenommen und am 29.Oktober 1993 vom Europäischen Rat und am 22.November 1993 vom WEU-Ministerrat gebilligt worden ist. Dort werden u.a. die Voraussetzungen genannt, unter denen die WEU für die EU tätig wird. Bei einem solchen Übereinkommen, daß das Tätigwerden einer Internationalen Organisation regelt, könnte es sich um einen nach außen gerichteten Rechtsakt handeln, vorausgesetzt es ist rechtlich verbindlich.[359] Demgemäß käme der Union eine partielle Rechtspersönlichkeit zu.

Einen weiteren Anknüpfungspunkt für die Rechtssubjektivität der Europäischen Union bietet Art.J.5 Abs.1, 2 a.F. EUV, der bestimmt, daß der halbjährlich wechselnde Vorsitz[360] des Europäischen Rates (vgl. Art.4 Abs.2 [Art. D Abs.2 a.F.] EUV) die Union in Angelegenheiten der Gemeinsamen Außen- und Sicherheitspolitik vertritt und für die Durchführung der gemeinsamen Aktionen verantwortlich ist.[361] In internationalen Organisationen und auf internationalen Konferenzen wird also der Standpunkt der Union grundsätzlich vom Vorsitz dargelegt. Der Vorsitz handelt demnach im Namen der Europäischen Union und nicht im Namen der Mitgliedstaaten.[362]

---

[358]Dazu näher: J.A.Frowein, Die Europ. Union mit WEU als Sicherheitssystem in: Due/Lutter/Schwarze, FS Everling, Bd.I, S.315 ff. (323 f.); dort ist auch der Text der Vereinbarung abgedruckt.

[359]Ebenso J.A.Frowein, Die Europ. Union mit WEU als Sicherheitssystem in: Due/Lutter/Schwarze, FS Everling, S.315 ff. (323 f.); O.Dörr, Zur Rechtsnatur der Europ. Union, EuR 1995, S.334 ff. (341 f.); a.A. C.Hillgruber, Die Rechtsnatur der Europäischen Union nach dem Amsterdamer Vertrag in: W.Kluth (Hrsg.), Europ. Union nach dem Amsterdamer Vertrag, S.15 ff.

[360]wobei der Vorsitz des Europäischen Rates, nicht wie H.Lecheler, Der Rechtscharakter der Europ. Union in: Ipsen/Rengeling u.a. (Hrsg.), Verfassungsrecht im Wandel, FS Heymanns Verlag, S.383 ff. (388) es sieht, ein eigenes Organ der Union darstellt, sondern vielmehr als Teil eines Organs zu sehen ist.

[361]Vgl. dazu Denkschrift zum Vertrag über die Europäische Union, BT-Drucks. 12/3334, S.81 ff. (112), wo es ausdrücklich heißt: Dieser Artikel regelt die Außenvertretung...etc.

[362]So auch H.G.Krenzler/H.C.Schneider, Die Gemeinsame Außen- und Sicherheitspolitik der Europäischen Union, EuR 1994, S.144 ff. (156 f.); C.Hillgruber, Das Verhältnis der Europ. Gemeinschaften und der Europ. Union zu ihren Mitgliedstaaten, AVR 1996, S.347 ff. (352); a.A. siehe Koenig/Pechstein, Die Europ. Union, Kap. 2, Rdnr.6, Kap. 5, Rdnr.22, der in Art. J 5 Abs. 2 EUV aufgrund der Einschränkung in Art. J 5 Abs.4 a.F. EUV nur die Einräumung einer

Trotz dieses rechtlichen Befundes gilt es zu bedenken, daß die Europäische Union bisher nicht Mitglied einer anderen Internationalen Organisation und insoweit noch nicht als Vertragspartei aufgetreten ist. Dies hat zur Folge, daß, falls der "Vorsitz" in Internationalen Organisationen den Standpunkt der Union darlegt, dies praktisch bisher nicht soviel Gewicht hat, wie wenn ein Mitglied in einem Gremium einer Internationalen Organisation eine Stellungnahme abgibt.[363] Etwas anderes könnte nur gelten, wenn wie im Verfahren gemäß Art. 52 ff. UN-Charta, den regionalen Organisationen auch ohne Mitgliedschaft ein rechtliches Standing eingeräumt wird.

Einen weiteren Gesichtspunkt bietet die eindeutig auszumachende Tendenz der Mitgliedstaaten der Europäischen Union, ihre völkerrechtlichen Kompetenzen gegenüber Dritten nicht selbst auszuüben, sondern dies der Union zu überlassen. Insoweit ähnelt die Haltung der Staaten in der Europäischen Union dem vor der Mitgliedschaft der Europäischen Gemeinschaft in GATT und WTO eingenommenen Standpunkt im GATT'47. Dort verdichtete sich die Zurücknahme der Mitgliedstaaten zugunsten der Europäischen Gemeinschaft sogar zu einer Funktionsnachfolge, die als de facto Mitgliedschaft der Europäischen Gemeinschaft im GATT gedeutet wurde.[364] Eine solche Rechtsfolge kann aber nicht allein durch die Mitglieder der Europäischen Union herbeigeführt werden, sie verlangt auch das Akzept der Drittstaaten bzw. der beteiligten Internationaler Organisationen. Hierfür liegt aber bisher keine Praxis vor.

Zusammenfassend ist davon auszugehen, daß Art. J.5 a.F. EUV erst in Zukunft relevant wird, dann nämlich, wenn die Europäische Union als Mitglied oder de facto Mitglied anderer Organisationen akzeptiert wird. Jedenfalls legt der Wortlaut des Art. J.5 a.F. EUV nahe, daß die Mitgliedstaaten eine entsprechende Mitgliedschaft, die mit einer schrittweisen Ersetzung ihrer eigenen Rechtsstellung durch die Union einhergeht, anstreben.[365] Damit wird bereits eine, wenn auch begrenzte Kompetenz der Union auf dem Gebiet der Außen- und Sicherheitspolitik begründet.

---

partiellen Vertretungsmacht zugunsten des den Vorsitz innehabenden Vertragsstaates für die restlichen Vertragstaaten des Unionsvertrages sieht.

[363]Ähnlich Koenig/Pechstein, Die Europ. Union, Kap. 2 Rdnr.6, S.24

[364]EuGH, Urt. v. 12.12.1972, verb.Rs. 21-24/72 -International Fruit Company-, Slg. 1972, S.1219 ff.

[365]vgl. Hillgruber, Das Verhältnis der Europ. Gemeinschaften und der Europ. Union zu ihren Mitgliedstaaten, AVR 1996, S.347 ff. (354)

Auch Art. J.5 Abs.4 a.F. EUV vermag an diesem Befund nichts zu ändern. Nach dieser Norm sind von der Vertretungsbefugnis der Europäischen Union diejenigen Mitgliedstaaten ausgenommen, die nicht Mitglied der Internationalen Organisation sind. Diese Staaten werden im Rahmen der Europäischen Union von den in der Organisation vertretenen Mitgliedstaaten unterrichtet. Diese Norm stellt ein notwendiges Korrektiv dar, sofern nicht alle Mitgliedstaaten einer Internationalen Organisation bzw. einem Organ derselben angehören. Denn ein Nichtmitglied kann nicht auf die Ausübung seiner Kompetenzen in einer Internationalen Organisation zugunsten der Union verzichten. Daraus kann aber nicht geschlossen werden, daß die Vertragsparteien insoweit vom Fortbestehen der eigenen Zuständigkeit ausgehen.[366] Dementsprechend ist die Regelung in Art. J.5 Abs. 4 a.F. EUV weder ein Indiz für noch gegen die Rechtspersönlichkeit der Union.[367]

Nicht entscheidend ist auch, daß der Rat gemäß Art.J.8 Abs.2 S.3 a.F. EUV, der die für die Festlegung und Durchführung der Gemeinsamen Außen- und Sicherheitspolitik erforderlichen Entscheidungen auf der Grundlage der vom Europäischen Rat festgelegten allgemeinen Leitlinien trifft, außer in Verfahrensfragen und außer im Fall des Art. J.3 Nr. 2 a.F., **einstimmig** beschließt. Auch in der Europäischen Gemeinschaft werden vielfach Beschlüsse, wie der nach Art.308 [Art.235 a.F.] EGV einstimmig gefaßt, ohne das jemals die Verbandskompetenz der Europäischen Gemeinschaft bzw. die Organkompetenz des Rates in Zweifel gezogen worden wäre. Für die Abstimmungen in der Europäischen Union ist zudem zu berücksichtigen, daß die Mitgliedstaaten in der Schlußakte der Europäischen Union überein gekommen sind, bei Entscheidungen, die Einstimmigkeit erfordern, es zu unterlassen, die Einstimmigkeit zu verhindern.[368]

Die bisherigen Überlegungen haben aber noch nicht abschließend geklärt, ob sich aus Art.J.5 Abs.1 und 2 a.F. EUV eine völkerrechtliche Handlungskompetenz ergibt. Die Feststellung einer Außenvertretungsbefugnis des Vorsitzes des Europäischen Rates

---

[366]so aber R.Streinz, Europarecht, Rdnr.121 b

[367]so aber R. Streinz, Europarecht, Rdnr. 121 b;

[368] 27.Erklärung zu den Abstimmungen im Bereich der Gemeinsamen Außen- und Sicherheitspolitik, BGBl. 1992 II S.1253 (1324); vgl. dazu auch Klein/Haratsch, Neuere Entwicklungen des Recht der Europ. Gemeinschaften, DÖV 1993, S.785 ff. (796); C.Hillgruber, Das Verhältnis der Europ. Gemeinschaften und der Europ. Union zu ihren Mitgliedstaaten, AVR 1996, S.347 ff. (353, Fn.23).

sagt noch nichts darüber aus, ob damit der Vorsitz lediglich den außenpolitischen Standpunkt der Union darlegt oder ob damit die Kompetenz verbunden ist, auch rechtlich verbindlich mit Wirkung für die Union und ihre Mitgliedstaaten aufzutreten.

Hierfür könnte die bisherige Praxis der Europäischen Union in der internationalen Gemeinschaft wichtige Anhaltspunkte liefern. Der Text des Art.J.3 a.F. EUV ist so weit gefaßt, daß er eine Auslegung im Sinne des Art.31 Abs.3 des Wiener Übereinkommens über das Recht der Verträge (WüV) durch eine spätere Praxis der Vertragsstaaten zuläßt.[369] Die Deutung einer durch den Wortlaut nicht eindeutig festgelegten vertraglichen Regelung anhand der nachfolgenden Praxis ist gemäß Art.31 WÜV Auslegung und nicht Änderung des Vertrages.

Eine solche Auslegung durch *subsequent practice* setzt jedoch den Konsens aller Vertragsparteien voraus. In neuerer Zeit zeichnen sich Tendenzen ab, die auf die Befugnis der Union zu rechtsverbindlichem Auftreten im internationalen Verkehr schließen lassen. Zu nennen ist insbesondere die Beteiligung der Europäischen Union am Abschluß einiger völkerrechtlicher Verträge, die als Mittel zur Durchsetzung von gemeinsamen Aktionen der Union geschlossen wurden. Ein Beispiel dafür ist die internationale Vereinbarung vom 5.Juli 1994 über die Verwaltung der Stadt Mostar durch die Europäische Union. Diese Vereinbarung wurde von der sogenannten EU-Troika, bestehend aus Bundesaußenminister Kinkel, dem griechischen Außenminister Papoulias und dem französischen Außenminister Juppé, sowie dem Kommissionsmitglied Van den Broek, dem Präsidenten der WEU-Rates Kooijmans, den Präsidenten der Republik Bosnien-Herzegowina und der bosnisch-kroatischen Föderation, Izetbegovic und Zubak, sowie von den Bürgermeistern von Ost- und Westmostar Orucevic und Brajkovic, unterzeichnet.[370] Die Beteiligung auf der Seite der Europäischen Union ist nicht als Handeln der durch die Außenminister repräsentierten Staaten zu verstehen. Die Zusammensetzung der EU-Troika kann nur als Repräsentanz des Europäischen Rates gesehen werden. Zum Zeitpunkt des Vertragsschlusses übte Deutschland die Ratspräsidentschaft aus. Diese wurde von

[369] so auch O.Dörr, Zur Rechtsnatur der Europäischen Union, EuR 1995, S.334 ff. (343)
[370] vgl. Bulletin der Europäischen Union 7/8 1994, S.74 sowie den Beschluß des Rates vom 12.Dezember 1994 über die vom Rat aufgrund Art.J 3 des Unionsvertrages beschlossene Gemeinsame Aktion zur weiteren Unterstützung der Verwaltung der Stadt Mostar durch die EU. (94/790/GASP), ABl. Nr.326/2; vgl. dazu auch H.Isak, Überlegungen zu einigen Rechts- undStrukturfragen der Europäischen Union, ÖZöRV 1995, Bd.49, S.315 ff. (324 f.)

Griechenland, das den vorhergehenden Vorsitz innehatte und Frankreich, das den nachfolgenden Vorsitz wahrgenommen hat, i.S.d. Art. J 5 Abs.3 EUV unterstützt. Hier wird deutlich, daß die EU an einer internationalen Vereinbarung beteiligt wurde, so daß dieser Vertrag für eine implizite Anerkennung der EU als Völkerrechtssubjekt durch die beteiligten Mitgliedstaaten und durch die anderen daran beteiligten Völkerrechtssubjekte gesprochen werden kann.[371]

Ein weiterer Beleg für die Völkerrechtssubjektivität der Europäischen Union kraft Anerkennung der Union durch die Parteien eines völkerrechtlichen Vertrages[372] könnten die am 1.November 1995 in Dayton/Ohio begonnenen Verhandlungen über einen Friedensvertrag, der den Kriegszustand in Bosnien-Herzegowina beenden und dem Land eine neue politische Ordnung geben sollte, darstellen. Der Friedensvertrag wurde am 21.November 1995 in Dayton/Ohio paraphiert und am 14.Dezember 1995 in Paris ratifiziert und von den Regierungschefs der Staaten der internationalen Kontaktgruppe (USA, Russische Föderation, Vereinigtes Königreich, Frankreich und Bundesrepublik Deutschland) und von dem spanischen Ministerpräsidenten Gonzales als Vorsitzendem des Rates der Europäischen Union beglaubigt ("witnessed by").[373] Hier ist davon auszugehen, daß der spanische Ministerpräsident als damaliger Ratspräsident in Vertretung der Union und nicht als Vertreter Spaniens bzw. der anderen Mitgliedstaaten gehandelt hat.[374] Denn andernfalls wäre nicht zu erklären, weshalb die Mitgliedstaaten Vereinigtes Königreich, Frankreich und die Bundesrepublik Deutschland in zweifacher Hinsicht hätten vertreten werden sollen.[375]

---

[371] Die Republik Bosnien-Herzegowina ist unstreitig ein Staat, die Völkerrechtssubjektivität der bosnisch-kroatischen Föderation ist bisher nicht eindeutig geklärt.

[372] so auch C.Hillgruber, Das Verhältnis der Europ. Gemeinschaften und der Europ. Union zu ihren Mitgliedstaaten, AVR 1996, S.347 ff. (354 f.); O.Dörr, Zur Rechtsnatur der Europ. Union, EuR 1995, S.334 ff. (345); G.Ress, Ist die Europ. Union eine juristische Person, EuR -Beiheft 2- 1995, S.27 ff. (40).

[373] Vgl. Archiv der Gegenwart 1995, S.40609 ff.; dazu auch: U. Fink, Der Einsatz der Implementation Force (IFOR) in Bosnien-Herzegowina in: Ziemske/Langheid/Wilms/Haverkate (Hrsg.), Staatsphilosophie und Rechtspolitik, FS Kriele, S.1461 ff. (1465)

[374] so auch W.Schroeder, Die Rechtsnatur der Europäischen Union und verwandte Probleme in: Hummer/Schweitzer (Hrsg.), Österreich und das Recht der Europ. Union, S.3 ff. (18)

[375] so C.Hillgruber, Die Rechtsnatur der Europäischen Union nach dem Amsterdamer Vertrag in: W.Kluth (Hrsg.), Europ. Union nach dem Amsterdamer Vertrag, der jedoch, entgegen seiner früheren Auffassung, letztlich die äußere Völkerrechtssubjektivität der EU verneint.

Auch wenn mit der Unterzeichnung des Dayton Vertrages in erster Linie der Abschluß eines völkerrechtlichen Vertrages zwischen Bosnien-Herzegowina und seinen Nachbarstaaten bezeugt werden sollte, so ergeben sich aus den Bestimmungen des Dayton Agreements für die Union (als Vertrag zugunsten Dritter[376]) gewisse Begünstigungen, wie die Berichtspflicht des High Representative gegenüber der Union, die Teilnahme des jeweiligen Ratspräsidenten an der Abrüstungskonferenz für das ehemalige Jugoslawien und den Sitz im Peace Implementation Council. Insoweit liegt der Schluß nahe, die Union als ein Völkerrechtssubjekt, wenn auch nur im beschränktem Maße, anzusehen.

Der Vertrag von Amsterdam bietet im Hinblick auf die Rechtsstellung der Union keinen weiteren Aufschluß. Die durch den Amsterdamer Vertrag neu eingefügten Vorschriften sind diesbezüglich nicht eindeutig. Für die Annahme einer implizit verliehenen partiellen Völkerrechtsfähigkeit der Union könnten sprechen, daß über eine analoge Anwendung des Art.18 [Art.J 5 a.F.] EUV gemäß Art.37 Abs.2 n.F. EUV nunmehr die Union auch im Bereich der PJZS vertretungsberechtigt ist und weiterhin in Art.24 und 38 n.F. EUV die Möglichkeit vorgesehen ist, im Bereich der GASP und der PJZS internationale Übereinkünfte mit einem oder mehreren Staaten oder mit internationalen Organisationen abzuschließen. Der Rat kann danach den Vorsitz durch einstimmigen Beschluß ermächtigen, zu diesem Zweck Verhandlungen zu führen. Die so ausgehandelten Übereinkünfte werden dann vom Rat auf der Grundlage eines einstimmigen Beschlusses auf Empfehlung des Vorsitzes geschlossen.

Genau gesehen geht aus dieser Regelung aber nicht eindeutig hervor, ob die Union, was für ihre Rechtspersönlichkeit spräche, oder aber die Mitgliedstaaten Vertragspartei werden. [377] Für letzteres aber spricht, daß Art.24 Abs.1 S.3 n.F. EUV für einen Mitgliedstaat, dessen Vertreter im Rat erklärt, daß in seinem Land bestimmte verfassungsrechtliche Vorschriften eingehalten werden müssen, vorsieht, durch eine

---

[376] so C.Hillgruber, Die Rechtsnatur der Europäischen Union nach dem Amsterdamer Vertrag in: W.Kluth (Hrsg.), Europ. Union nach dem Amsterdamer Vertrag, S.15 ff.

[377] vgl. dazu M.Hilf/E.Pache, Der Vertrag von Amsterdam, NJW 1998, S.705 ff. (709), nach deren Auffassung Art.J.14 n.F. nicht klarstelle, ob die Mitgliedstaaten oder die EG/EU Vertragspartei werden sollen, aber die Tendenz zur Anerkennung einer eigenen Rechtspersönlichkeit stärke.

solche Übereinkunft nicht gebunden zu sein.[378] Hinzu kommt, daß die Mitgliedstaaten in der Schlußakte der Amsterdamer Konferenz erklärt haben, daß die Bestimmungen der Art.24 und 38 EUV keine Übertragung von Zuständigkeiten von den Mitgliedstaaten auf die Europäische Union bedeuteten.[379]

Allein diese Umstände sprechen jedoch für sich genommen noch nicht gegen eine Völkerrechtsfähigkeit der Union. Gegen die Auffassung, daß der Rat nicht die Union, sondern die Mitgliedstaaten vertritt, könnte man einwenden, daß eine solche Vertretung der Mitgliedstaaten durch den Rat im Unionsvertrag ausdrücklich hätte geregelt werden müssen, was aber nicht geschehen ist. Wollte man dennoch annehmen, daß die Mitgliedstaaten Vertragsparteien würden, käme das einer nicht zulässigen verdeckten Stellvertretung gleich. Deshalb muß Art.24 S.3 EUV als Regelung des Innenverhältnisses der EU zu ihren Mitgliedstaaten verstanden werden, wonach die Union ungeachtet des Verhältnisses zu Drittstaaten oder Drittorganisationen, einzelne Mitgliedstaaten von der innenrechtlichen Bindung ausnehmen kann.

Desweiteren könnte die von der Regierungskonferenz angenommene Erklärung mit **von Bogdandy** auch so verstanden werden, daß die Mitgliedstaaten die Kompetenz zum Abschluß internationaler Abkommen als parallele und nicht als ausschließliche Kompetenz verstanden wissen wollten.[380]

Die nach dem Amsterdamer Vertrag vorgesehene Intensivierung der gemeinsamen Verteidigungspolitik, d.h. der Ausbau des Verhältnisses der EU zur WEU läßt deutlich die Tendenz zur Anerkennung einer eigenen Rechtspersönlichkeit der EU erkennen. Nach Art.17 Abs.1 UAbs.2 n.F. EUV fördert die Union engere institutionelle Beziehungen zur WEU im Hinblick auf die Möglichkeit einer Integration der WEU in die Union.[381] Auf diesem Weg könnte als Zukunftsperspektive, falls der Europäische Rat

---

[378] So R.Streinz, Europarecht, Rdnr.423 e; C.Hillgruber, Die Rechtsnatur der Europäischen Union nach dem Amsterdamer Vertrag in: W.Kluth (Hrsg.), Europ. Union nach dem Amsterdamer Vertrag, der davon ausgeht, daß in diesem Fall nur ein Vertrag zwischen den übrig bleibenden Mitgliedstaaten und dem Drittstaat angenommen werden kann.

[379] Vgl. 4.Erklärung zu den Artikeln 24 und 38 des Vertrages über die Europäische Union, abgedruckt: Sartorius II, Nr.147 a

[380] A. v.Bogdandy, Die Europäische Union als supranationale Föderation, Integration 22 (1999), S.95 ff. (103, Fn.29)

[381] Der WEU-Ministerrat hat, vgl. Protokoll zu Art.17 des Vertrages über die Europäische Union und die Erklärung zur Westeuropäischen Union (abgedruckt: Sartorius II, Nr.147 a,

dies mit einem durch die Mitgliedstaaten zu ratifizierenden Beschluß entscheiden sollte, eine organisatorische Integration der WEU in die EU erfolgen.

4. Fazit

Nach der Gesamtschau der hier aufgeführten Faktoren spricht vieles dafür, die Europäische Union als eine Internationale Organisation zu begreifen. Im Hinblick auf die völkerrechtliche Praxis ist diese Annahme zwar nicht zwingend, die Praxis bietet jedoch eindeutige Anzeichen für die Herausbildung einer Völkerrechtsfähigkeit der Union. Dieser kommt zur Zeit zwar nur in beschränktem Umfang völkerrechtliche Handlungsbefugnis und damit eine partielle Völkerrechtssubjektivität zu. Es ist jedoch nur eine Frage der Zeit, bis der Charakter der Union als Völkerrechtssubjekt noch deutlicher hervortreten wird.

Um der Frage der Bindung der Organe der EG an die EMRK über einen Beitritt der EU weiterhin nachzugehen, muß als nächstes untersucht werden, in welchem Verhältnis die EU zur EG steht.

II. Bedeutung des Beitritts der EU für die EG

Der Rat der Europäischen Union[382] hat den am 26. April 1994 bei der Kanzlei des Europäischen Gerichtshofes gestellten Gutachtenantrag wie folgt formuliert: "Ist der Beitritt der **Europäischen Gemeinschaft** zur Konvention zum Schutze der Menschenrechte und Grundfreiheiten (EMRK) mit dem Vertrag zur Gründung der **Europäischen Gemeinschaft** vereinbar". Der Gutachtenantrag bezieht sich also ausdrücklich nur auf die Europäische Gemeinschaft und nicht auf die Europäische Union, so daß die EU von der Bindungswirkung des Gutachtens gemäß Art.300 Abs.6 S.2 [Art.228 Abs.6 S.2 a.F.] nicht betroffen ist. Ob ein Beitritt der Europäischen Union sinnvoll erscheint, hängt vorrangig davon ab, welche Rechtsstellung der Europäischen Union im Verhältnis zur EG zukommt.

S.5 ff.) den ins Auge gefaßten Neuregelungen des Amsterdamer Vertrages, insbesondere der Befugnis des Europäischen Rates zur Festlegung der Leitlinien (Art.17 Abs.3 UAbs.1 n.F. EUV) zugestimmt. Damit erfolgte eine weitere Änderung des WEU-Vertrags.

[382] Vgl. den Beschluß des Rates vom 8.11.1993 (93/591/EU, EG, EGKS, Euratom) über seine Bezeichnung als "Rat der Europäischen Union" im Anschluß an das Inkrafttreten des Vertrages über die Europäische Union, ABl. Nr. L 281/18

Das Verhältnis der Europäischen Union zu den Europäischen Gemeinschaften ist auch angesichts der in der Literatur dazu vorzufindenden Deutungsversuche bis heute unklar geblieben. Dies gilt u.a. auch deshalb, weil in den Medien, in der Politik und auch im Sprachgebrauch der EG-Organe selbst seit dem Inkrafttreten des Vertrages von Maastricht und des Amsterdamer Vertrages stets nur noch von der Europäischen Union die Rede ist. Nach außen entsteht somit der Eindruck, die Europäischen Gemeinschaften seien in der Europäischen Union aufgegangen bzw. existierten gar nicht mehr.

1. Die Gemeinschaften und die EU als einheitliche Organisation

Der Begriff Europäische Union entstammt dem Unionsvertrag, der Teil des Vertrages von Maastricht ist. Mit Inkrafttreten dieses Vertrages am 1.11.1993[383] haben die Mitgliedstaaten der Europäischen Gemeinschaften eine Europäische Union ins Leben gerufen. Grundlage der Europäischen Union bilden gemäß der in Art.1 Abs.3 [Art.A Abs. 3 a.F.] EUV aufrechterhaltenen Feststellung des Maastrichter Vertrags die Europäische Wirtschaftsgemeinschaft (EWG), die seit dem Vertrag von Maastricht Europäische Gemeinschaft (EG[384]) heißt, die Europäische Atomgemeinschaft (EAG) und die Europäische Gemeinschaft für Kohle und Stahl (EGKS). Ergänzt wird diese institutionelle „Säule" durch die in dem Unionsvertrag eingeführte gemeinsame Außen- und Sicherheitspolitik, die bereits zuvor bestehende GASP[385] und durch Formen der Zusammenarbeit in den Bereichen Justiz und Inneres (ZBJI)[386], nunmehr: Polizeiliche und justizielle Zusammenarbeit in Strafsachen (PJZS)[387]. Dabei wird nicht klar, ob die Gemeinschaften als Fundament in die Union integriert werden oder ob sie als außerhalb dieses institutionellen Gefüges stehend zu betrachten sind. Der Begriff „Grundlage bietet keinen Aufschluß über das Verhältnis von Gemeinschaftsrecht und Unionsrecht. Jedenfalls ist auszuschließen, daß die Gemeinschaften, wenn sie als Grundlage der Union dienen, mit dieser identisch sind.

Die Europäischen Gemeinschaften besitzen gemäß Art.281 [Art. 210 a.F.] EGV, Art. 6 EGKSV und Art. 184 EAGV eigene Rechtspersönlichkeit. Diese, ihnen vertraglich

---

383 BGBl. II S.1947
384 Art. G a.F. [Art.8 n.F.] EUV; Art. 1 EGV
385 Art. J a.F. [Art.11 ff. n.F.] EUV
386 Art. K a.F. EUV
387 Vgl. Art.29 ff. n.F. EUV

zuerkannte Rechtspersönlichkeit kann jedoch, da es sich bei dem EGV, dem EGKSV und dem EAGV um völkerrechtliche Verträge der daran beteiligten Mitgliedstaaten handelt, nur *inter partes*, d.h. nur für und gegen die Mitgliedstaaten wirken. Im Verhältnis zu Drittstaaten und anderen Internationalen Organisationen ist die Frage der Rechtspersönlichkeit davon abhängig, daß diese die Europäischen Gemeinschaften als Völkerrechtssubjekte anerkennen. Untersucht man daraufhin die Staatenpraxis, so ist der Status der Europäischen Gemeinschaften als Völkerrechtssubjekte angesichts einer reichhaltigen Vertragspraxis auch im Außenverhältnis unbestritten. Da die Europäischen Gemeinschaften nach bis heute nahezu einhelliger Auffassung trotz ihres hohen Integrationsgrades aber wegen Fehlens einer Kompetenz-Kompetenz, d.h. über eine Kompetenz, eigene Kompetenzen zu begründen, nicht Staat im Sinne des Völkerrechts sind[388], können sie im internationalen Verkehr nur als Internationale Organisationen auftreten. Als solche kommt ihnen nur eine nach Maßgabe ihrer Aufgaben und Ziele zu bestimmende, partielle Völkerrechtssubjektivität zu.[389]

Nicht so einfach ist die Frage nach der Organisationsstruktur der Europäischen Union zu beantworten. Die rechtliche Einordnung der Union, als der durch den Maastrichter-Vertrag neu geschaffenen Stufe europäischer Integration im Verhältnis zu den drei Europäischen Gemeinschaften, ist bis heute umstritten. So finden sich in der Literatur für die Union bezogenen auf die drei Gemeinschaften Charakterisierungen wie "Plattform", "Dach", oder "Mantel"[390], teilweise wird sie als Organisation *sui generis* beschrieben[391]. Dies kann jedoch nur als ein Versuch gewertet werden, die Struktur des "neu geschaffenen Gebildes" sprachlich zu veranschaulichen. Über die rechtliche Qualifizierung der Union ist damit nichts ausgesagt.

Die Meinungen in der Literatur bzgl. des rechtlichen Status der Union im Vergleich zur EG gehen weit auseinander. So gibt es einerseits Stimmen im Schrifttum, die davon ausgehen, daß die Europäischen Gemeinschaften mit der Europäischen Union zu

---

[388] Vgl. R.Streinz, Europarecht, Rdnr.121

[389] Seidl-Hohenveldern/Loibl, Das Recht der Internationalen Organisationen, Rdnr. 0314.

[390] R.Streinz, Europarecht, Rdnr. 121a (intergouvernementale Plattform); Klein/Haratsch, Neuere Entwicklungen des Rechts der Europ. Gemeinschaften, DÖV 1993, S.785 ff. (788); U.Everling, Überlegungen zur Struktur der Europ. Union und zum neuen Europa-Artikel des Grundgesetzes, DVBl. 1993, S.936 ff. (940);

[391] G.Ress, Die Europ. Union und die juristische Qualität der Beziehungen zu den Europ. Gemeinschaften, JuS 1992, 985 ff. (986); ders., Ist die Europ. Union eine juristische Person?,EuR -Beiheft 2- 1995, S.27 ff. (34);

einem einzigen Völkerrechtssubjekt **verschmolzen** seien[392]. Dagegen vertreten andere die Auffassung, daß die Gemeinschaften neben der Union als eigene Rechtspersönlichkeiten fortbestehen. Dabei wird auch behauptet, daß der Union neben den Gemeinschaften keine eigene Rechtssubjektivität zukomme.[393]

Für die "Verschmelzungsthese" könnte Art.49 [Art.O a.F.] EUV sprechen. Gemäß Art.49 [Art.O a.F.] EUV kann jeder europäische Staat beantragen, Mitglied der Union zu werden. Im Gegenzug dazu sind die entsprechenden Beitrittsvorschriften in den Gründungsverträgen zu den Europäischen Gemeinschaften (Art 237 EWGV, Art. 205 EAGV, Art. 98 EGKSV) aufgehoben worden. Es ist demnach seit Inkrafttreten des Unionsvertrages ausgeschlossen, daß ein neues Mitglied den Europäischen Gemeinschaften beitritt, ohne zugleich die Verpflichtungen aus dem Unionsvertrag zu übernehmen.[394]

Dies scheint auf den ersten Blick zu bestätigen, daß die Europäischen Gemeinschaften mit der Europäischen Union zu einer einheitlichen Organisation verschmolzen sind. Wenn ein Beitritt zu den Europäischen Gemeinschaften nicht mehr möglich ist, dann ist zu vermuten, daß diese ihre Rechtspersönlichkeit und damit den Charakter einer selbständigen Internationalen Organisation verloren haben.

Ein weiteres Argument ist von **v.Bogdandy/Nettesheim** vorgetragen worden. Sie stützen sich auf Art. F Abs.2 [Art.6 Abs.2 n.F.] EUV, der vorschreibt, daß die Union die Grundrechte, wie sie in der am 4.November 1950 in Rom unterzeichneten Europäischen Konvention zum Schutze der Menschenrechte und Grundfreiheiten gewährleistet sind, zu achten habe. Diese Regelung lasse sich sinnvoll nur so begreifen, daß die Union und die Gemeinschaften gleichermaßen an die EMRK gebunden seien. Da in den Gemeinschaftsverträgen aber eine entsprechende

---

[392]v. Bogdandy/M. Nettesheim, Die Verschmelzung der Europäischen Gemeinschaften in der Europäischen Union, NJW 1995, S.2324 ff; a.A. O.Dörr, Noch einmal: Die Europäische Union und die Europäischen Gemeinschaften, NJW 1995, S.3162 ff.

[393]Koenig/Pechstein, Die Europäische Union, Kap. 2 Rdnr.1 ff.; P.M. Huber, Der Staatenverbund der Europäischen Union in Ipsen/Rengeling/Mössner/Weber (Hrsg.), Verfassungsrecht im Wandel, FS Heymanns Verlag, S.349 ff. (358); H. Lecheler, Der Rechtscharakter der "Europäischen Union", ebd., S.383 ff. (393); nicht eindeutig: Klein/ Haratsch, Neuere Entwicklungen des Rechts der Europäischen Gemeinschaften, DÖV 1993, S.785 ff. (787 f.); R.Streinz, Europarecht, Rdnr. 121a, 121 b.

[394]BT-Drucks. 12/3334, S.81 ff. (115)

Regelung fehlt, müsse bezüglich der Union und der Gemeinschaften von einer einheitlichen Rechtspersönlichkeit ausgegangen werden.[395]

2. Die Europäischen Gemeinschaften und die Europäische Union als rechtlich selbständige Organisationen

Die übrigen Bestimmungen in den Gründungsverträgen und die Vorschriften im Unionsvertrag bestätigen bei genauerem Hinsehen das soeben gefundene Ergebnis jedoch nicht. Wie ist es sonst zu erklären, daß Art.281 [Art. 210 a.F.] EGV, Art. 6 EGKSV und Art. 184 EAGV nicht gestrichen worden sind. Diese Vorschriften des primären Gemeinschaftsrechts weisen ausdrücklich darauf hin, daß die Europäischen Gemeinschaften Rechtspersönlichkeit besitzen. Außerdem fehlt eine Vorschrift im Unionsvertrag, welche die Auflösung der Europäischen Gemeinschaften als eigene Rechtssubjekte ausdrücklich anordnet. Im Hinblick auf völkerrechtliche Vereinbarungen kann dies zwar auch durch stillschweigende Vertragsänderung erfolgen. Dafür müßte sich jedoch ein Regelungswille der Vertragsparteien sicher herleiten lassen. Angesichts der Vertragspraxis der Gemeinschaften und des daraus folgenden Vertrauensschutzes der Vertragspartner, kann nicht davon ausgegangen werden, daß der Übergang der Rechtspersönlichkeit von den Gemeinschaften auf die Union und damit ein Wechsel in der Gläubiger- und Schuldnerstellung bestehender Verträge stillschweigend, also ohne eine ausdrückliche vertragliche Bestimmung erfolgen sollte.[396]

Außerdem bestimmen die Art.5 und 47 [Art. E und M a.F.] EUV, daß die Kompetenzen der Europäischen Gemeinschaften und ihre Rechtsgrundlagen von der Gründung der Europäischen Union unberührt bleiben sollen. So üben die Organe der Europäischen Gemeinschaften gemäß Art.5 [Art. E a.F.] EUV "ihre Befugnisse nach Maßgabe und im Sinne der Verträge zur Gründung der Gemeinschaften sowie der nachfolgenden Verträge und Akte zu deren Änderung und Ergänzung **einerseits** und der übrigen Bestimmungen des Vertrages über die Europäische Union **andererseits** aus."

---

395 v.Bogdandy/Nettesheim, Die Verschmelzung der EG in der EU, NJW 1995, S.2324 ff. (2326).

396 O.Dörr, Noch einmal: Die Europ. Union und die Europ. Gemeinschaften, NJW 1995, S.3162 ff.(3162)

Daraus kann nur gefolgert werden, daß die Europäischen Gemeinschaften als eigene Rechtspersönlichkeiten und Zurechnungssubjekte für vertraglich begründete Rechte und Pflichten bestehen geblieben sind. Die Eindeutigkeit des Wortlauts von Art.47 [Art. M a.F.] EUV kann auch nicht mit dem Argument überspielt werden, Art.47 [Art. M a.F.] wolle lediglich den "materiellen Besitzstand der Integration schützen"[397] Eine solche Regelung wäre angesichts der Bestimmungen in Art.3 und 2 Abs.1, 5.SpStr [Art. C und Art. B Abs.1, 5.SpStr a.F.] EUV nicht erforderlich, sie wäre sogar überflüssig.

Auch die Tatsache, daß die Union über einen einheitlichen institutionellen Rahmen verfügt, der die Kohärenz und Kontinuität der Maßnahmen zur Erreichung der in Art.2 [Art. B a.F.] EUV gesetzten Ziele sicherstellen soll, bietet keine Stütze für die Fusionsthese.[398] Art.3 [Art. C a.F.] EUV stellt nur klar, daß eine partielle Identität der Organe besteht. Das heißt aber nicht, daß mit dieser "Organfusion" bereits auch eine institutionelle Zusammenführung zwischen der Gemeinschaft und der Union stattfindet. Der Zusammenschluß von Organen führt nicht zwingend zu einer Fusion der dahinterstehenden Organisationen. Bereits vor Inkrafttreten des Unionsvertrages wurde ein Abkommen über die Bildung gemeinsamer Organe für die drei Gemeinschaften abgeschlossen, ohne daß dies etwas an deren rechtlicher Selbständigkeit geändert hätte. Seit dem Abkommen über gemeinsame Organe für die Europäischen Gemeinschaften vom 25.März 1957 (FusAbk) sind für alle drei Gemeinschaften ein Parlament, ein Gerichtshof und seit dem Vertrag zur Einsetzung eines gemeinsamen Rates und einer gemeinsamen Kommission der Europäischen Gemeinschaften vom 8.April 1965 (FusV) ein Rat und eine Kommission zuständig, wobei die Organe aber nach dem betroffenen Sachgebiet auf der Grundlage der Einzelverträge handeln.[399]

Für das Fortbestehen der Europäischen Gemeinschaften spricht weiterhin, daß Art.1 und 9 des Fusionsvertrages vom 8.April 1965 durch Art.50 Abs.1 [Art. P Abs.1 a.F.] EUV nicht aufgehoben wurden. Würde man von einer Fusion der drei Gemeinschaften zu einer einheitlichen Union ausgehen, wäre das Fortbestehenlassen dieser Vorschriften sinnlos. Ein weiteres Indiz für die Selbständigkeit der Gemeinschaften ist,

---

[397] so aber v.Bogdandy/Nettesheim, Die Verschmelzung der EG in der EU, NJW 1995, S.2324 (2326); entgegen R.Streinz, Die Europ. Union nach dem Vertrag von Maastricht, ZRVgl 1995, 1 ff. (4, 12).

[398] Entgegen v.Bogdandy/Nettesheim, Die Verschmelzung der Europ. Gemeinschaften in der Europ. Union, NJW 1995, 2324 (2325 f.)

daß diese über einen eigenen Haushalt verfügen. Auf diesen wird auch im Unionsvertrag ausdrücklich hingewiesen (Art.28 und Art.41 [Art.J 11 und Art.K 8 a.F.] EUV).[400]

Meines Erachtens geht der Unionsvertrag sogar ausdrücklich vom Fortbestand der Europäischen Gemeinschaften aus. In Art.29 Abs.1 [Art. K 1 Abs.1 a.F.] EUV wird ausdrücklich ein Vorbehalt "zugunsten der Zuständigkeiten der Europäischen Gemeinschaft" erklärt.[401] Wären die Europäischen Gemeinschaften mit der Union zu einer Organisation fusioniert, weshalb sollte dann der Unionsvertrag eine Regelung treffen, in der die Zuständigkeiten der Europäischen Gemeinschaften unberührt bleiben sollen? Die Vorschrift stellt also klar, daß neben der Union rechtlich getrennte Organisationen bestehen bleiben. Darüber hinaus macht auch der Wortlaut des Art.1 Abs.3 [Art. A Abs. 3 a.F.] EUV deutlich, daß die Europäischen Gemeinschaften zwar "die Grundlage der Union" bilden, mit dieser aber gerade deshalb nicht identisch sind.[402]

Der Argumentation von **v. Bogdandy/Nettelsheim** in Bezug auf Art.F.2 a.F. EUV ist entgegenzuhalten, daß gemäß Art.L a.F. EUV dem EuGH auf diesem Gebiet keine Zuständigkeit eingeräumt worden ist. Der Unionsvertrag trifft hier also eine Sonderregelung, die keine Rückschlüsse auf das Rechtsverhältnis zu den Gemeinschaften zuläßt. Das Gleiche gilt auch im Hinblick auf das von diesen Autoren angeführte Beispiel der Unionsbürgerschaft. Auch hier sind die wesentlichen Regelungen im EGV getroffen und gerade nicht im EUV.

Besonders hervorzuheben ist schließlich die Vertragspraxis, die zeigt, daß die Europäischen Gemeinschaften auch nach dem Vertrag von Maastricht weiterhin völkerrechtliche Verträge in ihrem Namen schließen. Wären sie als Rechtssubjekte untergegangen, dann wäre diese Vertragspraxis völkerrechtswidrig, denn der Abschluß

---

[399] Siehe R.Streinz, Europarecht, Rdnr.227

[400] M.Hilf in: Grabitz/Hilf, Kommentar zur EU, Art.A EUV, Rdnr. 32.

[401] so auch die Interpretation des Art. K 1 EUV: O.Dörr, Noch einmal: Die Europ. Union und die Europ. Gemeinschaften, NJW 1995, 3162 ff. (3163).

[402] so auch: Koenig/Pechstein, Die Europäische Union; Kap.2 Rdnr.10; O.Dörr, Zur Rechtsnatur der Europäischen Union, EuR 1995, 334 ff (344).

völkerrechtlicher Verträge setzt eine autonome völkerrechtliche Rechtsstellung der handelnden Organisation voraus.[403]

Aus alle dem folgt, daß die seit dem Inkrafttreten des Unionsvertrages fehlende Möglichkeit eines separaten Beitritts neuer Mitglieder zu den drei Gemeinschaften nicht so gedeutet werden kann, als seien die einzelnen Vertragsdokumente, also EGV, EGKSV und EAGV nur "(Teil)-Verfassungsurkunden" einer einheitlichen EU und nicht mehr Satzungen je eigenständiger Organisation.[404]

Vielmehr soll durch Art.49 [Art.O a.F.] EUV zum Ausdruck gebracht werden, daß ein Beitritt von Drittstaaten nur zu der durch den Unionsvertrag erreichten "neuen Stufe" der Integrationsgemeinschaft stattfinden kann. Ein Beitritt zur Union stellt sich demnach als eine Vielzahl von Einzelbeitritten, d.h. Einzelbeitritten zu den drei Gemeinschaften und zum Unionsvertrag dar.[405] Die Aufhebung der Beitrittsvorschriften in den einzelnen Gemeinschaftsverträgen zugunsten des Art.49 [Art.O a.F.] EUV dient damit vor allem der Verfahrenskonzentration. Ähnlich verhält es sich auch mit Art.48 [Art. N a.F.] EUV, der das Verfahren der Vertragsänderung regelt. Daß dieses Verfahren nunmehr in einer Vertragsvorschrift zusammengefaßt ist, läßt nicht zwangsläufig auf das Bestehen einer einheitlichen Organisation schließen. Art.48 [Art. N a.F.] EUV dient ebenfalls der Vereinfachung und Konzentrierung des Verfahrens, so daß in Zukunft nur noch eine Regierungskonferenz einberufen werden muß, anstatt getrennte Regierungskonferenzen für jeden einzelnen Gemeinschaftsvertrag abzuhalten.[406] Auch hier tun sich Parallelen zu der Ratio des Fusionsvertrages auf.

[403]Die Ratifikation von Abkommen durch die Gemeinschaft beweist, daß sie eine selbständige Völkerrechtspersönlichkeitbesitzt. Seidl-Hohenfeldern,/Loibl, Das Recht der Internationalen Organisationen, § 3 Rdnr. 0303 ff.

[404]so aber: v.Bogdandy/Nettesheim, Die Verschmelzung der Europ. Gemeinschaften in der Europ. Union, NJW 1995, S.2324, 2326

[405]so auch: C.Hillgruber, Das Verhältnis der Europ. Gemeinschaften und der Europ. Union zu ihren Mitgliedstaaten, AVR 1996, 347 ff. (351); Koenig/Pechstein, Die Europäische Union, Kap. 2 Rdnr.8; Dörr, Noch einmal: Die Europ.Union und die Europ. Gemeinschaften, NJW 1995, 3162 ff. (3163), wobei der dort aufgeführte Vergleich in Fn. 15 (Art. 93 I UNO-Charta, wonach mit der Mitgliedschaft in den Vereinten Nationen zugleich immer auch die Stellung als Vertragspartei des IGH-Statuts erworben wird) hinkt, da der IGH keine selbständige Organisation ist, sondern ein Organ der Vereinten Nationen. Vgl. desweiteren Denkschrift zum Vertrag vom 7.Februar 1992 über die Europäische Union, BT-Drucks. 12/3334, S.81 ff. (114 f.), wo es heißt: "Art.O enthält in Anlehnung an den bisherigen Art.237 EWGV die Regelung für Beitritte neuer Mitglieder zur Union und zugleich auch zu EG, EGKS und Euratom.

[406]BT-Drucks. 12/3334, S.81 ff (114); O.Dörr, Noch einmal: Die Europ. Union und die Europ. Gemeinschaften, NJW 1995, S.3162 ff. (3163)

Diese Regelungen sollen dazu beitragen, das Zustandekommen von sich gegenseitig widersprechenden und damit sich gegenseitig aufhebenden Maßnahmen zu vermeiden und dient damit auch dem Koheränzgebot im Sinne von Art.1 Abs.3 S.2 [Art. A Abs.3 S.2 a.F.] EUV.

Als Ergebnis ist mithin festzuhalten, daß die Europäischen Gemeinschaften ihren völkerrechtlichen Status als eigene Rechtspersönlichkeiten bewahrt haben und nicht mit der EU zu einer einheitlichen Organisation fusioniert sind.

Als nächstes ist zu prüfen, ob sich trotz der rechtlichen Selbständigkeit der Gemeinschaften, ein Beitritt der EU zur EMRK auf die Handlungen der EG-Organe auswirkt.

3. Bindung der EG-Organe durch Beitritt der EU zur EMRK

a) Auswirkungen der Art.46 lit. d) und Art.6 Abs.2 n.F. EUV auf die Handlungen der EG-Organe

Da, wie oben bereits festgestellt,[407] die Europäischen Gemeinschaften gegenüber der Union rechtlich selbständige internationale Organisation darstellen, kann aus der Bindung der EU nicht ohne weiteres auf die Bindung der EG geschlossen werden. Aus den Vorschriften im Unionsvertrag könnten nur dann Verpflichtungen gegenüber der EG erwachsen, wenn dies dort ausdrücklich geregelt wäre. Mit der Neufassung des Art.L a.F. [Art.46 lit. d) n.F.] EUV wird nun ausdrücklich ein Bezug des Unionsrechts zum EG-Recht hergestellt. Wie bereits ausführlich dargestellt, ergibt sich über Art.46 lit. d) n.F. EUV für die EG-Organe bei der Ausübung ihrer Kompetenzen die Pflicht zur Beachtung der Menschenrechte gemäß Art.6 Abs.2 EUV.[408]

b) Unmittelbare Bindung der EG-Organe an die EMRK über einen Beitritt der EU

Vorausgesetzt, die Union ist rechtlich in der Lage, d.h. besitzt die erforderliche Vertragsabschlußkompetenz, der EMRK als multilateralem Vertrag beizutreten, muß man sich hier die Frage stellen, ob sich ein solches Abkommen wegen Art.46 lit. d) n.F. EUV auch auf das Recht der Gemeinschaften auswirkt. Vergegenwärtigt man sich nochmals, daß die EG neben der Union ihren Status als selbständiger Rechtsträger

---

[407] vgl. Ausführungen zu C. II.

[408] Vgl. dazu eingehend Ausführungen zu A.III.8. c) ee)

beibehalten hat, so kann nicht ohne weiteres davon ausgegangen werden, die Union könne mit Wirkung für die EG völkerrechtliche Verträge schließen. Dies gilt zumindest solange nicht, wie im Unionsvertrag eine entsprechende Vorschrift nicht vorgesehen ist, die eine solche Bindungsübernahme statuiert.

Etwas anderes könnte jedoch im Hinblick auf Art.46 lit. d) n.F. EUV gelten. Hier könnte mit dem Argument, daß mit Art.46 lit. d) n.F. EUV eine Verpflichtung der EG-Organe zur Einhaltung der Rechte aus Art.6 Abs.2 n.F. EUV vertraglich verankert ist, sich auch eine Pflicht zur Übernahme von unter diesem Titel abgeschlossenen völkerrechtlichen Verträge ergeben. Insoweit muß beachtet werden, daß Art.46 lit. d n.F. i.V.m. Art.6 Abs.2 n.F. EUV sich nur auf das Innenrecht der EU im Verhältnis zur EG bezieht. Eine solche Regelung wird darüber hinaus selbst im Bezug auf das Innenverhältnis sozusagen als Erweiterung der Regelung in Art.6 Abs.2 n.F. EUV nicht ausreichen, eine Verpflichtung der nicht als Mitglied der Union anzusehenden EG zu begründen.

Der Abschluß völkerrechtlicher Verträge betrifft aber gerade das Außenverhältnis und begründet nur völkerrechtliche Rechte und Pflichten für den paktierenden Staat oder die internationale Organisation. Die Union müßte deshalb über eine Vertragsabschlußkompetenz mit Wirkung für die EG verfügen, d.h. diese dazu verpflichten können, die von der Union geschlossenen völkerrechtlichen Verträge zu achten und im innergemeinschaftlichen Raum durchzuführen. Grundsätzlich kann dies nicht angenommen werden. So können beispielsweise internationale Organisationen durch Abschluß von Verträgen selbst ihre Mitgliedstaaten nicht zur Einhaltung dieser verpflichten, es sei den in der Satzung findet sich dazu eine ausdrückliche Regelung. Eine solche befindet sich z.B. in Art.300 Abs.7 [Art.228 Abs.7 a.F.] EGV. Nach dieser Vorschrift sind Gemeinschaftsabkommen auch für die Mitgliedstaaten verbindlich. Eine vergleichbare Vorschrift sieht jedoch der Unionsvertrag nicht vor.

Aber selbst aus Art.300 Abs.7 [Art.228 Abs.7 a.F.] EGV läßt sich eine Außenverpflichtung der Mitgliedstaaten aus den Gemeinschaftsabkommen nicht herleiten. Völkerrechtliche Abkommen entfalten nach dem Grundsatz *pacta tertiis nec nocent nec prosunt* keine Wirkung zugunsten bzw. zu Lasten Dritter.[409] Ein Drittstaat könnte

---

[409] vgl. Art.34 WVRK von 1969 (BGBl. II 1987, S.757) und Art.34 WVRK II (Wiener Konvention über das Recht der Verträge zwischen Staaten und internationalen Organisation und

folglich im Falle einer Verletzung des Vertrages nicht auf die Mitgliedstaaten durchgreifen.[410]

Schon aus diesem Grund ergäben sich mit einem Beitritt der EU zur EMRK nicht die gleichen „Vorzüge",[411] die sich bei einem Beitritt der EG zur EMRK einstellen würden, so daß nicht mehr untersucht werden muß, ob die EU auch rechtlich dazu in der Lage ist, der EMRK beizutreten. Bei einer Verletzung der Rechte aus der EMRK durch die EG, könnte die Union lediglich durch Anrufung des EuGH die Einhaltung der EMRK durchsetzen. Wegen der fehlenden Außenverpflichtung der EG hätte der Bürger nicht die Möglichkeit Rechtsschutz beim EGMR zu suchen.

Als Ergebnis ist festzuhalten, daß über einen Beitritt der EU zur EMRK de lege lata keine Bindung der EG-Organe stattfände. Deshalb wird im folgenden die noch bleibende Möglichkeit, einen Beitritt der EG zur EMRK über die Vertragsrevision zu bewerkstelligen, untersucht.

E. Vertragsrevision

I. Verfahren

Unter diesem Prüfungspunkt soll dargestellt werden, wer für die Vertragsänderung zuständig ist. Zunächst sei bemerkt, daß Art.48 [Art. N a.F.] EUV die bisherigen Änderungsvorschriften in den Gründungsverträgen der EG (vgl. Art.236) und der EAG (Art.204) ersetzt. Durch Art.48 [Art. N a.F.] EUV soll nun das Verfahren zur Änderung des Primärrechts der Gemeinschaften, „auf denen die Union beruht" und der Union vereinheitlicht werden.

Art.48 [Art. N a.F.] EUV regelt Form und Verfahren der Revision der EG- bzw. der Unionsverträge. Danach sollen diese Verträge nur unter Einbeziehung der Organe der EU/EG und der Beteiligung aller Mitgliedstaaten als die ursprünglichen Vertragsparteien wieder abgeändert werden können. Dabei ist zu berücksichtigen, daß die Organe nur am Vorverfahren der Vertragsänderung eingeschaltet werden,

---

zwischen internationalen Organisation) von 1986, jedoch ist das Abkommen noch nicht in Kraft getreten.

[410] Vgl. K.Schmalenbach in: Calliess/Ruffert, Kommentar zu EU-Vertrag und EG-Vertrag, Art.300, Rdnr.51; R.Streinz, Europarecht, Rdnr.606

während die eigentliche Änderung zwischen den Mitgliedstaaten als völkerrechtlicher Vertrag vereinbart und abgeschlossen wird. Das Vertragsänderungsverfahren läuft sich also verschiedenen Phasen ab.

Die Regierung jedes Mitgliedstaates und die Kommission können dem Rat Entwürfe zur Änderung des Vertrags vorlegen. Danach beruft der Präsident des Rates eine Konferenz der Vertreter der Mitgliedstaaten ein, wenn der Rat eine positive Stellungnahme abgibt. Dabei muß zuvor das Europäische Parlament und im Fall, daß der Änderungsvorschlag von einem Mitgliedstaat gemacht wurde, die Kommission gehört werden. Der Rat ist jedoch nicht an die Stellungnahme von Parlament oder Kommission gebunden und kann mit Mehrheit entscheiden.[412] Vereinbart die Regierungskonferenz die Änderung des Vertrages, so kann diese erst in Kraft treten, wenn sie von allen Mitgliedstaaten gemäß ihren verfassungsrechtlichen Vorschriften ratifiziert worden ist.

II. Bewertung des Verfahrens zur Vertragsänderung

Nach Darstellung des Verfahrens zur Vertragsänderung kann festgestellt werden, daß das Verfahren maßgeblich von den Mitgliedstaaten dominiert wird. Der Rat, in dem die Vertreter der Mitgliedstaaten vereinigt sind, entscheidet letztlich darüber, ob die Regierungskonferenz einberufen wird. Dagegen bleibt den von den Mitgliedstaaten unabhängigen Organen, wie Kommission und Europäischem Parlament lediglich das Recht, unverbindliche Stellungnahmen abzugeben, obgleich nicht verkannt werden darf, daß diese von erheblichem politischen Gewicht sein können. Denn, wenn die Organe einer Änderung des Vertrags ablehnend gegenüberstehen, können die Mitgliedstaaten bei der Durchsetzung der Änderung in Rechtfertigungsdruck geraten.[413] Die Mitgliedstaaten behaupten zwar ihre Stellung als „Herren der Verträge", doch ist ihre Entscheidungsfreiheit durch die Beteiligung unselbständiger EG-Organe eingeschränkt.[414] Jedoch muß auch gesehen werden, daß den Mitgliedstaaten, wie im allgemeinen Völkerrecht, die Möglichkeit bleibt, außerhalb des Verfahrens nach Art.48

---

[411] In diesem Zusammenhang sei auf die Ausführungen unter A.IV. 1. und 2.; B II. 1. c) ee. Verwiesen.

[412] Vgl. W.Meng in: Groeben/Thiesing/Ehlermann (Hrsg.), Kommentar zum EU-/EG-Vertrag, Art.N, Rdnr.4

[413] so W.Meng in: Groeben/Thiesing/Ehlermann (Hrsg.), Kommentar zum EU-/EG-Vertrag, Art.N Rdnr.5, 25

[Art. N a.F.] EUV Vertragsänderungen im Wege einfachen Konsenses oder nachfolgender Praxis zu vereinbaren.[415] Die Mitgliedstaaten disponieren damit als Herren der Verträge nicht nur über die zu ändernde materielle Vorschrift, sondern verbunden damit auch über die sich selbst gegebenen verfahrensrechtlichen Regelungen zur Vertragsänderung. Dieser Ansatz ist im Bezug auf das EG-Recht nicht ganz unumstritten. Einerseits wird vertreten, die Mitgliedstaaten könnten nicht ihres nach Völkerrecht bestehenden Rechts beraubt werden, die EG-Verträge auch formlos abzuändern.[416] Andere wiederum lassen den von allen Mitgliedstaaten gefaßten Änderungswillen in Abweichung zu Art.48 [Art. N a.F.] EUV nur gelten, wenn er sich in einem ratifizierten Vertrag ausdrückt. Dagegen sei eine implizite Änderung nicht mit den Verfahrensvorschriften zur Vertragsänderung vereinbar.[417] Teilweise wird zwischen Innen- und Außenrecht unterschieden. Danach sei der Abänderungsvertrag ohne Einhaltung von Art.48 [Art. N a.F.] EUV nur völkerrechtlich verbindlich, während das Unionsrecht die Nichtbeachtung der verfahrensrechtlichen Bestimmungen verbiete.[418] Letztlich wird vertreten, Art.48 [Art. N a.F.] EUV sei zwingend und verbiete den Rückgriff auf das allgemeine Völkerrecht.[419]

Der erst genannten Auffassung ist zu folgen.[420] Wenn man bedenkt, daß es die Mitgliedstaaten als die demokratisch direkt legitimierten Entscheidungszentren der Träger der EU-/EG-Gewalt sind, die die Union bzw. die Gemeinschaft ins Leben gerufen und gestaltet haben, dann müssen sie auch, ihren einmütigen Willen vorausgesetzt, die Union bzw. EG aufheben oder verändern können. Nur aufgrund einer von den Mitgliedstaaten geschaffenen Unions- bzw. Gemeinschaftsrechtsordnung kann das daraus abgeleitete Sekundärrecht seinen Geltungsgrund finden. An diesen durch die Mitgliedstaaten im Primärrecht gemachten Vorgaben muß sich das Sekundärrecht methodisch nachvollziehbar entwickeln. Die nationalen Regierungen stehen unter der Kontrolle ihrer jeweiligen Parlament und sind deshalb die

---

[414] siehe W.Meng in: Groeben/Thiesing/Ehlermann (Hrsg.), Kommentar zum EU-/EG-Vertrag, Art.N, Rdnr.26

[415] Vgl. dazu W.Karl, Vertrag und spätere Praxis im Völkerrecht, S.220 ff., 340 ff.

[416] so z.B.: H.Wagner, Grundbegriffe des Beschlußrechts der Europäischen Gemeinschaften, S.235 ff.

[417] so etwa: P.Pescatore, L'Ordre juridique des Communautés Europèenes, S.63

[418] Vgl. Ehlermann, EuR 1984, S.113, (123)

[419] z.B. M.Sϕrensen, „Eigene Rechtsordnungen" in: FS Kutscher, S.415 ff. (432)

[420] A.A. W.Meng in: Groeben/Thiesing/Ehlermann (Hrsg.), Kommentar zum EU-/EG-Vertrag, Art.N, Rdnr.26 ff.

demokratischen Machtzentren. Der gemeinsame Wille, den EU-/EG-Vertrag anders als in dem dafür vorgesehenen Verfahren zu ändern, kann aus diesem Grund nicht als rechtswidrig bezeichnet werden.

Im folgenden bleibt zu untersuchen, ob sich das Gutachten 2/94 des EuGH auch auf das Vertragsänderungsverfahren nach Art.48 [Art. N a.F.] EUV auswirken kann.

III. Bindung an das EuGH-Gutachten 2/94

1. In materieller Hinsicht

Fraglich ist, welche Wirkung der EuGH seinem Gutachten 2/94 beimessen wollte. So kann einerseits angenommen werden, das Gutachten 2/94 soll sich nur an der damals geltenden Rechtslage orientieren. Auf der anderen Seite ist nicht klar, ob es eine darüber hinausgehende Bindungswirkung im Vertragsänderungsverfahren entfalten sollte.

Der EuGH selbst hat in seinem Gutachten 2/94 festgestellt, daß eine Änderung des Systems des Schutzes der Menschenrechte in der Gemeinschaft nur im Wege einer Vertragsänderung vorgenommen werden kann.[421] Dies spricht dafür, daß eine Bindung nur insoweit besteht, als ein Beitritt der EG zur EMRK nicht über Art.308 [Art.235 a.F.] EGV erfolgen darf. Soweit der EuGH aber betont, daß die mit dem Beitritt der EG zur EMRK verbundene Änderung des Systems des Schutzes der Menschenrechte von grundlegender institutioneller Auswirkung wäre,[422] könnte dies darauf schließen lassen, daß selbst die Grenzen für eine an sich mögliche Vertragsänderung überschritten wären.
Deshalb soll im Anschluß daran geprüft werden, ob ein Gutachten des EuGH gemäß Art.300 Abs.6 [Art.228 Abs.6 a.F.] EGV eine solche Bindungswirkung entfalten kann.

2. In formeller Hinsicht

Zunächst ist anzuführen, daß der EuGH gemäß Art.46 lit. e) [Art.L a.F.] EUV dafür zuständig ist, die Einhaltung des in Art.48 [Art. N a.F.] EUV vorgeschriebenen Verfahrens zu überprüfen. Im Vertragsverletzungsverfahren gemäß Art.226 [Art.169 a.F.] EGV kann über die formelle Rechtmäßigkeit von Vertragsänderungen in dem

---

[421] EuGH, Gutachten 2/94 v. 28.März 1996, EuGRZ 1996, S.197 ff (207, Ziff.35)
[422] EuGH, Gutachten 2/94 v. 28.März 1996, EuGRZ 1996, S.197 ff. (207, Ziff.35)

Umfang entschieden werden, in dem die Mitgliedstaaten gegen Art.48 [Art. N a.F.] EUV verstoßen haben. Eine materielle Rechtmäßigkeitskontrolle nach Art.230 [Art.173 a.F.] EGV durch den EuGH kommt nicht in Betracht, da es sich bei der Änderung von Primärrecht nicht um „Handlungen" der EG-Organe handelt.[423] Dies spricht dafür, daß einem vom EuGH gemäß Art.300 Abs.6 [Art.228 Abs.6 a.F.] EGV erstellten Gutachten eine über Satz 2 hinausgehende Bindungswirkung nicht zukommt.[424]

Fraglich ist, ob eine Vertragsänderung gemäß Art.48 [Art. N a.F.] EUV anderen Grenzen unterliegt. Eine solche könnte z.B. das Gemeinschaftssystem (bzw. das im EG-Vertrag entwickelte Gerichtssystem) darstellen, auf das der EuGH in seinem Gutachten 2/94 abhebt.[425] So könnte beispielsweise nach dem Gutachten 1/91 (EWR) des EuGH[426] der Eindruck entstehen, daß Art.220 [Art.164 a.F.] EGV revisionsfest ist. Dort stellt der EuGH fest, daß Art.310 [Art.238 a.F.] EGV keine Grundlage für die Errichtung eines Gerichtssystems, das Art.220 [Art.164 a.F.] EGV „und allgemeiner die Grundlagen der Gemeinschaft selbst" beeinträchtige, darstelle. Er kommt im weiteren zum Ergebnis, daß auch eine Änderung des Art.310 [Art.238 a.F.] EGV insoweit, daß eine bisher gegen Art.220 [Art.164 a.F.] EGV verstoßende Regelung in einem Assoziationsvertrag im Einklang mit dem Primärrecht stehe, die Vereinbarkeit diese Vertrags mit dem EG-Recht nicht bewirken könne. Dagegen bemerkt der EuGH in seinem zweiten Gutachten 1/92[427], daß eine Änderung der im EG-Vertrag dem EuGH eingeräumten Zuständigkeiten nur im Wege des Art.48 [Art. N a.F.] EUV erfolgen könnte. Das spricht wiederum dafür, daß Art.220 [Art.164 a.F.] EGV einer vertraglichen Änderung nicht entzogen ist. **Heintzen** geht zutreffend davon aus, daß der Gerichtshof hier lediglich eine inzidente Änderung des Art.220 [Art.164 a.F.] durch völkerrechtlichen Vertrag bzw. Sekundärrecht über die Änderung von Art.310 [Art.238 a.F.] EGV ausschließen wollte.[428] Aus dem Gutachten 1/91 folgt

---

[423] vgl. Vedder/Folz in: Grabitz/Hilf (Hrsg.), Kommentar zur Europ. Union, Art.N, Rdnr.34
[424] so auch C.Tomuschat in: Groeben/Thiesing/Ehlermann (Hrsg.), Kommentar zum EU-/EG-Vertrag, Art.228, Rdnr.83
[425] EuGH, Gutachten 2/94 v. 28.März 1996, EuGRZ 1996, S.197 ff. (207 Ziff.34), darin kommt zum Ausdruck, daß der EuGH im Falle eines Beitritts der EG zur EMRK den Verlust seiner eigenen Kompetenzen fürchtet, vgl auch dazu obige Ausführungen unter B. I. 1.
[426] EuGH, Gutachten 1/91 v. 14.Dezember 1991, Slg.1991 I-6079, S.6111 f.
[427] EuGH, Gutachten 1/92 v.10.April 1992, Slg.1992 I-2821, S.2843
[428] Heintzen, EuR 1994, 35 ff. (38)

jedoch nicht, daß der EuGH eine die Grundlage der Gemeinschaft betreffende Änderung nicht zuläßt.[429]

Als Ergebnis bleibt festzuhalten, daß einem Beitritt der EG zur EMRK mit Hilfe einer Vertragsrevision gemäß Art.48 [Art. N a.F.] EUV nichts im Wege steht. Dabei dürfte auch der Wortlaut des Art.300 Abs.6 S.2 [Art.228 Abs.6 S.2 a.F.] dafür sprechen, daß vor Abschluß des Abkommens eine formelle Vertragsänderung stattfinden muß. Es ist nicht anzunehmen, daß es ausreicht das ins Auge gefaßte Abkommen dem Verfahren des Art.48 [Art. N a.F.] EUV zu unterstellen.[430]

E. Schlußbetrachtung

Die Untersuchung der Frage des Menschenrechtsschutzes auf europäischer Ebene hat ergeben, daß dieser noch lückenhaft ist. Da den Gemeinschaften im Zuge der fortschreitenden Europäischen Integration immer mehr Kompetenzen zufallen, muß auf europäischer Ebene für einen ausreichenden Grundrechtsschutz des Einzelnen gesorgt werden. Denn das Gemeinschaftsrecht stellt eine autonome Rechtsordnung dar, der nach der Costa/E.N.E.L.- Entscheidung des EuGH zudem ein Anwendungsvorrang gegenüber jeglichem nationalen Recht zukommt.

Das hat zur Folge, daß das jeweilige nationale Verfassungsrecht nicht als Prüfungsmaßstab für die Rechtmäßigkeit von EG-Recht herangezogen werden kann. Den Mitgliedstaaten bzw. den nationalen Gerichten bleibt nach Auffassung des Bundesverfassungsgerichts in seiner Maastricht-Entscheidung nur die Möglichkeit, sekundäres Gemeinschaftsrecht in mittelbarer Hinsicht zu überprüfen, indem sie abgeleitetes EG-Recht an der Reichweite des Zustimmungsgesetzes messen.

Mit der Übertragung von Hoheitsrechten an die Gemeinschaft geht damit notwendig ein Stück nationaler Grundrechtsschutz verloren. Wegen des unterschiedlich ausgeprägten Grundrechtsverständnisses in den Mitgliedstaaten würde zudem eine Rücksichtnahme auf den nationalen Grundrechtsschutz die Einheit des Gemeinschaftsrechts gefährden. Der vom EuGH angenommene Geltungsvorrang des

---

[429] so auch Vedder/Folz in: Grabitz/Hilf (Hrsg.), Kommentar zur Europ. Union, Art.N, Rdnr.16
[430] so C.Vedder in: GrabitzHilf (Hrsg.), Kommentar zur Europ. Union, Art.228, Rdnr.62

Gemeinschaftsrecht ist aber nur dann durchzusetzen, wenn die Gemeinschaft selbst einen Grundrechtsschutz gewährleisten kann.

Der EuGH hat deshalb durch die Anwendung allgemeiner Rechtsgrundsätze einen Grundrechtsschutz entwickelt. Zur Konkretisierung der Gemeinschaftsgrundrechte stützt sich der EuGH auf die gemeinsamen Verfassungsüberlieferungen der Mitgliedstaaten. Als weitere Erkenntnisquelle hat er sich der EMRK bedient, da diese von allen Mitgliedstaaten ratifiziert wurde. Der EuGH stellt die Gemeinschaftsgrundrechte durch wertende Rechtsvergleichung fest. Obgleich sich eine solche Kompetenz nicht ausdrücklich aus den Gründungsverträgen ergibt, ist die Grundrechtsprechung des EuGH auf das Akzept der Mitgliedstaaten gestoßen. Insoweit ist von einer stillschweigenden Vertragsänderung auszugehen.

Eine unmittelbare Bindung an die EMRK hat der EuGH bisher abgelehnt. Eine solche Bindung kann auch nicht aus Art. F Abs.2 a.F. EUV gefolgert werden, denn Art. F Abs.2 a.F. EUV bezieht sich, was auch Art.L a.F. EUV belegt, nicht auf die Europäische Gemeinschaft. Die Europäische Gemeinschaft ist gegenüber der Europäischen Union eine rechtlich selbständige internationale Organisation. Dies wird auch durch Art. M a.F. EUV bestätigt. Eine mit Art. F Abs.2 a.F. EUV vergleichbare Vorschrift wurde aber in den EG-Vertrag nicht aufgenommen. Aus der Bindung der Union kann nicht ohne weiteres auf eine Bindung der EG geschlossen werden. Die Einführung des Art. F Abs.2 a.F. EUV kann aus diesem Grund einen Beitritt der Europäischen Gemeinschaft zur EMRK nicht überflüssig machen.

Daran würde letztlich auch das Inkrafttreten des Amsterdamer Vertrages, der von allen 15 Mitgliedstaaten unterzeichnet wurde, nichts ändern. Zwar wird durch Art.46 lit. d EUV in der Fassung des Amsterdamer Vertrages Art.6 Abs.2 [Art. F Abs.2 a.F.] EUV von der Zuständigkeit des EuGH mitumfaßt. Jedoch kann durch Art.6 Abs.2 [Art. F Abs.2 a.F.] EUV keine vollständige Einbindung der EMRK in das Gemeinschaftsrecht als Primärrecht erfolgen. Art.6 Abs.2 [Art. F Abs.2 a.F.] EUV schreibt vielmehr nur das fest, was der EuGH in seiner ständigen Grundrechtsprechung bereits anerkannt hat.

Der momentan erreichte Stand der Grundrechtsprechung des EuGH macht einen formellen Beitritt der EG zur EMRK nicht gegenstandslos. Es gilt zu erwähnen, daß der

EuGH Grundrechte nur fallweise entwickelt, so daß der Grundrechtsschutz, was Art, Inhalt und Reichweite betrifft, noch lückenhaft ist. Mit dem Beitritt aber könnte die Heranziehung der EMRK in der Entscheidungsfindung des EuGH auf eine vertragliche Grundlage gestellt werden. Es stünde der Gemeinschaft ein geschriebener Grundrechtskatalog zur Verfügung, der durch die langjährige Interpretation des Europäischen Gerichtshofs für Menschenrechte ausreichend gefestigt ist.

Mit der durch den Beitritt begründeten Verpflichtung nach außen, ergäbe sich für den Einzelnen die Möglichkeit, die Rechtsakte der Gemeinschaft auf ihre Vereinbarkeit mit der EMRK vor dem Straßburger Gerichtshof überprüfen zu lassen. Weiterhin würde damit das Problem divergierender Menschenrechtsstandards vermieden.

Der Beitritt der EG zur EMRK kann aber nach dem negativen Gutachten 2/94 des EuGH nicht auf der Grundlage von Art.308 [Art.235 a.F.] EGV EGV vollzogen werden. Es bedarf wegen der Bindungswirkung des Gutachtens gemäß Art.300 Abs.6 S.2 [Art.228 Abs.6 S.2 a.F.] wie der EuGH in seinem Gutachten 2/94 angenommen hat, einer Vertragsrevision gemäß Art.48 [Art. N a.F.] EUV. Die Gutachtenentscheidung des EuGH ist zwar praktisch unumstößlich, macht es aber theoretisch nicht entbehrlich, einige Kritikpunkte an dieser Entscheidung aufzuzeigen. Entgegen der Auffassung des EuGH stellt die Achtung der Menschenrechte ein Ziel der Gemeinschaft i.S.d. Art.308 [Art.235 a.F.] EGV dar. Zwar wird der Schutz der Menschenrechte weder in den Art.2, 3, 4 [Art.2, 3, 3 a a.F.] EGV noch in den Einzelvorschriften ausdrücklich genannt, durch die Anerkennung der Grundrechtsprechung des EuGH seitens der Mitgliedstaaten, ist dem EuGH jedoch eine Kompetenz zugewachsen, die ihn zur Feststellung und Anwendung von Gemeinschaftsgrundrechten berechtigt. Die Grundrechte sind damit Teil der Gemeinschaftsrechtsordnung geworden und fallen in das Tätigkeitsfeld der Gemeinschaft. Es wäre andernfalls auch nicht vorstellbar, daß etwas Teil der Gemeinschaftsrechtsordnung wird, ohne gleichzeitig der Verwirklichung eines Gemeinschaftsziels zu dienen.

Die Grenzen des Art.308 [Art.235 a.F.] EGV als Rechtsgrundlage für den geplanten Beitritt sind nicht überschritten. Das Bestehen eines eigenen Rechtsschutzsystems der EMRK hat keine substantielle Auswirkungen auf die Autonomie des EuGH gemäß

Art.220, 292 [Art.164, 219 a.F.] EGV und würde deshalb nicht eine Vertragsänderung gemäß Art.48 [Art. N a.F.] EUV erfordern.

Der EuGH hat im Gutachten 1/91 zum Europäischen Wirtschaftsraum selbst festgestellt, daß die Zuständigkeit der Gemeinschaft im Bereich der internationalen Beziehungen und ihre Fähigkeit zum Abschluß internationaler Abkommen notwendig das Recht umfasse, sich den Entscheidungen eines durch solche Abkommen geschaffenen oder bestimmten Gerichts zu unterwerfen, welches die Auslegung und Anwendung der Bestimmungen dieses Abkommens vornimmt. Jedoch dürfe dadurch nicht die Autonomie der Gemeinschaftsrechtsordnung in Frage gestellt werden.

Die Vorschriften der Konvention, die gemäß Art.300 Abs.7 [Art.228 Abs.7 a.F.] EGV Eingang in die Rechtsordnung der Gemeinschaft fänden, würde nur den Teilaspekt der Menschenrechte und eben nicht wie im Fall des Europäischen Wirtschaftsraums (EWR) die Mehrzahl der Gemeinschaftsrechtsbestimmungen betreffen.

Die Gemeinschaft wäre überdies nur im Außenverhältnis gemäß Art.43 EMRK i.d.F. des Protokolls Nr.11 an die Auslegung und Anwendung der EMRK durch den nach dem 11.Zusatzprotokoll nunmehr allein zuständigen Europäische Gerichtshof für Menschenrechte gebunden. Der Europäische Gerichtshof für Menschenrechte besitzt dagegen nicht die Befugnis, einen angefochtenen nationalen wie gemeinschaftsrechtlichen Rechtsakt aufzuheben oder gar für ungültig zu erklären.

Die Entscheidung, inwieweit die EMRK im EG-Recht gemäß Art.300 Abs.7 [Art.228 Abs.7 a.F.] EGV Anwendung findet, obläge dem EuGH selbst. Der EuGH würde, wenn er eine Bindung an die Vorschriften der EMRK und an die Rechtsprechung des Straßburger Gerichtshofes feststellt, dies kraft eigener Rechtsprechungshoheit tun. Nicht anders stellt sich die Situation in den Mitgliedstaaten als Vertragsparteien der EMRK dar. Auch hier entscheiden die nationalen Gerichte autonom über die Anwendung und Auslegung der EMRK, die z.B. in der Bundesrepublik Deutschland im Range eines einfachen Bundesgesetzes gilt. Denn eine Pflicht zur Transformation sieht die EMRK nicht vor. Was demnach mit den Verfassungsgrundsätzen der Mitgliedstaaten vereinbar ist, kann nicht als unvereinbar mit den Prinzipien des Gemeinschaftsrechts angesehen werden.

Die durch den Bindungscharakter der Gutachtenentscheidung gemäß Art.300 Abs.6 S.2 [Art.228 Abs.6 S.2 a.F.] aber notwendig werdende Vertragsänderung kann nicht über einen Beitritt der EU, die zwar als Internationale Organisation anzusehen ist, zur EMRK umgangen werden. Dies gilt vorallem deshalb, weil sich wegen der rechtlichen Selbständigkeit der Gemeinschaft, ein Beitritt der EU zur EMRK nicht auf die Handlungen der EG-Organe auswirken würde. Vorausgesetzt, die Union ist rechtlich in der Lage, d.h. besitzt die erforderliche Vertragsabschlußkompetenz, der EMRK als multilateralem Vertrag beizutreten, kann sie nicht ohne weiteres mit Wirkung für die EG völkerrechtliche Verträge schließen. Dies gilt zumindest solange nicht, wie im Unionsvertrag eine entsprechende Vorschrift nicht vorgesehen ist, die eine solche Bindungsübernahme statuiert. Mit der Neufassung des Art.L [Art.46 n.F.] EUV wird zwar ausdrücklich ein Bezug des Unionsrechts zum EG-Recht hergestellt, diese Vorschrift bezieht sich jedoch nur auf das Innenrecht der EU im Verhältnis zur EG. Der Abschluß völkerrechtlicher Verträge betrifft aber gerade das Außenverhältnis und begründet nur Rechte und Pflichten zwischen den paktierenden Staaten oder den internationalen Organisationen, sie entfalten nach dem Grundsatz *pacta tertiis nec nocet nec prosunt* keine Wirkung zugunsten oder zu Lasten Dritter.

Der Beitritt der EG zur EMRK kann letztlich nur über den Weg einer Vertragsrevision gemäß Art.48 [Art. N a.F.] EUV vollzogen werden. Das Gutachten 2/94 des EuGH erzeugt im Vertragsänderungsverfahren gemäß Art.48 [Art. N a.F.] EUV keine Bindungswirkung. Denn eine materielle Rechtmäßigkeitskontrolle nach Art.230 [Art.173 a.F.] EGV durch den EuGH sieht der EG-Vertrag nicht vor, da es sich bei der Änderung von Primärrecht nicht um „Handlungen" der EG-Organe handelt. Im Vertragsverletzungsverfahren gemäß Art.226 [Art.169 a.F.] EGV kann nur über die formelle Rechtmäßigkeit von Vertragsänderungen entschieden werden.

Das Vertragsänderungsverfahren wird maßgeblich von den Mitgliedstaaten als Herren der Verträge dominiert. Die Mitgliedstaaten sind die demokratisch direkt legitimierten Entscheidungszentren, die die Union bzw. die Gemeinschaft ins Leben gerufen haben. Ihren einmütigen Willen vorausgesetzt, müssen sie auch die Union bzw. die EG aufheben und verändern können.

Peter Lang · Europäischer Verlag der Wissenschaften

Guido Hobert

Datenschutz und Datensicherheit im Internet

Interdependenz und Korrelation von rechtlichen Grundlagen und technischen Möglichkeiten
2., durchgesehene Auflage

Frankfurt/M., Berlin, Bern, Bruxelles, New York, Oxford, Wien, 2000. 302 S.
Europäische Hochschulschriften: Reihe 2, Rechtswissenschaft. Bd. 2501
ISBN 3-631-36130-0 · br. DM 98.–/€ 50.10*

Unsere Zeit ist geprägt durch den alles beherrschenden Einfluß der digitalen Medien. Kommunikationsforscher sprechen vom Beginn einer neuen technischen Ära: dem Zeitalter der totalen Informations- und Kommunikationsgesellschaft. Diese wird jedoch in Zukunft nicht nur höchste Anforderungen an die multimedialen Technologien stellen, sondern auch neue Fragen im Bereich der Gesetzgebung und Rechtsprechung aufwerfen. In den Mittelpunkt des Interesses rücken in diesem Zusammenhang Schutz und Sicherheit der Datenübertragung. Die Arbeit beschäftigt sich mit dem Spannungsverhältnis von technischer Entwicklung (Datensicherheit) und normativen rechtlichen Vorgaben (Datenschutz). Ziel der Arbeit ist eine Gesamtdarstellung der aktuellen Problematik des Datenschutzes und der Datensicherheit im Internet. Eine Bewertung des vorhandenen Datenschutzes und der bestehenden Datensicherheit sowie ein Ausblick auf deren künftige Entwicklung bilden den Abschluß des Buches.

Aus dem Inhalt: Entstehung, Funktionsweise und Dienste des Internets · Daten und Risiken der Internet-Kommunikation · Technische und rechtliche Möglichkeiten der Gefahrenabwehr · Kryptographie, Digitale Signaturen, Electronic Commerce, Home Banking · Gesamtsituation und Bewertung von Datenschutz und Datensicherheit im Internet

Frankfurt/M · Berlin · Bern · Bruxelles · New York · Oxford · Wien
Auslieferung: Verlag Peter Lang AG
Jupiterstr. 15, CH-3000 Bern 15
Telefax (004131) 9402131

*inklusive der in Deutschland gültigen Mehrwertsteuer
Preisänderungen vorbehalten

Homepage http://www.peterlang.de